东兰革命先烈丰碑

黄 坚 编

人民日报出版社

图书在版编目（CIP）数据

东兰革命先烈丰碑 / 黄坚　编 . -- 北京 : 人民日报出版社 , 2016.11

ISBN 978-7-5115-4235-9

Ⅰ . ①东… Ⅱ . ①黄… Ⅲ . ①革命烈士－列传－东兰县 Ⅳ . ① K820.6

中国版本图书馆 CIP 数据核字 (2016) 第 254302 号

书　　名: 东兰革命先烈丰碑
编　　者: 黄　坚

出 版 人: 董　伟
责任编辑: 林　薇　陈　佳
封面设计: 马　莲

出版发行: 人民日报出版社
社　　址: 北京金台西路 2 号
邮政编码: 100733
发行热线: (010)　65369527　65369512　65369509　65369510
邮购热线: (010)　65369530　65363527
编辑热线: (010)　65369526
网　　址: www.peopledailypress.com
经　　销: 新华书店
印　　刷: 三河市嵩川印刷有限公司

开　　本: 710mm×1000mm　1/16
字　　数: 283 千字
印　　张: 23.5
版　　次: 2016 年 12 月第 1 版　　2022年6月第2次印刷

书　　号: ISBN 978-7-5115-4235-9
定　　价: 52.00 元

《东兰革命先烈丰碑》编纂委员会

此人是黄坚（代序）

●严风华

黄坚与其作品，先谈黄坚。

我在《广西文学》做编辑时，就编发过黄坚的小说。那时他先后寄来了两个中篇，令我印象极为深刻，当即予以采用，但题目都作了修改，一个改为《下雨天》，另一个改为《雪花满天》，作者满意，我也甚为得意。

这个细节我至今记得。

彼时我与黄坚还不认识。

后来我就提出要到东兰走走。

记得那时是深秋，天已经很凉了。我是坐夜班车去的，半夜两点才到达东兰。下了车，便看见路灯下一名男子正东张西望。寒风凛冽，我打了个冷颤。

不用说，这位男士就是黄坚。

我很是感动。

黄坚定会出来迎接我的，因为我是第一次到东兰，人生地不熟。黄坚穿着单薄，我问他冷不冷？他回答出门时天气暖和，没想到突然起风了，但不是很冷，叫我别挂心。我知道，黄坚是担心错过了我到达的时间，所以没有回去添衣服。他对我的尊重由此可见一斑。此后一晃就是十几年。

人就是这么怪，通过一件事，彼此就认识，进而交往了，哪怕离得天远地远。

在这十几年里，我专程去过好几次东兰。到了东兰，那就是黄坚的地盘了。吃的住的，他都给你安排得妥妥贴贴。尤其是吃的，会带你去不同的地方，品尝不同的菜，还见不同的朋友。但在东兰，吃却不是一件容易的事。黄坚能喝，你能顶住他的敬酒，那已经是十分了得了。他还要猜码，不论输赢，能与他来来回回地坚持下来，那就是相当了得了。随后，他的朋友还要轮番给你敬酒，每人三杯，几番下来，你不醉也会脑热心跳。幸亏我酒量尚好，这些年赴东兰，未遭过重创，用黄坚的话讲，未受“粉碎”。有一次，我领受了他精心设计的一个饭局：七八个人，轮番向我敬啤酒。我不善饮啤酒，故一开始就拒绝。但那些敬酒的人盛情难却，不由你不喝。如此下来，我是一肚子的啤酒，菜不吃也饱了。

这是酒桌上的事。每次从东兰回来，黄坚总要坚持把我送上车。还会备上一些当地的土特产，比如墨米、白米、玉米、板栗等，虽不是稀罕之物，但礼轻情重，推脱不过，只得带走。

而他到南宁，就没有这么好的招待了。我们住在城里的人，总以为城里的事情多，对地方来的朋友，有时以忙为由，不大待见。对黄坚，我是不敢怠慢的，问题是，每次接待他，最后都是他争抢着埋单，让我无法尽地主之谊。

此人是黄坚。

似乎谈的都是吃饭喝酒的事。但男人之间，彼此来往，一切情谊尽在酒杯中，从这些细节里，可以看到一个人的性情、胸怀、礼节。黄坚从来都是朴实地待人，大方地待人，热情地待人，周到地待人。正因为如此，我们十几年来没有中断过来往。

后来，我不做编辑了。没有了稿件的来往，我们很少谈文学，见面就是纯粹的朋友应酬。

谈黄坚的作品。

这似乎有些犯难。我很久没有读黄坚的文章了，仅留下当年的一些记忆。黄坚的小说大都取材于乡村，这与他的经历有关。他原是一个农村孩子，考学上了师专，毕业做老师，后调到县政府当秘书，而后才到县文联。这是他认知事物的环境和氛围，是他汲取民族文化营养的源泉。他的生活根源与文学素材自然来源于此。所以，他小说的人物，大多数也是基层的小人物，如教师、农民、普通职员、社会闲散人员等。他们为简单的生活奔波，为细碎的小事操心，为蝇头小利争执，也关注国家大事。因此，他的小说呈现出欢愉与苦恼参杂、幸福与困苦交替、愤懑与释怀同存的生活形态……正是这些简单而普通的人物群像，构成了黄坚小说的思想与艺术的骨架，反映了特定历史时期中小人物的精神面貌。这是我当初对黄坚作品的印象。

一个作家的作品风格，源于他的生活根基、文化基础以及性格、爱好。黄坚的写作走向，正好印证了他的为人。

可惜的是，黄坚后来小说写得少了。为了县里的中心工作，他转写报告文学、散文，为宣传东兰做了不少工作。东兰是个具有革命传统的地方，历代走出了不少惊天地、泣鬼神的英雄。最近，黄坚又执笔撰写、主编了“东兰革命先烈丛书”，分别用小说、散文的笔法，写成了《抗倭土司韦虎臣传奇》《东兰革命将领风范》《东兰革命先烈丰碑》，真实反映了从明朝正德年间，土司韦虎臣一家四代率兵在浙江沿海抗击倭寇，到韦拔群等革命将领率领农民进行土地革命的历史。这些英烈，在东兰这片红土地上，怀揣着各自理想，施展了不同情怀。但岁月流转，许多人和事，都已渐渐退出人们的视野。如今，黄坚重拾旧梦，还原历史，使后人又可以看到那刀光剑影的年代，记住了不该被忘却的历史。

这是黄坚角色转变的重大收获。

（作者系广西作家协会常务副主席）

目　　录

人民军队早期将领

早期农民运动领导人

省军级人物

地师级人物

县团级人物

区营级人物

人民军队
早期将领

陈洪涛

（1905～1932）

陈洪涛是壮族人民的优秀儿子，中国共产党的优秀党员，红七军和右江革命根据地的创始人之一和红七军的优秀师政委。他从呱呱坠地到壮烈牺牲，只有27个春秋，在历史的长河中，太短暂了。然而，他的青春是壮丽的。他撒向大自然的是他那青春的热血，献给人类的是那青春的火光。他为了右江地区人民的翻身解放，为了中国人民的解放事业，顽强战斗，宁死不屈，他的事迹催人泪下、感人肺腑，他的英名永远刻在右江人民的心中；他的一生正像孕育他成长的红水河，穿嶂出谷，洪涛滚滚，奔腾向前。

（一）

陈洪涛，原名陈素华，壮族。1905 年出生于广西东兰县武篆区旧州屯一个贫苦农民家庭。他的父母亲都是面朝黄土背朝天、勤耕苦种、忠厚老实的农民，租种地主几亩旱地。由于租高税重，常常是吃了上顿没下顿，靠磨些豆腐卖才勉强维持全家人生活。陈洪涛是长子，为人忠厚，热爱劳动，聪明灵活，吃苦耐劳，父母对他非常钟爱。在他少年时，就节食俭用将他送入私塾读书。他勤学好问，先生提问都能对答如流。16 岁时，就以优异的成绩考入武篆育才高等小学。在学校里，他刻苦攻读，成绩优秀，尤其是作文，每次比赛，都为全校之冠。潘瑞生老师将洪涛作为得意门生，特别厚爱，多次对他父母说："不管你家多么困难，一定要送洪涛读书啊。这孩子将来肯定有出息！"

平时，他常常书不离手，村里人叫他"读书迷"。有一次，他帮父亲放牛，因为看书入了迷，牛群进入玉米地把一大片玉米苗吃了他都不知道，直到有人喊他才觉察到此事。他用课余时间阅读了《三国演义》、《革命军》、《警世钟》等大量的课外书籍，力求从书中找到一条人生的光明道路。

陈洪涛成长的年代，正是帝国主义加剧侵略中国，国内军阀混战时期，盘踞百色的广西桂系军阀刘日福乘机勾结百色地区各县豪绅地主，残酷榨取民脂民膏，其部下邓祖贻在东兰巧立名目、派捐收税、敲榨勒索，弄得老百姓倾家荡产、痛苦不堪、鸡犬不宁。陈洪涛就读的武篆育才小学也被迫关门停课了。

内忧外患，民不聊生，激起了老百姓的强烈不满和反抗。1921 年，右江掀起农民运动，韦拔群在东兰宣传俄国十月革命思想，组织革命团体——“改造东兰同志会”，建立农民武装，向军阀、豪绅地主展开激烈的斗争。1922年1月，韦拔群在武篆召开国民大会，会议决定团结一致，抵制苛捐。会后，韦拔群、陈伯民以人民代表身份到百色与田南清乡督办、军阀旅长刘日福交涉，历数了其部下邓祖贻在东兰胡作非为的一桩桩事实，要求减免压在东兰人民头上的沉重苛捐杂税，刘日福被迫写了免征“刘旅开拔费”一万元的手令，并亲手交给韦拔群。韦拔群拿着刘日福的手令，星夜赶回东兰武篆，当面向群众宣读，号召民众团结起来，反对苛捐杂税，给贪官污吏、豪绅地主以沉重打击。陈洪涛目睹这次斗争的胜利，心里很高兴，决心跟随韦拔群闹革命。

1922年3月，韦拔群带领“改造东兰同志会”成员和当地穷苦农民在武篆育才小学清算大土豪杜瑶甫，陈洪涛作为学生代表参加了清算斗争。杜瑶甫理屈词穷，被迫承认贪污并交出赃款。清算斗争的胜利，群情激愤，陈洪涛也非常兴奋。后来，他也学着韦拔群的样子，带领学生与封建学董作斗争。一次，校董为了巴结官绅，在学校大摆宴席，强令学生送茶点烟、把杯倒酒。陈洪涛串联同学加以抵制，并理直气壮地对校董说：“我们是学生，任务是学习，为什么要我们去侍候地主老爷？”校董见他公然反抗，勃然大怒，声色俱厉地骂道：“穷小子，你敢对抗老师，违反校规，该当何罪？”陈洪涛毫无惧色，据理反驳：“你们常谈育才学校是为桑梓培养人才，现在却叫学生倒茶递烟，低声下气地侍候官绅，岂不是要把我们培养成奴才？”校董无言以对。

同年10月28日（农历九月初九），陈洪涛参加了韦拔群在东里村附近的银海洲举行的同盟会议。他们支起刀架，杀鸡饮血，集体盟誓：“同心革命到底，背叛者天诛地灭！”并高呼“打倒帝国主义”“打倒军阀”“打倒贪官污吏、土豪劣绅”“拥护俄国共产党”等口号。

陈洪涛勤快机灵，能说会写，韦拔群把他当成一个不可多得的人才。

为了更好地培养他，将来派上更大的用场，韦拔群便鼓励他继续读书。1924年，陈洪涛怀着求学深造，以寻求救国救民道路的强烈愿望，考入广西省立百色第五中学。父母高兴极了，乡亲们也互相转告，说这孩子为我们穷人争了口气。可是，家里四壁空荡，哪来的学费啊?!韦拔群知道后，发动乡亲们私助，你一点，我一点，凑足学费，送他启程，并鼓励他要好好学习，将来要为我们穷苦人办事。陈洪涛牢牢记住韦拔群和乡亲们的话，登上新的旅程。在省立五中，陈洪涛生活简朴，学习用功，以出众的学习成绩和优良的品质得到老师的赞赏和同学的敬佩，被选为校学生联合会主席。这年，韦拔群领导的东兰农民运动风起云涌，广西省政府四处张贴告示，通缉韦拔群等农民运动领导人。陈洪涛想念拔哥、担心拔哥。他与同学黄松坚（黄明春）等串联在南宁、百色读书的东兰、凤山籍学生，组织了“东凤留邕色学会”，陈洪涛任百色分会会长，黄松坚任副会长。他们通过书信、举行集会、出壁报，散发传单等形式，在邕色两地掀起援助东兰农民运动的活动，在社会上引起很大震动，陈洪涛也因此受到校方刁难和追究。

1925年秋，陈洪涛被迫辍学回家。不久，受聘到东兰高等小学任教，并投身于韦拔群领导的农民革命运动。时值天灾人祸，米珠薪桂，稀粥下肚，野菜充饥。有些教师受不了，擅自回家了。陈洪涛毫不在意，仍然枵腹从公，安心教学。不久，“五卅”运动和省港大罢工的消息传来，陈洪涛在东兰县城召集师生群众开会，宣传演讲，游行示威。“打倒列强”“打倒军阀”“打倒封建主义”的口号声响彻东兰县城。接着，陈洪涛在学校里发动组织“学生救国团”（后改为青年救国团），陈洪涛任团长，他带领团员举行演讲会，出墙报，写标语，上街游行，异常活跃。他曾在墙壁上写道：

“茫茫宇宙，莽莽神州；东西大陆，冠于五州；文明古国，地广人稠；

秦皇汉武，名播西欧；称雄东亚，威震全球。满洲入主，外患不休；兵戎战争，纷至沓来；民生凋敝，国气日衰……今所恃以救亡以图存者，武力而已，强权而已，青年团结而已。希望青年同志团结起来，努力奋斗救中国！”文中充分抒发了陈洪涛的忧国忧民、救国救民的思想。

陈洪涛在活动中表现出来的那种革命热情和非凡的组织才能，韦拔群非常高兴，便派他到坡豪等地发动群众，扩大农会组织。他按照韦拔群的指示，积极努力，工作搞得很出色。

（二）

1925 年冬，国民党广西省党部筹备处在梧州开办“宣传员养成所”，要各县选派学员。韦拔群、陈伯民等以中国国民党东兰县党部的名义选送陈洪涛到该所学习。当时，梧州宣传员养成所比较进步，中共党员谭寿林等曾在该校任教。陈洪涛怀着救国救民的强烈愿望，带着韦拔群和东兰人民的重托，如饥似渴地学习革命理论，积极参加中共梧州党组织所发动的反帝反封建斗争，经常到梧州“新学生社”旁听中共党员毛简青的讲课，并与该社负责人龙启炎（中共梧州支部书记）等来往，并逐步接受了马克思主义理论，后经龙启炎介绍，陈洪涛加入了新学生社。不久，又加入了共青团。由于陈洪涛在百色省立中学读书的时候，受到地下党的教育和苏联十月革命思想的影响，加上他马列主义理论水平较高，联系中国革命实际解决问题的能力较强，学校党组织把他作为重点培养对象。1926 年春初，经中共梧州特委龙启炎和毛简青介绍，陈洪涛加入了中国共产党，由一名普通壮族青年，成长为右江地区壮族人民中最早的一名中共党员。

1926 年 6 月，陈洪涛在梧州“宣传员养成所”学习结业后，被中共梧州地委派到南宁工作。当时第一次国共合作，10 月，广西省政府再次

调查“东兰惨案”，派陈勉恕（中共党员、国民党广西省党部青年部长）为调查委员会主任兼东兰县知事。随后，党组织又派陈洪涛、陈鼓涛（广州第六届农讲所毕业，中共党员）、严敏（中共恩奉特支领导成员）等到东兰协助陈勉恕开展建团、建党工作，以加强东凤农运斗争的领导。陈洪涛回到东兰武篆后，一方面积极协助韦拔群开办第二届、第三届农民运动讲习所，并亲自担任教员，给学员讲授马列主义基础理论，传播马列主义，并和韦拔群一起组织农民协会，扩大农民武装；另一方面与广西地下党派到东兰工作的陈勉恕、严敏等同志成立东兰党小组，开展党的建设工作。

同年 11 月 5 日，东兰县革命委员会在东兰县城召开全县农民代表大会，陈洪涛被选为东兰县第二届农民协会委员兼秘书，负责处理县农民协会日常工作。在此期间，他与陈勉恕、陈鼓涛、严敏等按照广西党组织的计划，组建中共东兰支部，陈洪涛任支部书记，并于 11 月吸收韦拔群入党。从此，东兰、凤山两县农民运动有了党组织的坚强领导，因而各区乡的农民协会，像雨后春笋般地建立起来，农民武装迅速恢复、发展、壮大，到 1927 年 3 月，东兰县的农民协会已发展到 170 多个，会员达 8.7 万多人，为广西各县之冠。县农民武装队伍——农民自卫军也发展到 1000 多人枪。

1927 年 4 月 12 日，蒋介石在上海发动“四·一二”反革命政变。不久，新桂系军阀又步其后尘，下令刘日福派龚寿仪团从七里圩正面向东兰县城进攻。陈洪涛镇定自若，毫不畏惧，他亲自带领农讲所学员到武篆圩宣传讲演。由于黄绍竑大举“清党”，中共广西党组织遭到了严重破坏。右江党组织与上级党组织的联系中断了。在严峻的形势面前，陈洪涛和余少杰、严敏、韦拔群等，于 6 月在恩隆县百定乡的仓圩召开各县农运领导人会议，决定在还没有与上级党组织取得联系之前，暂时成立“广西临时军政委员会”（亦称“三南总部”），统一领导左右江地区田南道、镇南道、南宁道（亦称“三南”）的武装斗争，陈洪涛被选为“三南”地区党委委员和革命委员会委员，分工负责镇南道的工作。7月，陈洪涛奉中共恩奉特支调派，到广西临时军政委员会工作。他与陈鼓涛、林柏一起到向都的果柳、巴麻、那松、云林一带地区，走村窜寨，访贫问苦，发动群众组织农民协会和农民武装。并与黄绍谦一起，在向都组织了500多人的农民武装。从是年8月至翌年1月，陈洪涛参与了右江农军攻占果德、镇结、思林、向都等县城武装暴动的组织工作，沉重地打击了新桂系的反动统治。1928年春，敌人数千兵力大举“进剿”右江地区，农军作战失利。右江革命斗争陷入低潮。为了坚持和发展右江革命武装斗争，中共恩奉特支调派陈洪涛率向都等县农军一部转移到滇桂边之广南、富宁一带坚持游击斗争，先后在大河、上亮、紫徽、富义等13个乡村建立了农民协会，有力地配合了韦拔群、余少杰、严敏等领导的右江武装斗争。

由于陈洪涛密切联系群众，深得群众的爱戴和拥护，又由于他的坚决果敢，机动灵活，游击于千山万弄[①]之中，尽管桂系军阀怎么围剿，他率领的农民武装始终不败，而且越战越勇，由隐蔽转入公开，迎来了新的革命高潮。

（三）

1929年6、7月，俞作柏、李明瑞到广西执政后，要求与中国共产党合作，并派人协助。中共中央利用这一时机，先后派邓小平（时名邓斌）、张云逸到广西工作。邓小平、张云逸到广西后，积极做好广西当局

①弄：本作“㟖”，指石山间的平地。现简写为“弄”。

的统战工作，帮助俞、李革新政治、改造部队，大力开展工农运动，推行了一系列进步措施，使广西的革命运动出现了空前未有的大好形势。

8月，中共广西特委在南宁召开了广西省第一次农民代表大会，成立了广西省农民协会筹备处。陈洪涛出席大会。由于陈洪涛在参加领导东兰和右江农民运动与武装斗争中成绩卓著，在这次大会上被选为省农筹处委员。9月10日至14日，陈洪涛又在南宁出席了中共广西省第一次代表大会，并当选为广西省特委常务委员，分管组织工作。会后，他奉特委委派，与雷经天一起回右江，在恩隆县平马组建中共右江工委（后改称右江特委），雷经天任书记，陈洪涛为广西特委常务委员。之后，陈洪涛还代表广西特委，并以广西省农民协会特派员身份到右江各县视察工作。他还与雷经天一起，组建了中共恩隆县委，并成立了广西省农民协会右江办事处，公开恢复和领导右江各县农民协会组织，建立了工会组织，开展群众性的武装斗争，为百色起义，创建红七军和右江革命根据地进行积极的准备。

12月11日，邓小平、张云逸、韦拔群等领导百色起义，成立了中国工农红军第七军。同一天，右江第一届工农兵代表大会在恩隆县平马镇（今田东县城）隆重开幕，大会决定成立右江工农民主政府，雷经天当选主席，陈洪涛当选裁判兼肃反委员。与此同时，建立右江特委，陈洪涛任特委委员，负责右江地区党的工作。此后，陈洪涛全力以赴地为巩固和发展新生的革命政权进行了艰苦卓绝的斗争。

1930年春，红七军第一、二纵队向贵州边境打游击，右江沿岸各县被新桂系军阀占领。雷经天、陈洪涛把右江苏维埃政府转移到东兰武篆办公。4月初，邓小平从上海回到东兰武篆，亲自领导东兰、凤山等县以土地革命为中心的根据地建设。此期间，陈洪涛与雷经天、韦拔群一道，在邓小平的领导下，参与了决策，为土地革命和培训骨干作了大量工作。4

月，邓小平在陈洪涛的家乡上圩村旧州屯开办党员训练班。陈洪涛既是学员，又做训练班的组织工作。亲自聆听了邓小平介绍江西中央苏区工作情况，讲解土地革命的任务、政策和方法，不仅在思想理论、政策水平上有了提高，还学会一套群众工作的方法。1930 年夏天，红七军第一、第二纵队向贵州边境打游击，右江沿岸各县被敌军占领。中共右江特委、右江工农民主政府和红七军第三纵队的领导同志，组织指挥根据地军民打退敌人的进攻。陈洪涛在向都县率领赤卫军与敌人激战，先后两次攻打向都县城，活捉伪县长黄槐松和豪绅黄清洁。6 月，红七军第一、第二纵队在榕江之战大胜以后，回师收复右江沿岸各县，陈洪涛与雷经天将右江特委、右江苏维埃政府迁回平马办公，这期间，在邓小平的指导下，陈洪涛与雷经天、黄治峰积极配合领导右江沿岸人民开展土地革命，在整顿党组织、政权组织、赤卫军和组建第四纵队等方面做了大量工作，作出了重大贡献。

陈洪涛思路敏捷，多才多艺。他写得一手好字，又写得一手好文章。他特别注意文书工作。当时，右江苏维埃政府有一块墨印石板，右江根据地儿童和工农读书课本、图书，以及右江特委和右江苏维埃政府的文件、布告、传单，大都由他编稿、刻写后，用这块墨印石板印出来的。他把这块石板当成右江苏维埃政府的传家宝。红七军主力北上后，右江特委和右江苏维埃政府迁往东兰时，他还把这块石板搬到西山弄岩。在反“围剿”的斗争中，他创办《红旗报》就是用这块墨印石板印刷的。

9 月，中共中央南方局代表邓拔奇（邓岗）到右江传达中央政治局 6 月 11 日通过的《新的革命高潮与一省或数省的首先胜利》的决定和交给红七军攻打柳州、桂林、广州的任务。10 月 2 日，中共红七军前委在平马镇召开右江特委扩大会议，讨论布置右江苏区的斗争。经过一番争论，为团结对敌，前委决定执行中央指示，红七军主力离开右江根据地北上，留下部分力量坚守根据地斗争。陈洪涛奉命留守，并任中共右江特委书记兼右江苏维埃政府主席。原中共右江特委书记兼苏维埃政府主席雷经天随军北上。10月6日，邓小平离开平马去河池参加部队整编，陈洪涛随邓小平去燕洞，在燕洞召开有百色、奉议、恩阳、恩隆、思林、果德等县区负责干部70多人参加的会议，对红七军主力北上后根据地斗争又作了具体部署。

（四）

1930年11月初，红七军三个纵队和红八军一部全部集结河池县城（今河池镇）。11月7日，中共红七军第一次代表会议在河池召开。8日，召开整编大会，全军整编为第十九、二十、二十一师3个师，第十九、二十师执行中央命令北上，第二十一师由韦拔群回右江组建，在根据地坚持斗争。前委任命韦拔群为师长，陈洪涛为政委，副师长黄松坚。韦拔群从河池回到东兰武篆后，陈洪涛在恩隆领导右江特委、苏维埃政府机关撤退到七里山区，立即赶到武篆，与韦拔群、黄松坚等一道，研究二十一师的组建和坚持根据地斗争问题。会议决定把东兰、凤山、凌云、恩隆、奉议、思林、向都、果德、那马等县赤卫军常备营扩编成立第二十一师第六十一、六十二、六十三3个团。以东兰的西山、中山、东山为根据地，以田东七里一带为第一防线，坚持长期斗争，以内线坚守，外线游击的办法，消灭敌人有生力量，保存革命实力，争取最后胜利。陈洪涛分工到恩隆负责第六十二团的组建工作。当时，恩奉等右江沿岸各县已被敌人占领，赤卫军已分散农村隐蔽活动，要把这些队伍组织起来，困难很大。陈洪涛先到七里山区找到恩隆县赤卫军大队长腾国栋等人，然后昼伏夜行、翻山越岭，走村串寨，对各县赤卫军的指导员逐个进行了解，从中挑选军政干部。同时掌握思想动态，及时进行思想政治教育。经过一段时间的奔走组织，他把北上途中返回右江的罗明山营（罗后来叛变）300 多人和恩隆的腾誉甫、韦纪两个赤卫营编成六十二团。

1931 年 1 月上旬，陈洪涛与韦拔群、黄松坚在七里区乙圩主持召开了红二十一师成立大会。正式宣布韦拔群任师长，陈洪涛任政委兼党委书记，黄松坚任副师长。会上，陈洪涛就形势和任务作了讲话，指出：过去我们能白手起家，打倒贪官污吏和土豪劣绅，现在有这样的基础，一定能粉碎敌人的反革命“围剿”。他号召右江军民团结起来，坚持革命斗争，保卫革命根据地。

由于敌人的进攻和封锁，破坏生产，使根据地军民的生活极为困难。陈洪涛更是历尽艰险，他的身体明显消瘦，但他充满了革命乐观主义精神，他经常对大家说：“在困难面前能发抖吗？不能。我们是烈火炼成的钢，我们要用革命的雄心去战胜敌人和困难，最后胜利属于我们！我们是革命者，要有打不死、捶不烂的志气，经得起生死考验，就是牺牲个人的生命，也要战斗到底！”陈洪涛钢铁般的革命意志，更加坚定了大家的信心，他艰苦奋斗和乐观的革命精神，激励着每一个干部战士。虽然大家吃野菜、啃树皮，但个个仍然生龙活虎，在右江广大的区域内坚持艰苦的游击战争，给予进犯之敌以迎头痛击。

陈洪涛虽然身居要职，但他不居功自大，仍然保持了共产党员艰苦朴素的作风。他日夜操劳，得了重病，身体虚弱。有一次，韦拔群特意叫通讯员买一只鸡送给他，他推托了好几次才勉强收下。当炊事员把鸡做熟送给他时，他只要了几块，便送给警卫员吃。同志们多次劝阻，他说，警卫员日夜站岗守卫，同样是辛苦的。为了粉碎敌人妄图把我军困死在西山的阴谋，陈洪涛带领几名战士到右江下游活动。有一天晚上，他住在恩隆县洪湾村廖炳权家。廖炳权见他身上带有不少钱，而吃的却是黄豆和青菜，便劝道："陈政委，你在西山吃了那么多苦，瘦得快成皮包骨了，出来一次不容易，应该好好补养一下身体。这也是革命呀!"陈洪涛回答说："我身上有钱，但这是党的活动经费，一点也不能动用。"廖炳权称赞道："守着元宝，饿着肚子，只有共产党才能做得到。"

此时，形势还很紧张。东凤周围的地主民团武装乘红军主力北上，正蠢蠢欲动，伺机报复。为了巩固右江根据地中心地区，红二十一师组成后，立即投入了清剿根据地周边反动武装的斗争。陈洪涛与韦拔群率领六十一团大部分队伍东渡红水河，到东兰板升（今属大化）镇压地主武装。为了在这一带扩大政治影响，稳定军心民心，也为了提高军队的政治素质和军事素质，陈洪涛亲自在师部驻地那平村办了一期临时军政干部训练班，除培训红军学员 50 多人外，还吸收了当地瑶族赤卫队队员 120 多人参加学习。

1931 年春，新桂系军阀廖磊率一个师和地方民团，配合贵州军阀王海平的部队共 1 万多兵力，采取步步为营、分进合击、缩小包围圈的战术，向东兰、凤山革命根据地发动第一次"围剿"。此时，在东、凤根据地的红军只有 2000 多人。面对数倍于我的敌人，陈洪涛与韦拔群、黄松坚等共同研究，作出周密部署，除指挥各团坚守防线，抗击敌人外。陈洪涛还亲自率领师部工作人员将中共右江特委和苏维埃政府机关转移到东兰西山，以西山为长期斗争的基地，并随时准备接应回撤部队。对付敌人的"围剿"，采用的战术是：游击战、地雷战，不打大仗，不打硬仗，不坚守城镇和平原地区。由于防御工作做得及时，东兰县委又组织群众坚壁清野，连人带粮转入到山区，敌人深入到武篆、东兰、凤山、泗孟等地，没有遇到红军主力，不但与红军决战的计划落空，相反，却在城镇街道、民房踩上红军埋下的地雷，被炸死炸伤达 1000 多人。

廖磊与红军决战的计划落空后，便于 3 月 23 日在东兰县城召开会议，决定把“进剿”的重点放在西山、中山和东山，并制订了“分区进剿”计划。陈洪涛与韦拔群得知后，便在西山弄英峒召开紧急会议，决定坚壁清野，化整为零，坚守内线，外线游击，消灭敌人有生力量，保卫西山根据地。敌人进攻西山后，陈洪涛、韦拔群指挥内线部队诱敌深入，指示外线部队乘敌人在山路行动不便，抓住接济困难的致命弱点，截断其退路，四处闪击，伏击、截击，一股一股地把敌人“吃掉”。由于坚壁清野，敌人的后勤供应越来越困难，敌兵怨声载道，士气低落。“三山”与河东据点仍然为我军控制。

在凤山，百色民团指挥官岑建英带领黔军王海平部队两个团于3月占领了县城。陈洪涛与韦拔群等研究后，决定利用黔桂军之间的矛盾，采用离间计，进行分化瓦解敌军。陈洪涛一面布置政工人员，向敌人开展强大的政治攻势，到处书写标语，组织战场喊话，劝说黔军不要为桂军卖命，不要上桂军借刀杀人的当等；一面指示六十三团三营指导员黄伯尧叫雕刻能手李以仁按桂军第七军布告上的印模，仿刻一枚，以第七军名义写了一封密件，命令岑建英、罗颂纲火速将黔军缴械，然后盖上第七军“印章”，派人越过黔军防地，有意遇敌弃杖，让黔军截获密件。黔军看信后，大为恼火，决计先下手为强。4月17日晚，黔军趁民团不备，冲进凤山县府袭击桂军，缴了县民团的械，打死县长罗颂纲，又打垮龙达尊民团，抓走岑建英，连夜向贵州方向撤退。红六十三团乘机占领凤山县城。5月初，敌人对东凤的第一次反“围剿”宣告破产。

1931年8月，根据中共中央的指示，中共两广省委代表陈道生到右江传达中共中央关于纠正李立三冒险主义错误路线的决定和整顿红军，整顿地方革命政权的指示。在东兰县泗孟乡丘拔屯主持召开了中共右江特委、红二十一师党委扩大会议，将红二十一师改为中国工农红军独立第三师（俗称右江独立师），陈洪涛仍任政委兼师党委书记，韦拔群任师长，黄松坚任副师长，黄大权任参谋长。同时将右江苏维埃政府改为右江革命委员会，黄举平任主席。

会后，陈洪涛与韦拔群带领第六十一团800多名官兵到东山整训。随后率领部队到板升、隆福、九顿（今都安县大兴乡）等地游击，后又回师西山。9月14日，陈洪涛等率队在坡豪区板兰乡伏击“东凤剿匪军”副司令陈儒谨（陈子怀）民团，陈被迫逃回县城。9月29日，陈洪涛又率队在都邑区弄棒峒攻击陈儒谨民团。10月21日，再次率队袭击九顿圩蒙元彩团局，缴获武器和其他物资一批。当韩彩凤、石化龙带援兵追来时，陈洪涛与韦拔群率领红军撤出河池、东兰交界山区。当红军准备过河，撤回西山时，不料，东兰境内红水河几个渡口已被民团封锁，红军的退路已被截断。敌人企图在红水河以东引诱红军背水作战，以便将红军歼灭。前被河阻，后有追兵，怎么办？陈洪涛与韦拔群决定将计就计，佯攻兰城。他与韦拔群等指挥部队，一面摆出好似长期在河东游击的架势，迷惑敌军；一面派出熟悉水性的一支精干的小分队趁夜偷渡红水河，组织东兰县城附近赤卫队佯攻兰城。据守各渡口的敌军听到县城被攻打的消息后，不知虚实，生怕自己也陷入前后被夹击的境地，便星夜拔营，撤离沿河阵地，慌忙回城救援。此时，陈洪涛与韦拔群便率领红军大部队趁机渡河绕过县城后，沿途还捣毁了音圩、凤凰两个团局，打垮了驻守在这一带的五县联防司令黄廷槐的反动武装，胜利地回师西山根据地。

11月，桂系军阀又出动7000多兵力向东兰、凤山革命根据地发动第二次“围剿”，进犯重点放在西山。陈洪涛与韦拔群率领已不足2000人的红军分别在东兰的“三山”、板升、那地和凤山的几个据点抵抗敌军。西山是红军独立师师部驻地，亦是敌人进攻的重点。为解决部队给养问题，陈洪涛与韦拔群在敌军进犯西山前，就率红军部分武装到百色三都游击，攻占了干水、百马两个敌人据点，缴获数十担粮食运回西山。敌人进犯西山后，陈洪涛与韦拔群把红军分成小分队进行活动，转战于千山万弄之中，机动灵活地与敌人周旋，使敌求战不成，又不敢久留山上，只好撤出西山，从而再次粉碎了敌人的“围剿”，保卫了右江革命根据地。

为了保存革命骨干力量，1931 年 12 月陈洪涛与韦拔群在西山弄索附近的朝马峒召开右江特委和独立师党委常委会议，总结反“围剿”斗争的经验教训，研究下一步行动方案。会议经过充分讨论，决定缩编红军队伍，化整为零，取消团、营、连编制，组织“杀奸团”，分散活动，打击敌人。根据扩大会议精神，韦拔群等师领导将右江独立师缩编，将部队的骨干和精锐武器集中起来成立 10 个杀奸团。此外，还成立巴暮独立团，共计千余人枪，在右江特委和师党委的直接领导下，继续英勇抗击敌军“围剿”。为了揭露敌人造谣欺骗的阴谋，斥责叛徒诱降手段，鼓舞人民斗志，宣传教育群众，稳定军心民心，陈洪涛还在西山创办了《红旗报》，宣传党的《十大纲领》以及共产党和红军的方针、政策，介绍中央苏区红军的发展和粉碎国民党“围剿”的胜利消息，加强对军民的思想政治工作。他还亲自编写了《叛徒末路》的社论，增强了军民争取胜利的信心。

1932 年 1 月，广西当局实施“划分各军剿匪防地”的罪恶计划，加紧对右江特委和红军独立师所在地西山进行封锁，西山根据地进一步恶化。为了摆脱困境，挽救红军，保持革命力量，准备与敌人作长期斗争，1 月，陈洪涛又与韦拔群等在西山弄京的果六峒召开特委、师党委紧急会议，对坚持右江革命斗争作了全面部署。会议决定派副师长黄松坚、右江革命委员会主席黄举平等一批党员干部跳出敌人的包围圈，转移到右江下游地区和黔桂边坚持外线游击，开辟新区。黄松坚、黄举平等离开西山之前，陈洪涛专门集中大家学习了一个星期，他亲自作了关于革命形势和任务的报告，在大家出发前的一天晚上，他又勉励大家说：“现在敌人层层包围西山，你们到新区去的同志，要从敌人的火网里打开前进的道路，这是光荣而又艰巨的任务。你们都是久经锻炼的共产党员，在战斗里成长的红军战士，一定能够战胜任何敌人和困难，完成党交给你们的任务。到新区去的同志们，这是党对你们的考验，那里的工作都要从头做起，你们会面临很多困难，有时甚至会碰到想不到的困难。可以说你们前进一步就是一个战斗。因此，光靠勇敢是不够的，还要机敏灵活，要有革命的毅力，有长期斗争的决心和最后胜利的信心！同志们，努力前进吧，为了建立千千万万个西山根据地去战斗！为人类创造美好生活去战斗！为了建立光明的新社会，坚决把真理的火焰燃烧起来。”（见陆秀轩、黄举平：《右江星火》）。

此后，韦拔群留在西山根据地坚持斗争，陈洪涛则带领几十个同志，化装到敌占区的燕乐、奉议一带检查工作。这些地区敌人戒备森严，充满恐怖。但陈洪涛不畏艰险，在群众的掩护下，机动灵活地进行了卓有成效的工作。他时而穿着蓝色土布唐装，戴着一顶斗笠，扮成卖苦力的穷汉；时而挂上省立第五中学校徽，化装成中学生，去学校、镇上走访；有时肩挎布袋，背个罗盘，撑着长柄布伞，扮成风水先生，在农村乡间游巡；时而扮成客商，穿起长衫，搧起扇子，“招摇”过市，机智勇敢地和敌人周旋，多次躲过敌人的盯梢和追捕，完成任务后，又顺利返回西山。

1932 年 5 月 17 日，国民党广西省政府又张贴布告，悬赏 1 万元购缉韦拔群，5000 元购缉陈洪涛。他们二人得知，便将计就计，一举智取敌人“花红”2000 元，不仅解决了部队经费困难，而且还处决了叛徒陈守先。是年 6 月，斗争形势进一步恶化，为了揭露敌人欺骗、造谣阴谋，斥责叛徒的罪恶行径，宣传教育群众，陈洪涛亲自起草了《为时局告群众书》，于 6 月 1 日以中共右江特委名义发布，他指出：“右江革命根据地虽暂时受挫折了，但全国革命与世界革命还是向前发展的”，“叛徒投降即是自找末路”，“当前的中国，明显地摆着两个前途，在广大群众面前摆着两种出路，要挽救中国目前的危亡与解除群众的痛苦，只有在中国共产党领导下向着革命的大道上走”。陈洪涛布置“杀奸团”将这张布告贴在城乡街头巷尾，投到敌人的军营，对稳定军心、民心，瓦解敌人起了很大的作用。

1932年8月，白崇禧亲自在南宁召开军政会议，策划向东凤根据地进行第三次“围剿”。廖磊率领近万人武装（包括地方民团）进剿东凤革命根据地，白崇禧坐镇东兰督战，推行烧光、杀光、铲光和“石头也要过刀”的反动政策。8月28日，廖磊到东兰县城后，便按照白崇禧制定的“军事经济政治同时并进”的进剿方针进行具体部署。军事上，采取“缩网收鱼”的政策，利用军事力量的优势，围歼红军；经济上，设立集中营，强令山民到指定地点居住，以断绝群众对红军的联系和接济；政治上，组织“东凤剿共宣传大队”，跟随部队深入各地工作。此时，红七军约有1000多人枪。坚守西山的有西山独立师警卫连和瑶族独立营约600人。9月6日，敌人用大包围方法进攻西山。在大军压境、敌强我弱的情况下，陈洪涛与韦拔群避开敌人的主力，爬山沟、穿树林，与敌人周旋，与战士们同甘共苦，常以野菜、红薯充饥。有些野菜很苦，难以下咽，他就带头吃，并且一边吃一边乐呵呵地说道：“吃得苦中苦，方为革命人。”吃红薯时，陈洪涛边吃边风趣地哼着顺口溜：“吃红薯，真痛快，不要盐来不要菜，不用碗来不用筷”（采珠：“一腔热血洒右江”，见《广西日报》），常常逗得大家哈哈大笑。

敌人的“围剿”给东、凤人民带来了深重的灾难，许多村庄绝了人烟，不少田园已经荒芜。陈洪涛一家大小，跟着去了西山。敌人驱赶群众集中居住，陈洪涛的母亲知道自己是红军家属，便到弄勒山上躲起来，尽管敌人放出甜言蜜语诱骗她下山，但她牢记儿子平常讲的革命道理，没有中计，最后由于粮水断绝，活活饿死在山上。陈洪涛的爱人潘秀梅，是一名共产党员，为红军和苏维埃做了很多工作，敌人包围西山时，陈洪涛就交代她："革命失败，你要跟着党支部走，不要单独跑"，由于有不到半岁的儿子拖累，她被捕了，敌人把她打得死去活来，逼她说出陈洪涛的去向，她紧咬牙关，只字不漏，敌人火了，便从她怀里抢过孩子，活活地摔死在地上。陈洪涛的妹妹陈月膑在岩洞里隐蔽，敌人搜山时被俘了，敌人用刺刀顶着她去找陈洪涛，她毫不畏惧，领着敌人在山上兜了几个大圈子，拖得敌人筋疲力尽，天黑了，敌人又累又饿又怕，连声狂叫："再不老实，杀了你！"尽管敌人枪打脚踢，她仍咬紧牙关，继续在山上兜圈子，当走到一处悬崖峭壁时，她突然大叫一声："哥哥，替我报仇啊！"便纵身跳下深渊，英勇献身。陈洪涛的父亲同情、支持儿子革命，在西山大小开京失守后，他与陈洪涛住在弄羊山上，敌人知道后，连夜纠集人马，上山追击。在紧急关头，他为了掩护陈洪涛脱险，便说道："我老了，反正快死了，我把敌人引到那边去，你赶快跑。"说完就往暴露的山边跑去。敌人以为是陈洪涛，都围追了过去。他拼命地跑，当他看到陈洪涛已摆脱敌人时，为了不落入敌手，便纵身跳下山崖。当敌人蜂拥而下搜索，没有发现陈洪涛，却发现老人挂在树杈上，一条腿已经摔断，就把他抬到武篆集中营用针尖火烤，严刑烤打，企图从他口中得到陈洪涛的去处。他回答只有一句话："我儿子出去领导人民干革命，打倒你们国民党反动派！"结果，敌人把老人杀害了。

敌人绞尽脑汁施尽诡计，在西山"搜剿"一个多月，仍不见陈洪涛和韦拔群的踪影，便一面加紧"搜剿"，一面增加通缉韦拔群、陈洪涛的赏金，加紧收买叛徒。10 月 18 日，韦拔群与陈洪涛在东里屯香刷洞密谈，决定暂时分头向贵州方向转移。不幸的是，第二天凌晨，韦拔群被叛徒韦昂杀害。陈洪涛得知这一不幸的消息后，非常难过，他召集身边的同志开追悼会，悲愤而坚定地对大家说：“韦师长牺牲了，我们右江失去了一个领导人，对革命是严重的损失。我们是红军，是革命战士，要向韦师长学习，化悲痛为力量，为韦师长报仇，为死难的同志报仇。”随后，陈洪涛怀着对敌人的百倍仇恨，冒着生命危险，到各峒慰问群众，并重新整顿组织，布置转移工作。

（五）

1932 年 12 月初，陈洪涛和特务连连长黄玉温，离开西山，准备跳出敌人包围圈，到外地打游击。当他们经盘阳到燕洞附近的坡伏村，遇上了“老庚”王廷业。

王廷业是燕乐乡人，原是个不务正业的懒汉，做过偷牛盗马的勾当。后来投身革命，入了党，并与陈洪涛打“老庚”，时刻想着发横财，以图日后过不劳而获的生活。但革命队伍有铁的纪律，束缚了他的手脚，使他发横财的美梦未能实现。他听说杀害韦拔群的韦昂得到了反动派的“厚赏”，便认为这是个发横财的好机会。于是，在遇上陈洪涛和黄玉温之后，他就溜到驻守燕乐的匪营长黄定国那里，向敌人出卖了自己的灵魂。陈洪涛和黄玉温到达的当天晚上，王廷业根据敌人的旨意去见陈洪涛，假造敌情，叫陈洪涛和黄玉温到村后的岩洞去住。陈洪涛对他的言行产生了疑心，打算利用转移的机会，设法摆脱这个危险人物。可是他们进到岩洞刚坐下，敌人的伏兵就一拥而上将他俩逮捕。陈洪涛极为气愤，一个飞腿踢向叛徒的小肚，愤怒地骂道：“你是烂了心肠的活鬼，我错把你当人看待！”王廷业一声惨叫，双手抱着小肚慌忙逃窜而去。

陈洪涛失去了人身自由，被敌人押往奉议。一路上，他不顾个人安危，对围观的群众高喊：“王廷业是叛徒，我们是被他出卖的，革命者要提高警惕，擦亮眼睛，防止叛徒出卖。你们不要为我难过和悲伤，红军是抓不完、杀不绝的，死了一个陈洪涛算什么，以后还有千千万万个陈洪涛起来革命，要团结起来继续战斗，革命一定会最后胜利！”他和黄玉温昂首挺胸走在田州街上，唱起《国际歌》，继而又高呼口号：

“打倒军阀和土豪劣绅！”

“打倒国民党反动派！”

“革命胜利万岁！”

“共产党万岁！”

悲壮激昂的歌声和口号声，吓得敌人惊慌失措。他们手忙脚乱，把陈洪涛和黄玉温打得嘴脸流血，遍体鳞伤。还下令不准他们喊口号。可是，殴打和威胁吓不倒真正的共产党员，悲壮、激昂的歌声和口号声仍然在奉议街头的上空回响。奉议，是陈洪涛工作过的地方，他很熟悉这里的群众。现在，他就要离开这个美丽的地方，告别这里可爱的乡亲，他流下了悲愤的泪水。这一天，全城群众拥簇到道头巷尾，想再看看这位为右江人民出生入死的红七军政委。愤怒的群众，有的在流泪，有的在喊口号。匪营长黄定国急红了眼，命令匪兵把群众赶走，人群中立即爆发出一阵反抗的怒吼声。匪兵十分恐慌，朝天空连放数枪，人群总算静了下来。但是，在人群中，有几个老奶奶，却全然不顾生命危险，提着稀饭、茶水给陈洪涛和黄玉温喝，拿自己的头巾帮他们擦脸上的鲜血。匪兵端着上了刺刀的步枪前去拦阻，老奶奶们理直气壮地说：“我们是他们的亲戚，难道送碗粥给他们吃都不行吗?”弄得匪兵一个个束手无策。

陈洪涛和黄玉温被押到百色后，驻百色的敌第四十三师师长黄镇国认为陈是“共匪首要”，企图从他身上弄出些“共匪”机密，好向上司邀功领赏，于是把陈洪涛关在自己的司令部里，由自己亲自审讯、发落。

一天晚上，黄镇国叫匪兵将他的会客厅布置一番，摆上名贵的点心、烟茶、水果，还叫来一个妖艳的女人做“招待员”。陈洪涛一进门，她马上就敬烟、敬茶。陈洪涛一看，就知道敌人在弄花招了。他一气之下，大手一挥，将杯盘打翻在地。黄镇国忍住气，装出一副笑脸，从沙发上站起来说：“陈先生，这完全是出于本司令的好意，请勿戒心！请坐请坐！过去的事都不提了，今晚，我们要化冤仇为友谊。”

陈洪涛怒目相斥道：“什么‘化冤仇为友谊’？你是杀害人民的刽子手，我要清算你！我们只有冤仇，没有友谊。”

“我完全理解你。”黄镇国说，“我可以向你坦白：我是打心底喜欢你，像你这样年轻又有才干的人，只要回心转意，那是前途无量的。我劝你爱惜自己的黄金时代！”

“革命，消灭你们，就是我的黄金时代！”陈洪涛斩钉截铁地说，“我可以向你宣布：革命一定能够胜利！你们这些血债累累的军阀，一定逃脱不了人民的审判！”

黄镇国气得七窍生烟，五官抽搐，龇牙咧嘴吼道：“陈洪涛，我要提醒你。你要是把我的宴会当成法庭，那我完全可以以法官的手段来对待犯人！”

“嘿嘿！我同样有权利在法庭上以人民的名义审判你这个刽子手！”陈洪涛针锋相对地反驳说。

这时，黄镇国再也忍不住了，他完全撕下假仁假义的面具，从裤袋里抽出勃朗宁手枪，指着陈洪涛叫嚷起来：“你……你再敢狂言乱语，我可就不客气了！”

“生死各有一次，怕死还能革命?!”陈洪涛挺起宽大的胸脯，飞起一脚，踢翻了面前的小圆桌。

这下，黄镇国吓得面如土色，他实在惧怕陈洪涛会像只下山的猛虎将他扑倒，慌忙后退了几步，朝窗外鸣了一枪，并大喊一声：“来人！”

陈洪涛却岿然不动，镇定自若地冷笑道："嘿嘿，枪是吓不倒革命者的，也救不了你的命！"

霎时，两个荷枪实弹的匪兵慌慌张张地跑了进来，奉命将陈洪涛带了下去，"宴会"不欢而散。

第二天，黄镇国下令将陈洪涛关进了一间潮湿腥臭的暗牢里。

陈洪涛被关进了黑牢，他知道敌人要对他下毒手了，但他丝毫不考虑自己的安危，他担心和苦闷的是与外面的同志失去了联系，不了解他们坚持斗争的情况，特别是黄玉温的安全让他揪心。黄玉温自押到百色以后，敌人为了达到各个击破的目的，将他监禁在另一个地方。他与陈洪涛分手的时候曾说到："陈政委，请你保重身体！我一定坚持战斗到底，请你放心！"说着俯下头用牙齿咬下了胸前的一个扣子交给陈洪涛说："这是我最后交的一次党费！"陈洪涛接过扣子激动地说："好同志，祝你胜利！"从此以后，两人就再也没有见过面。想起黄玉温临别时的情景，陈洪涛格外惦念，他决心打破敌人的封锁，了解黄玉温的情况。后来，他通过一个送饭的士兵，与黄玉温取得了联系。

敌人对陈洪涛不闻不问约半个月后，终于下毒手了。一天下午，牢门突然打开，两个凶神恶煞的匪兵冲了进来，二话没说，把陈洪涛推出了牢门，门外等候着一群全副武装的匪兵。陈洪涛从容不迫，昂首挺胸向刑场走去。刚走到刑场，忽然后面传来了洪亮的口号声。

陈洪涛回头一看，喊口号的正是黄玉温，只见他拖着沉重的手拷和脚镣，艰难地走在匪兵中间，衣服破烂，脸庞肿胀，几乎认不出来了。可以看得出，敌人对他用了多少酷刑！陈洪涛以亲切的目光望着他，喊道："玉温同志，你好！"黄玉温猛然抬头，见是陈洪涛政委，连忙回答说："陈政委，你好！"

接着，陈洪涛和黄玉温不约而同地高呼口号。

刑场上，匪兵杀气腾腾，戒备森严。黄镇国鼓起满脸横肉说：“陈、黄两位先生，死活两条路摆在眼前，你们选择吧！”

黄玉温用轻蔑的目光盯着黄镇国说：“一个共产党员是永远不会向他的敌人低头的！对革命者来说，死并没有什么可怕，要杀你就杀！”

“你走哪条路？”黄镇国冷冷地指着陈洪涛问。

“哈哈！”陈洪涛笑道，“我倒感谢你这个蠢贼，叫我来给黄玉温同志送别。”

陈洪涛和黄玉温齐声高呼口号，昂然挺立。刽子手杀害黄玉温以后。黄镇国又上来对陈洪涛说：“你别想死得这么便宜，我要叫你半死不活！”

当天夜晚，黄镇国叫匪兵把各种刑具都摆了出来，然后亲自审问陈洪涛。他指着刑具说：“陈先生，这是法庭，不要自讨苦吃，应该找自救之路。只要你把右江共产党组织交出来，立下投降书，我保证政府重用你。”

“共产党的组织，你没有权利过问！”陈洪涛坚定地回答。

“我有权命令你交出来，还有权杀你的头！”黄镇国又跺脚又拍桌子地喊到。

“杀头砍脚随你的便，要我叛变革命，出卖灵魂，那是万万不能！铲除军阀和土豪劣绅，解放被压迫的人民，建立自由的新中国，这是我崇高的信念。”

“我是在审判你！这里不是你的演说场所！”黄镇国猛击着桌子，打断陈洪涛的话，接着喝令匪兵：“上刑！”

随后，敌人对陈洪涛进行轮番拷打逼供，各种刑具都用上了，陈洪涛的一只耳朵被打聋，右手臂被打断。他几次昏了过去，又被敌人用冷水浇醒过来，陈洪涛咬紧牙关，强忍住酷刑的折磨和痛苦，不流泪，不呻吟，犹如钢铁巨人一般坚强。敌人无计可施，只得又把他拖回黑牢。

陈洪涛的身体遭受了极大的摧残，而黄镇国仍没有从陈洪涛身上捞到油水，当然不甘心，于是叫医生给陈洪涛强行打针，硬灌药品。当陈洪涛的身体稍微好转。黄镇国又叫匪兵将一间房子布置得十分光亮整洁，然后把他转移到那里。同时，命令匪营长黄定国把陈洪涛的爱人潘秀梅押去，百般威胁利诱，要她去劝自己的丈夫投降。潘秀梅受过革命教育和锻炼，她牢记陈洪涛平时的嘱咐，宁死不屈，坚决斗争。

一天傍晚，陈洪涛撕开衣角，取出一颗纽扣，紧紧地握在手心，又贴在胸口上，自言自语道："玉温同志的党费！"就在这时，房门"砰"的一声开了，他抬头一看，原来是潘秀梅走了进来。她喊了声"洪涛"之后，便扑到陈洪涛跟前痛哭了起来。

陈洪涛将她扶起来，和她并排坐在床沿上，满腹心里话无从说起，沉默了一会儿，他抑制内心的激动说道："秀梅，哭有什么用？我不是对你说过，对敌斗争，只能流血不流泪！你记得吗？"

"记得。"潘秀梅用衣襟擦着眼泪说。

"秀梅，你怎么来到这里？"

潘秀梅把事情从头到尾说了出来，陈洪涛笑道："好妻子！你做得对！不过……"

潘秀梅见丈夫把到嘴边的话又吞了下去，便有些不安起来，问道："怎么？你快说呀！"

"说了你别难过。"陈洪涛说，"你要坚决斗争下去，以后不要再来看我了！"

潘秀梅说："我还没有死，就要来看你！"

陈洪涛严肃而又和蔼地说："活着就不要再来看我了！"

这一说，潘秀梅神色有些紧张了，又急急地追问：

"为什么？"

陈洪涛说："你知道敌人是不会放过我的。你来这里，救不了我。你要把精力放在革命事业上。”

接着陈洪涛摘下自己胸前的一颗扣子，递给潘秀梅说：“这是我们最后一次见面了。你如果能活下去，就好好保存这两颗扣子，等到革命胜利了，把它交给党组织！告诉党，这是我和玉温同志留下的党费！”

潘秀梅接过两颗扣子，不觉一阵心酸，眼泪如泉涌般落下，她一句话都说不出来，呆呆地从上到下打量自己的丈夫，半晌才说了句：“洪涛，我尊敬的爱人，我永远记得你的话。”然后急转身走出门口，消失在黑夜中……

敌人的算盘完全打错了：功名利禄，没有得逞；金钱美女软化，陈洪涛没有上当；严刑烤打逼供，得不到只言片语；押着洪涛妻子来劝降，也达不到目的。黄镇国黔驴技穷，气得咯血。最后，敌人为了消除陈洪涛在右江各族人民群众中的威望和影响，于1932年12月22日，在百色镇将陈洪涛杀害。陈洪涛牺牲时年仅27岁。

陈洪涛对革命事业无限忠诚，对敌斗争无比坚决。他虽然牺牲了，但他英勇顽强、不屈不挠的革命精神却激励着右江地区的党组织和人民，前仆后继地进行艰苦卓绝的革命武装斗争，不断地扩大活动地区，最后配合人民解放军南下，消灭了敌人，迎来了右江的彻底解放。

陈洪涛的一生是革命的一生、光荣的一生。他为中国人民的解放事业献出了年轻宝贵的生命，实现了他生前的愿望：

“为民为社稷流血，
重值泰山；
人生自古谁无死？
但受重彰。”

黄大权

(1898 ~1933)

黄大权是东兰早期农民运动的组织者，是右江革命根据地的创建者、保卫者之一。他的英名和立下的丰功伟绩，将永远铭记在右江各族人民的心中。

(一)

黄大权，字子衡，壮族。1898 年生于广西东兰县武篆区善学乡坡善屯（今武篆镇巴学村）的一个壮族农民家庭。父亲黄卷新勤劳诚实，一生耕种少许的祖田为生。黄大权的少年，正值清皇朝崩溃之时。在东兰这块穷乡僻壤上，虽然早已实行改土归流，但世袭的封建土司仍霸占着大量田产，平日横行霸道、巧取豪夺，民众仍处在水深火热之中。黄大权目睹人间的悲苦，仇恨的种子在幼小的心灵中发了芽。

黄大权自幼聪明伶俐，年少时，就随叔父在本屯私塾读书。由于他勤奋好学，成绩优良，12 岁时以优异的成绩考入东兰高等小学堂。1915 年，黄大权从东兰高等小学堂毕业，因家庭经济拮据，无法继续升学。当年，他应邀在当地私塾教书。1916 年初，韦拔群从外地游历回到东兰武篆，召募青年去投军讨袁护国。黄大权得知这一消息，非常高兴，便怀着救国救民的满腔热情，毅然弃教从军，随韦拔群上贵州，投入护国军熊克诚部，参加讨袁护国战争。黄大权虽未受过军事训练，但在几次战斗中，他都表现得非常机智勇敢，深受韦拔群的赏识。数月后队伍开到重庆，韦拔群因反动连长陆永芬的诬告被监禁，黄大权对此十分愤慨。待韦拔群获释后，他便和同乡的战友怀着强烈的义愤，毅然离开这支政治腐败的军队，返回家乡。

黄大权回到家乡，目睹东兰闭塞、愚昧、落后的现状，忧国忧民之心更加炽热，但又陷入报国无门的苦闷中，只好到距家60 里外的泗孟教书。这期间，他常深入民间，了解民众疾苦，调查社会状况。每回到武篆，就和黄书祥一起研究社会问题。

1921 年 9 月中旬，在外游历寻找救国救民之道的韦拔群回到东兰。这给处于苦闷、彷徨中的黄大权带来鼓舞和力量。不久，黄大权、陈伯民等便与韦拔群一起在武篆发动组织“改造东兰同志会”。提出“反对军阀，反对贪官污吏，反对土豪劣绅，改造东兰旧政治、旧文化，实行社会革命”的口号，并分头深入到县内各地圩场散发传单，发表演讲，号召劳苦大众起来革命。

1922 年农历三月初三“上巳节”，黄大权参加了韦拔群在东兰武篆区善学村北帝岩（后改为列宁岩）举行的革命同盟，通过了《敬告同胞》书，并以中国国民党广西特别党部韦拔群等11人的名义，印发广西各地，号召工农商学兵团结起来，打倒侵华洋鬼子，铲除祸国殃民的大军阀，实行国民革命。是年8月，黄大权跟随韦拔群等“改造东兰同志会”的主要骨干率领武篆各乡、村民众代表和武篆育才小学的师生代表共百余人同武篆大土豪杜瑶甫进行面对面的清算斗争，勒令杜退回贪污的育才小学建校筹款。是年重阳节，黄大权又与韦拔群、陈伯民等召集东兰、凤山、百色、凌云等县进步青年100多人聚集在东里村的银海洲集会，饮鸡血酒，举行革命同盟，明确提出拥护俄国共产党，组织农协会、农民自卫军，推翻封建统治，反对帝国主义侵略，建立新国家的主张。会后，黄大权负责在兰木、泗孟一带进行革命宣传，组织农民自治会和国民自卫军。

（二）

随着革命宣传的广泛深入，劳苦大众日益觉醒，东兰农民摩拳擦掌，准备参加韦拔群组织的武装暴动。为了解决武器短缺问题，黄大权变卖了母亲出嫁时带来的几块陪嫁田，资助农军购买武器弹药。1923年夏秋，韦拔群组织农民武装暴动，发起著名的“三打东兰县城”战斗。黄大权担任第四路军总指挥，指挥兰泗区农军参加战斗。战斗中，黄大权身先士卒，英勇杀敌。农军攻下县城后，随之成立东兰县革命委员会，黄大权当选为委员，留守县城，组织农军进行军事训练。

农军攻破东兰县城的声威震动了四面八方，反动当局惊恐万状，坐立不安，撤换了县知事蒙元良的职务，同时不断增调军队，妄图扼杀刚刚开展的农民运动。1924年2月，新任县知事黄瑶琼勾结土豪劣绅向省政府诬告韦拔群等人为“劳农党”作乱，韦拔群、陈伯民、黄大权则发动群众联名上书控诉黄瑶琼勾结土豪劣绅压迫、剥削人民的罪状，并派黄祥卿等4人为代表到南宁告状，同时组织学生军在县内各地发动群众，开展斗争。此时，广西省省长张其锽下令通缉韦拔群、黄大权等农运领导人。韦拔群、陈伯民、黄大权等被迫分散活动。

第一次国共合作形成后，国民党中央农民部于1924年7月创办农民运动讲习所，培养农民骨干。这给在探索中的韦拔群以巨大的鼓舞。8月，黄大权与韦拔群、陈伯民、黄树林一行五人一同决定取道黔滇，过安南、中国香港到广州，参加广州农民运动讲习所学习，寻求革命真理。当他们到昆明时，因路费不足，黄大权与黄树林等人服从韦拔群安排，转回东兰坚持斗争。黄大权回到东兰后，继续组织学生军开展革命宣传，揭露反动当局的罪行，并联络韦钟璠、牙苏民等赴县衙改组参议会，恢复公民会。由于反动当局对农运领导人的通缉不断加紧，为了保存革命力量，黄大权、牙苏民、黄树林采用化整为零的办法，由公开斗争转入地下活动。黄大权带领着30多名武装人员开拔到上林县，自称“自治军”司令，与那些占山为王，鱼肉民众，骚扰社会的草寇顽匪分庭抗礼。在此他结识了追求个性解放、渴望民主自由的女知识青年石玉凤（石坚）。

1925年2月，黄大权经当地绅士的引荐，打入驻上林亭亮一带的旧军阀蒙仁潜部搞兵变工作，扩充自己武装，待机拉出人枪，开展武装斗争。4月间，在广州农讲所学习的韦拔群、陈伯民在返回东兰途中了解到黄大权在上林亭亮，便邀他一起返回东兰从事农民运动。8月，东兰县农民协会在武篆胜利诞生，黄大权当选为委员。11月1日（农历9月15日），韦拔群、陈伯民等经过积极努力，在武篆北帝岩开办了广西东兰第一届农民运动讲习所，培养右江各地农运骨干。黄大权担任农讲所理论教员。其间，黄大权认真地拜读了韦拔群从广州农讲所带回的革命书籍，结合自己的斗争实践，用通俗易懂的语言，给学员讲课。12月11日（农历

11月6日），东兰县知事黄守先勾结大土豪龙显云，派兵围攻、焚毁农讲所。黄大权和韦拔群等率领学员和农军300多人袭击了敌人的驻地，迫使敌人退回县城。1926年1月12日（农历1925年11月18日），县知事黄守先的胞弟黄智渊率警兵十余人到兰木收粮，借故勒索农会会员黄鼎卿。黄大权与韦拔群率农军100余人赶赴兰木，围攻黄智渊，黄智渊向县城败退，农军奋起直追，在离县城5公里的达文村将其擒获。12月上旬，原广西省省长蒙仁潜率残部200余人到武篆，企图绕道入滇。蒙到武篆时曾以是黄大权的上司自居拉黄大权入伙，但吃了闭门羹。12月18日，黄大权与韦拔群率武篆、兰泗农军夹击蒙部于泗孟，蒙率部败逃。19日，农军追至凤山长峒，俘获蒙仁潜及其副司令刘锦华、蒙彩标等，缴获枪支100余支。

1926年2月，新桂系军阀黄绍竑派龚寿仪团到东兰，在县知事黄守先、劣绅杜瑶甫、龙显云带领的团警配合下，对东兰农运施以血腥镇压，制造震惊省内外的“东兰农民惨案”。黄大权一家难逃厄运，房屋被烧毁，财物被抢光。全家老小流落于高山深弄之中，但黄大权置个人生死于度外，和韦拔群一起，带领农军转入西山，坚持斗争。在白色恐怖中于西山弄京成立了东兰县革命委员会，黄大权当选为常委。按分工，他率锄奸团一个分队到兰木、泗孟一带开展游击战，先后袭击了韦钟璜、韦立言、龙显云、黄坤元等作恶多端的土豪劣绅，打击了反动势力的嚣张气焰，革命声威大震。是年6月初，龚寿仪部被迫撤出东兰。7月上旬，黄大权、黄大业奉韦拔群之令，率领农军攻打凌云县平乐区（现属凤山县）民团总所所长班述登，缴获枪支20余支。9月，黄大权与韦拔群等带领农军攻打东兰城，驱逐了反动县知事黄祖瑜和盘踞在县城的豪绅陈儒珍、杜瑶甫等，解放了东兰县城。10月，国民党省党部青年部长、中共党员陈勉恕到东兰处理“兰农惨案”，代理东兰县知事，并整顿东兰县党部，东兰革命呈现大好形势。黄大权乘此有利时机，到兰木、泗孟等地整顿和恢复农民协会和农民自卫军，使该地区农民运动蓬勃发展起来。11月初，东兰县农民协会再度成立，黄大权当选为常务委员。

1927年8月，右江各县农军统编为右江农民自卫军，黄大权担任第一路军第二团总指挥。这时，新桂系军阀派黄明远营进攻凤山，黄大权受命率领200多农军进驻凌云，阻击来犯之敌。随后与韦拔群、黄明春、廖源芳等率领的农军相配合围攻黄明远部于凤山县城达一月之久。10月，敌师长朱为珍、团长龚寿仪率一个师正规军与各县地主武装一起，从河池、田州、百色分三路向东凤扑来，妄图扑灭东凤农民运动火焰。在这危急关头，黄大权率领农军开往凤山县的平乐、金牙一带，阻击来自百色、凌云方向的敌人。一天清晨，黄大权率领农军攻打盘踞着班尚茂等三个大土豪、大恶霸的巴陆屯，要拔掉这颗妨碍农军阻击敌人的“钉子”。在黄大权的指挥下，农军很快占领了一座山头。紧接着，10多名农军战士挥舞着大刀、梭标向寨门冲去。不料迎面射来一串子弹，几名战士中弹倒地，战场一下子寂静下来，敌我双方处于对峙状态。敌人自恃武器精良，工事坚固，站在寨门的房顶上恫吓农军。黄大权在山头上举起驳壳枪，“砰”地一枪向班尚茂扫射，差点丧命的班尚茂恼羞成怒，集中火力往山头扫射。黄大权命令队伍分几路全面佯攻，重点强攻寨门。正在这时，获悉农军攻打巴陆屯消息而自动组织起来的附近十多个村屯的上千名群众，举着锄头、木棍赶到，支援农军。霎时，农军、群众从四面八方向巴陆屯发起总攻，寨门被冲塌了，匪兵弃枪逃命，班尚茂等匪首也狼狈逃窜了。农军打开土豪的粮仓、钱柜，把粮食和浮财全部分给了贫苦农民。12月12日，广西省政府向各地发出通缉令，重赏购置韦拔群、黄大权等23名农运领导人。韦拔群、黄大权等则组织精干的暗杀队，在山区游击歼敌。

1929年6月，俞作柏当上广西省主席。在中国共产党的影响下，俞作柏同情、支持工农运动。8 月，黄大权跟随韦拔群到南宁拜见俞作柏，向中共广西地下党组织汇报工作。在南宁，经韦拔群介绍、广西党组织考察，黄大权光荣地加入了中国共产党。9 月，经中共广西党组织的推荐，俞作柏委任黄大权为恩隆县（现为田东县）县长。黄大权在任职期间，利用合法身份，在其住处秘密设立交通站，接待右江各地来往恩隆的革命同志，负责东凤农军从南宁运回的武器弹药的转运工作，还配合恩隆地下革命组织的同志释放了被关押的农会会员和无辜群众。为了保守党的机密，黄大权从未向地下党以外的任何人暴露自己的身份。直到百色起义的那一天，农军进了县府大院，他才公开讲出真实身份。这时，他的妻子玉凤（石坚）才恍然大悟，原来自己的丈夫是个共产党员！从此，玉凤也随丈夫走向了革命道路。

1929 年 12 月 11 日，百色起义宣告了中国工农红军第七军胜利诞生。右江第一届工农兵代表大会在恩隆县平马镇隆重召开，黄大权当选为右江苏维埃政府委员，并负责百色赤卫军的领导工作。同月中旬，黄大权奉派到都安县西部，和陈铭玖一起，指导都安县苏维埃政府的筹建工作。

（三）

1930 年 11 月，红七军主力北上，黄大权服从组织安排，随韦拔群、陈洪涛回右江组建红七军第二十一师，并担任红七军二十一师参谋，11 月下旬，韦拔群派黄大权、黄书祥带百余武装人员前往恩隆、果德等地组建果德独立团，队伍行至思林（今平果）县那海乡龙滩山区时，遭到当地反动武装伏击。虽然奋勇抵抗，终因寡不敌众，损失严重，特务连连长容德全等 10 人光荣牺牲。黄大权等 10 多人被俘，只有黄书祥等部分人员突围脱险。

黄大权在被押期间，因腿伤无差役，整天练习写字，并佯称自己曾是桂林学堂毕业生，因在家无事出门谋业而已。监狱头头不知底细，又见他写得一手好字，便叫他代写一些无关紧要的公文。经过一段时间的考察，敌人见黄大权办事认真，对他渐生好感，戒备逐渐松弛。一天，黄大权趁敌人不在，取出公章，开了介绍信和通行证，与前来接应的同志逃离了虎口。在回东兰途中，他们宿营于黎明乡巴旺屯敢沫岩时，被当地反动头子黄建鹏、陆有荣组织百余名匪徒围攻，双方对峙战斗达 20 个昼夜，直到 1931 年 2 月 5 日，黄大权等一行 48 人在当地赤卫军的带领下，才从暗洞秘密突围，回到了驻那平的二十一师师部。

1931 年 1 月，红二十一师参谋长黄晖调离部队，黄大权接任参谋长。3 月，新桂系第七军副军长廖磊率万余兵力分三路“围剿”东兰、凤山革命根据地。黄大权参与领导根据地的反“围剿”作战，亲自率师部直属分队及二十一团一个营到长江区一带游击。他一面发动群众坚壁清野，一面指挥红军、赤卫军，加强军事训练，做好迎击来自凤山方面的敌人的准备。8 月，中共广东省委派陈道生到西山，传达中共中央关于纠正立三“左”倾错误路线，整顿部队和地方政权的指示，红二十一师奉命改为红军独立师（也称右江独立师），黄大权仍任师参谋长。11 月，桂系军阀又派重兵对东凤革命根据地发起第二次进攻，重点进攻西山，红军处境十分险恶。

为了摆脱困境，保存革命力量，1932 年 1 月，中共右江特委、独立第三师党委在东兰西山果六峒召开紧急会议，决定分批跳出敌人包围圈，到外线游击，开辟新赤区。黄大权与黄松坚被派到右江下游的思林、果德一带活动。4 月间，黄大权与黄松坚到达右江下游的思林、果德两县交界的三层更一带，与在此坚持斗争的红六十二团团长滕国栋、政委黄书祥等会合，组建中共右江下游临时委员会，黄大权等为委员。参加领导恩隆、思林、向都、天保等地革命斗争。随后，这一带的农民协会、共产主义青年同盟会、农民自卫军又纷纷恢复。1933 年 1 月，右江下游临时党委改为右江下游党委，担负起领导右江革命斗争的历史重任，黄大权仍为党委委员。2 月，根据下游党委的分工，黄大权率领 40 余指战员到向都县和天保县南区开展游击活动，组织“共产青年同盟会”，发展革命力量。但立足未稳，就遭到桂系唐纪部的“围剿”，反动当局悬红银一千块通缉黄大权。黄大权率领革命武装英勇反击，浴血奋战，但因寡不敌众，遂突围转移思林、果德边界隐蔽活动。这期间，国民党反动军队在右江各地对农民运动进行血腥镇压，地方反动土豪对民众大肆报复。黄松坚、黄大权等在思林县弄腊峒召开党委会议，制订了妙打“三虎六豹十二猫”的行动计划。他们将“三虎”（恩隆大土豪黄桂朝、黄廷槐和东兰反动民团头子陈子怀）、“六豹”（凤山的龙达尊、黄家苏和东兰的牙玉贵、梁仕能等）、“十二猫”（凤山的覃兆廷、黄文干和东兰的黄义甫、杜伯豪、覃绍武…等）这三伙反动分子的罪行和东凤恩三县人民遭受的灾难一一列举，以东凤恩人民的名义，用《快邮代电》发至广西省政府，广西省政府为笼络民心，以巩固其统治地位，不得不采取丢卒保帅的手段，派营长杨玉峰率队捕杀了五县民团剿共司令黄廷槐做样子，其他虎、豹、猫见势不妙，纷纷外逃隐匿。一时，东凤恩各地土豪恶霸的反动气焰才有所收敛。

（四）

1933 年 5 月，黄大权与妻子石坚一行 4 人到云南七村九弄加强那里的武装斗争，从思果边界出发，三天后到达向都县巴荷乡那样村，先在陇内山洞隐蔽下来，第二天，由该村苏维埃政府干部引路，来到天保县龙光乡帮威村弄含屯，在陇沙山岩德洞隐蔽。由当地原农军司号员农定明供应伙食。由于农定明叛变革命，向国民党那样村村长黄永奇告密了黄大权等人的隐蔽地点。于6月4日上午，黄大权和石坚等被天保县匪部便衣队及乡警逮捕于“岩德洞”。当时，《南宁国民日报》以《巨匪就擒》为题，报道了黄大权被捕的消息。

在狱中，黄大权受尽酷刑，但他始终坚贞不屈，任凭敌人严刑拷打，官禄引诱，软磨硬碰，他丝毫没有暴露党组织和红军的机密，始终保持着一个共产党员的革命气节。他的妻子石坚在狱中也表现得异常勇敢，痛斥国民党反动派的罪行。敌人见软硬兼施无效，8月下旬，桂系军阀下令对黄大权和年幼的警卫员黄玉荣处于极刑。临刑前，黄大权视死如归，大义凛然。当敌兵把他押到法官台前时，国民党天保县民团指挥官黄廷琳宣布：“现奉总司令李（宗仁）、副司令白（崇禧）的电令，即对你们正法。你们还有什么交代后人没有?”黄大权昂首怒目冷对，铿锵回答：“没有。这一天我早有准备！不过，你们要讲点人性!”（当时石坚正在怀孕）。刑庭上，反动官差架起相机，准备拍摄黄大权的照片以报功领赏。黄大权从容顺手理好头发，昂首挺胸，气宇轩昂，视死如归。当刽子手把黄大权押到刑场时，黄大权昂首挺胸，向来观望的群众进行讲演，高呼：“打倒国民党反动派!”“中国共产党万岁!”“红军万岁!”随着罪恶的枪声，黄大权英勇就义，时年35岁。他那视死如归的革命精神使在场的群众无不深受感动，他不愧为优秀的中国共产党党员。

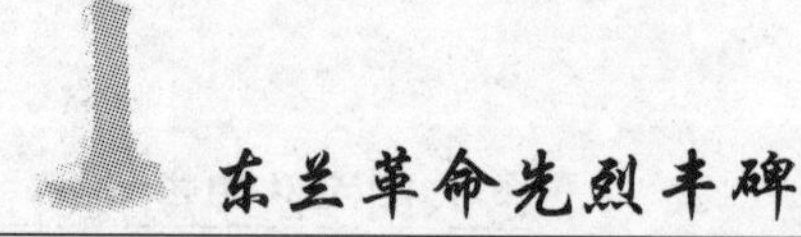

陆浩仁

(1907 ~ 1936)

陆浩仁是中国共产党的优秀党员，右江革命的领导者之一，我军优秀的指挥员。他先后担任过红七军的师政治部主任，中共右江下游党委代理书记、中共思果中心县委书记兼红河下游革命委员会主席等职。在广西右江地区坚持革命斗争，他把自己的全部精力直至生命献给了党和人民，他的一生是革命的一生，战斗的一生，他的功绩将永远铭记在右江人民的心中。

（一）

陆浩仁，原名树松，号虑点，化名陆义生、潘广昌，壮族。1907 年 5 月出生于广西东兰县太平区泗爷乡麻品峒一个壮族农民家庭。其父陆健高，是一个勤劳善良的农民，重视对子女的教育，常教育子女“做人要正直，有阴功，”“人要忠心，火要空心。”他花了几年时间筑了两条各长 2 里多长的山路，借以修阴功，为当地群众所欣赏。

在父亲的影响下，陆浩仁从小养成了沉静忠厚、勤劳好学的习惯。8 岁开始进私塾读书。不久，由于家境贫寒，父亲只能让成绩较好的陆浩仁继续就读。哥哥弟弟辍学后，陆浩仁内心难过，但他无办法，仅能暗自以尊敬哥哥爱护弟弟来相慰。1923 年以优异成绩考入东兰县高等小学就读，从此，他更是勤学好问，成绩优良，成为全校的优秀生之一。

陆浩仁在东兰高等小学读书时，正值韦拔群领导农军清算六哨团总韦龙甫和三打东兰城的年头。父亲原来传授给他“为人要阴功，要正直”的朴素思想逐步转变为要打倒贪官污吏和土豪劣绅，铲除封建剥削，为劳苦大众翻身解放的救国救民思想。

1924 年秋，追随韦拔群革命的兰木核岩小学教师韦介诚被反动县知事黄瑶琼逮捕。陆浩仁与黄昉日等一道到县衙门抗议，并上街游行，极力营救韦介城。终因力量不足，营救失败，韦介诚被杀害，陆浩仁和他的同学们悲愤万分。

1925 年夏天，东兰高等小学教师杜伯豪（杜珠选的儿子）对拥护韦拔群的进步学生进行万般打击报复，辱骂学生是“头戴牛头装，身穿狗衣服，愚笨与牛马无异，与牛马为一伦，是牛马学生”。考试时，这些学生答对了，他却故意刁难。陆浩仁忍无可忍。他与黄昉日等一起发起了驱逐反动教员杜伯豪的学潮，并将“凤凰脱毛不如鸡，猫儿得意强过虎”的对联贴在杜伯豪宿舍门口。杜伯豪无奈被迫离校回家。这次斗争的胜利，大大地增强了陆浩仁进行革命斗争的信心和决心。

1925年上半年，陈洪涛从百色五中毕业回到东兰高等小学任教。这时正值“五卅惨案”发生之时，接着爆发了省港大罢工。陈洪涛响应中共中央的号召，在学校里组织青年救国团，声援省港大罢工运动。陆浩仁积极参加了“青年救国团”，大力开展活动，揭露日、英、美帝国主义侵略中国的滔天罪行。

同年11月1日（农历9月15日），韦拔群在武篆北帝岩举办广西东兰第一届农民运动讲习所，陆浩仁非常敬佩，他借假日之机，与同学黄昉日前往农讲所参观。韦拔群接见了他们，赞扬他们在学校既能读书又参加革命斗争，并鼓励他们继续努力读书，将来为革命学好理论。两人非常高兴，并暗下决心，日后一定跟拔哥干革命。

1926年7月，年满19岁的陆浩仁从东兰高等小学毕业。此时，正值“东兰农民惨案”发生不久。他回到家乡，按捺不住投身农民运动的急切心情，从此，他追随韦拔群投身农民运动。积极发动宣传群众斗争，揭露贪官、土劣和军阀狼狈为奸，残酷烧杀，破坏农民运动的罪行。白天，他参加生产劳动，晚上，他提着马灯爬山过坳，时而开会演讲，时而发动男女青年唱革命山歌，积极宣传、发动农民起来斗争。同年10月，中共党员陈勉恕到东兰任县知事，恢复各级农民协会组织。陆浩仁被推选为太平区农民协会常务委员。

1927年7月，陆浩仁进入韦拔群在武篆育才小学开办的第三届农民运动讲习所学习。这是他第一次在党的领导下，学习马列主义理论和军事知识。他集中精力勤学苦练，成绩优秀，领导和教员很满意。9月，韦拔群率农军及农讲所学员前往凤山阻击敌人，在战斗中，陆浩仁表现得很勇敢。同月，农讲所毕业后，陆浩仁被分配与黄昉日一起到奉议县协助当地农运骨干黄治峰领导农运工作。他们到仑圩后，经过两个月的工作，结识了许多进步青年和群众，了解到仑圩的农民很同情和支持东兰农运，对残酷烧杀、制造“东兰农民惨案”的反动派非常愤慨，他们的斗争虽然也暂时受到挫折，但没有气馁，革命热情仍然很高。

同年12月，陆浩仁和黄昉日决定回东兰向韦拔群汇报工作。他们经过东兰的巴纳屯，在老同学陆鸣平和覃应物家住了两天。第三天，当他们路经三石的长岗领时，意外的事情发生了。

长岗领广无人烟、古树参天，林荫片片，流水潺潺，异草奇花争青怒放，家禽走兽来来往往。此处历来为土匪出没、杀人越货之地，许多过路人骨留此地，过往行人无不提心吊胆。陆浩仁和黄昉日将走尽这恐怖之地时，突然遇上五六个持枪民团土匪，他们不问青红皂白，就把陆浩仁和黄昉日绑起来，身上的东西抢光了，然后押到巴造屯黄冕丹团董家吊打审讯。陆浩仁和黄昉日与黄冕丹进行了面对面斗争，揭露他们大肆烧杀东兰农民的罪行，质问他们出外卖工的人犯下何罪，要他们拿出捕人的证据来。黄冕丹拿不出半点证据，理亏词穷，恼羞成怒，就把陆浩仁和黄昉日关押起来，并扬言第二天要送县衙门。这伙土匪抢了钱，买了酒肉，大吃大喝，个个烂醉。深夜，陆浩仁和黄昉日趁土匪们昏醉倒床之势撬门逃出虎口。

陆浩仁和黄昉日逃离虎口后，很快就到武篆向韦拔群汇报。韦拔群对他们在仑圩的工作很满意，对他们被抓后的事表示关怀，并吩咐今后要多加警惕，注意安全。但也不要被敌人吓破了胆，要树立信心，坚决和敌人斗争到底。他们得到韦拔群的指示和关怀，劲头倍增，非常兴奋。两人商议，以诗的形式写了一封信给陆鸣平和覃应物，叙述遇难经过，表示他们对敌人的愤恨和遇险后仍然抱有革命的乐观主义精神。他们写道：

前宵聚首过晚餐，欢天喜地相会谈。
久出异地搞革命，今朝重逢叙短长。
目的回县找领导，要求指示向东方。
多蒙陪送到路口，我俩登途喜非常。
我俩扛着根竹子，沿途声响咚咚当。
久闻险地长岗领，半夜冒险过山岗。
以为平安过险境，阿弥陀佛将过关。
探听深山无人影，飞禽走兽躲山场。
我俩平安将渡过，前面忽来几支枪。
不问底细把我掷，解见局董黄冕丹。
可恨匪首黄局董，吊打我俩到天亮。
搜要我俩的银钱，又送我俩进牢房。
得我洋钱大喝酒，个个醉倒如死狼。
看守狗兵昏不醒，我俩乘机跑上山。
匪兵互相大闹架，打匪队长两眼盲。
群众闻讯大欢喜，害人害己见阎王。
我俩脱险出虎口，侥幸回里见爹娘。
胜利窜到东里村，见得拔哥喜洋洋。

（二）

按照韦拔群的安排，陆仁浩回到太平区东山一带工作。1928 年春夏间，桂军营长林廷华率队到太平区烧杀掳掠，疯狂镇压革命。这期间，陆浩仁根据韦拔群的指示，和其他同志分别率领农军和群众与敌人作坚持不懈的斗争。在敌强我弱的情况下，虽然军民受到很大损失，但群众革命的意志更坚强，农军亦得到锻炼和发展。

不久，陆浩仁又奉调到右江下游的恩隆、思林、果德等地担任联络员，协助陈洪涛、黄书祥、陈鼓涛等开展革命活动。1929 年上半年，陆浩仁又奉调回东兰工作。7 月，经韦菁介绍，陆浩仁光荣地加入中国共产党。10 月中旬，中共东兰县第一次党代会在武篆区那论村召开，陆浩仁被当选为代表，出席这次会议，并当选县委委员。闭会后，陆浩仁按照县委的布置，和黄家康一起率领一个连的农军消灭了三石区当地的反动民团，解放了太平区。不久，中共太平区委成立，陆浩仁担任区委书记。

当时太平区的反动势力共约 70 人枪，其中巴造团董黄冕丹约有 20 人枪，是三石团局的前哨。太平团局黄义甫约有 50 人枪，筑有坚固的寨闸工事。

由于陆浩仁是本地人，熟悉地形地物，韦拔群等决定由他作出具体的作战方案和指挥。于是，陆浩仁根据敌我双方力量和大家的意见，作出了兵分四路吃掉敌人的战斗方案。

农军进攻后，狡猾的巴造团董察觉被农军包围，首先开火，并向太平团局发出信号。太平团局闻讯立即作防守准备，同时派一班民团抢占牙况坡制高点，阻止农军前进。这时，陆浩仁随机应变，下令一部分农军首先进攻巴造之敌，一部分农军截断巴造至太平路线，防止太平民团增援巴造。农军在陆浩仁的果断指挥下，英勇善战，很快就消灭了黄冕丹民团。随后，陆浩仁又集中优势兵力，紧紧包围了太平团局。陆浩仁冒着生命危险，带着几个农军侦察阵地，忽被敌袭击，左脚受伤，他包扎好伤口，仍然继续指挥农军向敌人主要据点进攻，敌人见农军火力很猛，便向东兰县城方向逃窜。这样，陆浩仁指挥农军较为顺利地解放了太平区。第二天，四面八方的群众云集太平区，庆祝太平区解放。

（三）

1929年11月中旬，陆浩仁奉命再次到奉议县仑圩区从事党建工作，为建立中共奉议县委作准备。陆浩仁曾在仑圩工作过一段时间，对这里的干部群众很熟悉。为了适应革命形势发展的需要，他很快发展了一批党员，先后建立了中共仑圩支部和仑圩区委，并亲自担任支部书记和区委书记。12月11日，邓小平、张云逸、韦拔群等领导百色起义，创建了红七军和右江苏维埃政府，同时建立了中共右江特委，雷经天任书记，陆浩仁等为委员。12月下旬，中共奉议县委在田州成立，李汉生为书记，陆浩仁任委员。不久，李汉生赴田州任职途中，遭敌袭击牺牲，陆浩仁接任奉议县委书记。

1930年2月，红七军第一、二纵队离开右江根据地外出游击，中共右江特委组织右江赤卫军，黄治峰奉命调任右江赤卫军总指挥，并率队回到田州。这时，中共奉议县委书记由黄治锋兼任，陆浩仁奉调回东兰工作。

陆浩仁回到东兰时，原中共东兰县委书记严敏早已调离东兰，书记由黄举平接任。县委增选陆浩仁为县委委员兼宣传部长，但仍兼任中共太平区委书记。其间，他按照县委的统一部署，在太平区发展了大批党员，先后建立了13个乡党支部，加强了党对农村土地革命的领导，使太平区较好地完成了土地革命。4月间，红七军政委邓小平在武篆旧州屯开办党员干部训练班，陆浩仁参加了学习。他聆听了邓政委的几次讲课，得到邓政委亲自编写的教材。他夜以继日，专心钻研，刻苦学习，深刻领会，大大提高了革命理论和政策水平，成为班上的学习积极分子。在此期间，韦拔群、陈洪涛曾为邓小平举行宴会，陆浩仁有幸作为学员代表应邀赴宴，得到邓小平席间的教诲，使陆浩仁深受教育和鼓舞。学习班结束，陆浩仁回到太平区后，办了一期培训班，培训了100多名党员。邓小平非常高兴，在县委组织部部长韦菁的陪同下，前往太平区检查指导，并给予充分肯定。

陆浩仁认为，当一名领导，必须严格要求自己，处处以身作则，这样才能带领群众，改革旧制度，创造新世界。这年的农历三月初三，太平区苏维埃政府文化委员举行婚礼，邀请陆浩仁参加。当时，各乡妇女交来很多布鞋，准备送往前方，慰劳红军。区妇联考虑到陆浩仁一年四季穿草鞋，如今又要去吃喜酒，就提出抽一双布鞋给陆浩仁，在场男女同志个个赞成，并异口同声劝说："三月上革命布鞋，于今不改。"陆浩仁谢绝不收，并诚恳地说："三月上革命布鞋，于今已改。"但妇联的同志硬把这双鞋留下。后来，陆浩仁把这双鞋交给区苏维埃转交给其他同志穿，但个个都推辞不要，便将其挂在区苏维埃办公室存念。这事变成当时一条新闻，传开省内外。

陆浩仁穿着草鞋到纳腊屯参加婚礼，他祝贺文化委员新婚幸福，并肩革命，造福后代。并对大家说："今后男女平等，婚姻自主，不要父母包办，不听媒妁之言，不收聘金财礼，不大办酒席，反对重男轻女，要坚决打破旧礼教，实行新婚礼。"主事为了感谢区领导莅临和增添自己面子的光彩，准备另外办几桌佳肴美酒，宴请陆浩仁等领导人。陆浩仁谢绝了主事的好意，只身到瑶族罗卜受家谈话，共进晚餐。当陆浩仁津津有味喝着玉米粥时，罗卜受不解，问道："陆书记，今天有干饭和酒肉你不吃，倒反爱吃玉米粥呢?"陆浩仁甜甜地笑了笑："老庚同志呀，我是山里人、峒里人，玉米把我养大，当然爱喝玉米粥啰。"好一个老庚又加同志，罗卜受觉得这位领导好像拔哥一样，对瑶胞如此尊敬和亲密，于是把先前未说完的心里话全部说了出来。

1930年四、五月间，邓小平在武篆旧州屯开办党政干部训练班，陆浩仁参加学习。他聆听了邓小平的几次讲课。拿着邓小平亲自编写的教材，他夜以继日，专心钻研，刻苦学习，成为班里的学习积极分子。在此期间，韦拔群、陈洪涛曾为邓小平举行宴会，陆浩仁有幸作为学员代表应邀赴宴，得到邓小平席间的教诲。6 月，陆浩仁奉命到中共东兰县委工作，专管宣传教育工作，同时兼管红七军第三纵队驻县城办事处，处理第三纵队和地方党务。这时的陆浩仁，工作是相当繁忙的，但他仍挤出时间深入基层，先后到武篆、兰木一带，一面开展宣传教育，一面协助基层开展党建工作，在这些地方培养了不少积极分子，先后介绍了黄春兰、侯年寿、韦立勋、黄仕尤等人入党。

（四）

1930 年 8 月，中共右江特委在恩隆县平马镇召开扩大会议，会议改选中共右江特委，陆浩仁再次当选为中共右江特委委员。10 月间，陆浩仁奉调中共右江特委工作。11 月 29 日，红七军第二十一师在恩隆县乙圩召开党员代表大会，陆浩仁出席了大会并被选为师党委委员和被任命为师政治部主任。从此，陆浩仁协助韦拔群、陈洪涛抓好部队的思想政治建设，投入了坚持和保卫右江根据地的艰苦卓绝的反“围剿”斗争。

1931 年 7 月，中共两广省委特派员陈道生来到右江，向师党委传达中央关于纠正立三路线错误，整顿红军，改组地方革命政权的指示，决定将红七军二十一师改为中国工农红军独立第三师（即称右江独立师），陆浩仁仍任师政治部主任、师党委委员。7 月底至 8 月初，陆浩仁与师长韦拔群、政委陈洪涛、副师长黄松坚、两广省委特派员陈道生、中共东兰县委书记黄举平一起，率领 800 多名红军指战员从西山经中山进入东山驻扎休整，韦拔群、陈洪涛、黄松坚、陈道生等师领导和东兰县委书记黄举平等就住在麻品峒陆浩仁家。陆浩仁动员家里老小晚上到附近岩洞借住，白天下来为部队磨米、做饭，并拿出家里的粮食来供应部队。

当时，部队粮食供应非常紧张。陆浩仁除做好部队思想政治工作外，还协助后勤部队，奔走山山弄弄，发动东山人民群众筹粮供应部队。陆浩仁经常背一个盛有笔墨纸张的口袋，在路上遇着自己人就随地蹲下在大腿上写通知和条子，而且写的字很好。曾有人赞扬陆浩仁说：“身不离墨盒，腿当写字桌，办公在野外，效率高很多，读书可多少，好字在多学。”东山人民在陆浩仁发动和号召下，宁愿自己少吃饭，纷纷挑粮送菜给红军部队，全体指战员深受感动。部队驻东山一个多月，东山人民供应部队粮食3 万多斤。在休整期间，师部曾在陆浩仁家里召开党委会议，讨论决定当前斗争的具体任务和措施。会后不久，陆浩仁和韦拔群等领导人率领部队东渡红水河，到河池、都安边境开展游击战争。10 月间，桂系军队不断调兵遣将，企图将红军消灭于红水河东岸。为了适应形势发展需要，避开敌人主力，打回西山根据地，并决定留陆浩仁等人在都安工作。陆浩仁在都安弄福、弄才一带，和当地领导人韦景科等人密切配合，发动群众开展反“围剿”斗争。在此期间，陆浩仁曾奉韦拔群的派遣，到河池与国民党旧军官潘天甫联系，做统战工作，晓之以大义，使他们与红军合作，参加革命，共同对敌。

（五）

1932 年初，中共右江特委、独立第三师党委在西山弄索峒召开紧急会议，决定将部队化整为零，分批跳出敌人包围，到外线游击作战，开辟新赤区，以牵制敌人对东兰、凤山革命根据地的进攻。会议确定了今后革命斗争的方针任务，决定以西山、中山、东山为根据地，坚持长期斗争。

抽调一批领导干部跳出敌人包围圈，到黔桂边和右江下游开辟新区。黄明春、黄大权、陆浩仁等领导分配到右江下游。4月，陆浩仁负责带领一批干部到都安的镇西一带工作，建立秘密的革命组织，打通了都安至思林、果德的交通线，使都安与右江下游连成一片。6月上旬，中共右江下游临时委员会成立，黄松坚任书记，陆浩仁等3人任常委。

1932年冬，韦拔群、陈洪涛两位领导人先后牺牲。针对敌人对东凤人民进行惨绝人寰的大屠杀的情况，陆浩仁立即到思林县的弄纳峒向党委书记黄松坚汇报情况。黄松坚召开党委会议讨论。大家摆出敌人烧杀人民的大量事实后，黄松坚提出要把这些反动分子排队一下，才好采取不同的方法对待。结果大家把最反动的恩隆大土豪黄贵朝、黄廷槐，东兰的陈儒谨作为一级称为“三虎”；凤山的龙达尊、黄家苏，东兰的牙玉贵、梁仕能等作为二级称为“六豹”，凤山的覃兆廷、黄文干，东兰的黄义甫、杜伯豪、覃绍武等作为三级称为“十二猫”。采取什么办法对待这些人，陆浩仁早已胸有成竹，他提出：在大革命国共合作时期，拔哥采取合法与非法的斗争取得胜利，国共合作破裂后，采取以敌攻敌的办法也曾取得胜利。现在我们再来个以敌攻敌的办法吧！这个办法就是以东、凤、恩人民的名义向广西省政府发出《快邮代电》，要他们自己处理自己，不要麻烦我们去解决。大家异口同声赞成，并推选陆浩仁拟稿。陆浩仁于是写了《快邮代电》。他在其中写道：“民国二十年至民国二十一年，政府派大军到东凤平定以后，已通令允许人民安居乐业。但大军退出三县后，三虎六豹十二猫，违反政府明令，为非作歹，鱼肉人民。三虎下令给六豹十二猫对三县人民实行‘三光’政策，盗用政府名义，烧杀掳掠，无所不为，发个人横财。这帮虎豹猫横行霸道，田地一片荒芜，人民冻死饿死成千上万，大批流离失所，漂泊他乡，惨不欲生。恳请政府严办这帮虎豹猫，否则人民无生路，别无他途，只好上山为匪，社会乱，政府亦难治理，相信政府定能严办，矜怜人民以还生。”并且列举了虎豹猫的大量罪行。这份《快邮代电》很快发给国民党广西省政府并在各地散发张贴。国民党为了拉拢民心，巩固其统治地位，便采取丢卒保帅的办法，派营长杨玉峰率队捕杀了五县民团副剿共司令黄廷槐，并全部收编了黄廷槐的武装，其余虎豹猫见势不妙，纷纷外逃躲避。这样一来，东凤恩各地土豪劣绅的反动气焰才有所收敛。

1933 年 1 月，右江下游临时党委改为右江下游党委，承担起领导整个右江革命斗争的任务，陆浩仁等 3 人被选为常委。2 月，陆浩仁奉命与滕国栋到果德龙旧屯领导当地人民群众坚持革命斗争，恢复农民协会组织，重建革命武装。5 月 7 日，中共右江下游党委常委、果德县委书记黄书祥在思林县竹梅乡开会，散会后由于叛徒出卖被敌人包围，在突围中不幸中弹牺牲。面对对敌斗争的恶劣环境，陆浩仁与其他革命领导人黄松坚、滕国栋等转移到果化区三层更巴独一带活动。6 月，中共右江下游党委书记黄松坚去上海向党中央汇报工作，陆浩仁任代理书记。这时，党委在深山密林的一个高大的岩洞内食宿和开会，当地群众都为这个岩洞保密，因此，这个岩洞就成为革命活动的大本营。9 月间，黄松坚从上海带回用药水密写夹在古书背页的党中央四个文件：抗日宣言、纠正立三路线、恢复发展党组织、组织抗日团体。陆浩仁用了四天时间，伏在石板上一字不漏地把文件抄写完毕，接着，主持召开了有恩隆、思林、隆山、镇结等县领导人参加的党委扩大会议，传达贯彻中央指示精神。

中共右江下游党委在岩洞办公一段时间后，有人提议给这个岩洞起个名字。陆浩仁是大家公认的“秀才”，于是安名又落到他身上，他想了想说：“当年拔哥在武篆北帝岩办农讲所，传播马列主义，后来张云逸军长来到武篆把北帝岩改称‘列宁岩’。我们在这个岩洞办公、开会和学习，搞革命工作，这岩洞又像座高楼，那么就叫‘革命洋楼岩’吧。”大家哈哈大笑，说是好名字。在笑声之余，又有人说：“依我看，最好不要后尾的岩字，以免暴露目标。”大家当即赞扬其想得周到，棋高一着。此后，中共右江下游党委和革命委员会发出的书面指示和传单，落款处均写上“革命洋楼”四个字。伪政府发现传单有“革命洋楼”后，发疯似的搜查恩隆和果德县城所有的楼房，但总搞不清究竟在哪里，结果不了了之。

1934年6月，由于斗争形势的需要，右江下游党委书记黄松坚到黔桂边开展工作，右江下游党委改为思果中心县委，陆浩仁任中心县委书记。他和滕国栋、赵世同等一起，承担起领导右江下游10多个县革命斗争的任务。黄松坚在离开右江之前，召开右江各县革命骨干会议。会上，陆浩仁强调提出：“我们在拔群、洪涛两同志牺牲后，并没有灰心，继承了烈士未尽的事业。现在黄总（即黄明春）要到外省工作，他在这里的任务交给我同五哥（指滕国栋），但我们仍受黄总的领导。这副担子单靠我们两人是挑不起来的，要靠党的领导，要靠大家共同来承担，不能由我们两人主观包办。我们两人领导水平有限。工作中难免有缺点和错误，大家共同负责，共同努力，团结战斗，黄总所交给我们的任务一定能完成。”他先派人到西山协助开展整顿恢复东兰县的党组织，并批准重建中共东兰县委，使东兰的革命斗争在县委的领导下进一步开展起来。

（六）

1934年秋冬，为适应形势发展需要，陆浩仁转到都安夷江地区，把那里的革命青年组织起来，成立了“红河下游革命委员会”，并兼任主席，负责领导都安、隆山（马山）、宜山、河池等地工作。先后建立和巩固了拉烈、百旺、金钗、大成、安阳、青盛等联络站，加强了右江下游的革命联系。同时派谭志敏（谭培芬）到金钗、宜山西门等地筹措活动经费，还指示将仅有的一点经费买了一台油印机，在东城小学办了五期《红河简报》。陆浩仁在成立红河下游革委会大会上作的形势报告，曾在《红河简报》上发表。陆浩仁平时很注意通过阅读国民党出版的报刊来了解国内外的政治形势。他常说："不看报的人会变成古人和聋子。"11月，陆浩仁在《广西国民日报》上看到登载红军肖克部队长征过广西的消息，他便在潘雁宣的陪同下，经宜山、怀远、宜北到贵州荔波，寻找中央红军联系，但红军已走远，没有联系上，他又回到了右江下游，继续坚持斗争。

不久，陆浩仁装扮成盐贩从右江下游到黔桂边检查和部署工作。经过多方努力，把分散在黔桂边的十多个党员召集到拉索（今属南丹县）开会，把右江的革命形势和中央几个文件的精神向大家传达，并要求大家一定要克服一切困难，逐步扩大和发展革命力量，坚持下去，直到取得最后胜利。会后，陆浩仁根据韦汉超的意见，到贵州荔波等地了解情况，然后返回右江下游。

1935年初，中共思果中心县委在思林成立右江革命军事委员会，陆浩仁任委员。他同革命军事委员会领导成员一道，整顿了右江下游各地分散活动的小股游击队，编为两个小联队，分别活动在武鸣、平治、都安、向都、恩隆、思林等地，打击危害革命的反动分子，使右江下游的革命形势又有了新的转机。

1936年春末，陆浩仁通过他在都安建立的联络站，派陈国团与南宁地下党刘敦安（公开职务是广西民团干校上尉政治指导员兼教官）取得了联系，为后来右江党组织与省工委联系创造了条件。

陆浩仁在右江下游期间，由于工作上的关系，与果化的女青年赵树惠相识，并遂步建立了感情。此后，赵树惠几次提出结成终身伴侣，但陆浩仁考虑到自己身负领导重任，现在结成伴侣不便于工作，就把一块光洋大小的圆玉给赵树惠作为订婚纪念，决心等到革命胜利后才结婚，并以这块玉表示自己为革命忠心耿耿，对赵树惠玉结冰清。

然而右江下游革命形势的发展，引起了敌人的惊慌和嫉恨，他们为了扑灭右江革命的烈火，施展收买叛徒的故伎来破坏革命。1936 年 7 月 14 日（农历五月二十六日）凌晨，陆浩仁、滕国栋等领导人到果德县果化区六孔村检查布置工作，不幸被叛徒阮生仁、何增麟杀害，时年 29 岁。

黄昉日

（1902～1934）

激流滚滚，一泻东去的红水河，不知流进了壮、汉、瑶等各族人民多少辛酸血泪，却也哺育了千千万万英雄儿女！壮族人民的优秀儿子、红军副师长黄昉日就是其中的一位。他是中国共产党的优秀党员，右江农民革命运动的坚强骨干和人民军队的优秀指挥员。

（一）

1902年仲冬，黄昉日“呱呱”地诞生在红水河上游的广西东兰块石乡环高屯一个壮族贫苦农民家庭。兄弟姐妹6人，他排行第三。其父黄恒安，母亲韦氏。除佃耕租田外，母亲制蜡，父亲做肩挑生意，一家人吃了上顿没下顿。黄昉日一坠下娘胎，便饱受了人间的凄怆：家里破旧的茅屋四周漏风，身上包裹的是父母穿过多年的百补薄衣，父母亲看着他周身被冻得发紫，特意给他起了一个奶名：“日紫”。昉日九岁时，父亲与当地一豪绅签订购买竹子和推销盐巴合同，因不识字吃了大亏，被迫卖掉苦挣苦积才买到的几斤种子的田地，弄得他的三个弟妹先后饥饿夭折。因此，他决定无论如何也要让昉日沾点文墨。于是，一家人咬紧牙关，紧缩裙带，省吃俭用，送他到村里的私塾读书。在先生的指点下，父亲给他取名“汉杰”，希望他长成男子汉的人杰。黄昉日也深知这读书的机会来之不易，因此，在学校里，他发愤学习，成绩优秀。回到家里，他尽力帮助父母做家务和农活，教哥哥姐姐识字。空闲时间常去听老人讲东兰人民暴动杀州官及太平天国将领斗土官老财的故事。1916年，韦拔群在东兰唤起民众，声讨袁世凯，并召募百多名有志青年赴黔参加讨袁战争。这些事情对14岁的黄昉日有着很深的影响。

1917年，黄昉日以优异的成绩考入武篆育才高等小学就读。此值韦拔群从外地回到故乡，组织革命同盟，宣传救国救民思想，在苦难深重的壮乡点燃了反对军阀、反对土豪劣绅、反对贪官污吏、反对苛捐杂税的斗争烈火。韦拔群寄回家乡的盖有“愤不平”印记的《新青年》等进步书刊，也在学校流传。血气方刚的黄昉日，在学校里，常与好友陈洪涛、陆浩仁、白汉云等人一起认真研读《新青年》，从中得到许多新思想、新文化的启迪和教育，使他决心投身到改造社会的洪流中去。1922 年初，他参与了韦拔群组织的清算大土豪杜瑶甫侵吞建校款的斗争。

1922 年春，黄昉日又以优异的成绩考入东兰县立高级小学就读。由于他学习刻苦用功，成绩优良，团结同学，积极参加各种社会活动，思想纵横驰骋，说话做事有条不紊，深得同窗的敬爱和老师的器重。第二学期便被大家推选为校学生自治会会长。1923 年夏秋，韦拔群组织农民自卫军清算县城恶霸韦龙甫和三打东兰县衙，黄昉日组织学生做了不少有益工作。

1924 年秋，东兰的革命斗争暂时处于低潮。这时，反动校长韦立品趁韦拔群、陈伯民赴广州学习之机贴出新校规，禁止学生宣传进步思想……，黄昉日极为悲愤，他当面撕下“新校规”并据理力争。同时，他还以东兰县高等小学学生自治会会长的名义，发动组织该校学生上街游行示威，抗议反动县长的残暴行为，当黄昉日带领学生冲破反动当局的阻拦，到县衙门口示威，高呼口号时，反动县知事黄琼瑶被吓得几天心不定魂。接着，黄昉日又带领高班同学远足凤山旅行，沿途宣传“五四”精神和农民革命思想，开明的凤山县教育局长有感于他们的行动，特意赠送锦旗一面，上书“时代楷模”四个大字予以激励。

同年秋末，革命志士韦介诚进城开展革命活动，被反动当局抓捕，黄昉日两次组织同学到县衙抗议和上街游行，进行营救未果。最后，反动当局将韦介诚杀害。不久，学校新来了个地理老师杜杰（又名杜伯豪），此人为武篆大土豪杜珠选（又名杜七）的儿子，杜八的侄子，仗其父亲的权势，在学校作威作福，不仅仇视韦拔群领导的农民运动，而且任意凌辱、欺压贫苦出身的学生，漫骂这些学生“头戴牛头装”“牛马为一伦”。黄昉日与陆浩仁等同学商量后，决定发动进步同学，拉杜杰到县教育局说理。同时，他还写了这样讽刺对联：“得意猫儿强过虎，凤凰脱毛不如鸡”。贴到杜杰的房门口。在黄昉日和陆浩仁的带领下，全校很快掀起了一个轰动全城的反杜杰学潮。最后，虽然杜杰狼狈地离开了学校，但黄昉日和陆浩仁等同学也在1925年被学校当局以“聚众闹事，侮辱师长”的罪名，开除了学籍。

然而，此处不留人，自有留人处。1925年7月，黄昉日以较好的名次考入南宁省立第一中学，但他觉得不遂意，又带着救国救民真理的愿望，考取了设在南宁的由国民党左派俞作柏任校长的中央军事政治学校第一分校，开始了他的军旅生涯。他认为，进军校学习，才能实现自己从武救民的理想。因此，他发奋学习，很快成了学生中的佼佼者。这年11月1日（农历9月15日），韦拔群在武篆北帝岩（后改为列宁岩）开办广西东兰第一届农民运动讲习所，并组织农民协会和农民自卫军，使东兰的农民运动蓬勃发展。消息传到南宁军政学校，黄昉日非常兴奋，他无限向往。他利用寒假回乡的机会，约好友陆浩仁一同赶往参观，并要求进入农讲所学习。但韦拔群劝他留在军校学习，学好本领再回来。黄昉日不辜负韦拔群的期望，在军校里认真学习文化和军事知识，课余时间认真阅读《孙子兵法》，并经常邀集进步同学学习和讨论《共产党宣言》《哥达纲领批判》《向导》等革命书刊，从而为他以后投身革命打下了坚实的基础。

（二）

1927年4月，蒋介石在上海发动“四·一二”反革命政变，桂系军阀紧步其后尘，在广西许多地方大肆捕杀共产党人和进步人士。这场腥风血雨，使黄昉日看清了反动派的狰狞面目，悲愤万分，决然罢学还乡。他找到赴考省立一中的覃应物等几位同乡旧友，对他们说：“革命面临如此大难，我们还求什么学?！走，回东兰跟拔哥干去!”他们同行踏上了返乡的征程。

回到家乡当晚，黄昉日迫不及待地向贫苦农民了解农民协会及农军的组建情况。是月下旬，韦拔群见到黄昉日，非常高兴，立即安排他担任块石乡农民自卫队队长。这样，他在学校学到的军事知识和技能派上了用场，他把学到的知识和技能传授给农民自卫队员，认真细致地教他们操练，向他们宣传革命道理，教他们唱革命歌曲。革命歌声阵阵响彻壮乡山野，吓得敌人心惊胆颤。尤其是革命道理，在自卫队员心中深深地插下了根，迸发出巨大的力量。在黄昉日的率领下，块石乡的农民自卫军不断发展壮大。

7月，韦拔群在武篆育才小学开办广西东兰第三届农民运动讲习所，黄昉日怀着喜悦的心情参加了这届农讲所学习。为表达自己参加革命，给贫苦民众带来光明的意愿与决心，他从此改名“昉日”。在农讲所里，他既当学员，如饥似渴地学习革命理论和军事知识，又当教员，热情地辅导学员学习军事知识和操练，成为韦拔群的得力助手。学员和教员无不为他勤奋好学的精神所感动，为他独到的见解所叹服。军事课是他最喜爱的科目，认真听课，仔细记笔记，讨论前充分准备，因而发言时总能侃侃而谈，既讲理论又举战例，大家都很敬佩他。

8月，桂系军阀黄明远营“进剿”凤山农军，黄昉日随农讲所学员前往凤山支援凤山农军，在阻击敌人的战斗中，黄昉日主动当韦拔群的参谋，侦察敌情，捕捉战机，着力消灭敌人有生力量。9月，本届农讲所毕业时，陈洪涛、余少杰、严敏等正在恩隆的仑圩和向都的果柳一带发动民众，扩大农民协会和自卫军力量，以反击反动派的进攻。黄昉日和陆浩仁受韦拔群之命前往仑圩协助工作。在那里，他俩时而扮成卖樵夫，时而扮成木工、筑墙师傅，时而化装成风水先生，出入村寨，访贫问苦，宣传发动群众，帮助这一带建立十多个农民协会，农军扩大到100多人，农民运动不断发展壮大。

12月初，黄昉日和陆浩仁奉命从仑圩回东兰武篆汇报工作，他们每人扛着一根竹竿，装成挑柴的农夫。当他们途经三石长岗领时被民团团丁抓住，押解到巴造团防局，局董黄冕丹以叔父身份对他们施展诱降手段，黄昉日怒斥道：“你是黄家的败类，民众的吸血鬼，军阀的狗奴才，你不配做我的长辈！”黄冕丹恼羞成怒，命令团丁将他俩嘴堵住，反剪双手，投进监牢。扬言次日送县衙门报功。深夜，他俩磨断绳索，撬开牢门，逍遥上路去了。

第二天，团局里的匪徒因为他俩逃脱而互相猜疑、斗殴。民团队长黄晴被打瞎了眼睛。而这时候，黄昉日与陆浩仁已在东里屯向韦拔群汇报和请示工作。韦拔群听他们叙说了历险经历，竖起大母指，连声称赞他们说：“好样的！好样的！”

黄昉日脱险后几天，他按照韦拔群之意到弄伞小学以教师职业为掩护从事革命活动。在那里，他白天教学生念书识字，夜晚以教成人读书为名召集各弄农军骨干开会学习，很快使这里成了农军和农民协会活动的中心。

一天，村里一个被称为“吝惜鬼”的青年杀鸡买肉宴请黄昉日，称兄道弟，很是亲热。黄昉日正觉得蹊跷时，忽然屋后山上传来了一位女青年的山歌：

“树上的画眉你听清，谨防石子打对身……”

昉日借故溜到屋外，装着与女青年对歌：“站在技头呵我有心，身居高山哥有情，早盼黄鹂结伴飞哩，好破迷雾向天行……”

女青年机智地给他送来紧急情报，“吝惜鬼”正被敌人收买，暗中设宴等民团来捕人，黄昉日得到情报后，乘主人不备，逃离弄伞。民团赶来时，扑了空，将叛徒“吝惜鬼”痛打一顿。

敌人正到处缉捕黄昉日，他则把个人安危置之度外，继续转到麻品峒与陆浩仁一起开展人民武装斗争。白天，他与陆浩仁一起住在后山洞里，晚上，便下山深入各村弄宣传发动群众。

（三）

1929 年，广西的革命形势出现了新的转机：倾向我党的广西军人俞作柏、李明瑞掌握了广西军政大权，要求我党派干部协助其工作。党中央抓住这一有利时机，先后派出邓小平、张云逸等同志到广西工作。从此，广西的革命出现了蓬勃发展的新局面。

为了检阅、整顿农民武装力量，迎接新的革命形势，8 月 14 日，韦拔群在东兰县太平区巴纳村召开东兰、凤山两县农民武装大会。黄昉日和陆浩仁带领太平区的农民武装和革命群众参加了会议，会上，他听取了韦拔群关于发展整顿农民武装的报告，又看到汇集在这里 400 多名生龙活虎般的农军，心里深受鼓舞。会后，黄昉日留在韦拔群身边，协助韦拔群做整顿和发展农军工作，并负责太平区农军的组建和训练。其间，黄昉日加入了中国共产党。下旬，韦拔群在南宁出席广西省第一次代表大会期间，通过党组织做工作，主政广西的俞作柏同意以成立“右江护商大队”的名义，拨给东兰、凤山两县农军一个营的武器装备，黄昉日受命率太平农军和其他区农军一起赶赴南宁领枪和受训。经过三周的军事训练后，黄昉日被任命为东兰农民自卫军第四连连长。10 月 12 日，他与大家一起带着武器回到东兰武篆那论村，并出席在那里召开的中共东兰县第一次党代会，会上，他被选为中共东兰县委委员。

县党代会后，黄昉日奉命率部攻打太平区，消灭太平区民团局团丁 200 多人，解放了太平区。10 月下旬，韦拔群向全县农军发出解放东兰县城的命令。

繁星点点，山野俱寂。黄昉日遵照命令，率领第四连连夜从板逢出发，沙沙沙地急驰在往县城的羊肠小道上。在这70里山路上，他们翻越了十多座高山和陡壁，穿越了几十个深峒，在天亮前按时到达指定地点。一到岩纳，黄昉日不顾彻夜行军的疲劳，立即观察地形，制定阻敌作战方案。拂晓，韦拔群率领的四路农军神不知鬼不觉地逼近城下。他一声令下，各路农军以迅雷不及掩耳之势，直捣县城反动剿穴。虎头山下，杀声豪壮，在农军的猛烈攻击下，几百警兵拥着县知事向红水河方向逃窜。待逃敌进入第四连农军伏击圈时，黄昉日指挥农军猛冲猛打，敌人死亡数十，县知事邬尘曼揣着官印，在对岸民团的援救下，随着残兵赤脚奔逃。之后，黄昉日又率该连配合兄弟连队乘胜追击各乡反动武装，使东兰除隘洞区的部分地方外，都获得了解放。

（四）

1929年12月11日，黄昉日奉命率领第四连参加百色起义。起义胜利后，黄昉日作为东兰农民自卫军代表参加庆祝百色起义和红七军成立大会。会后东凤农军编入红七军第三纵队，黄昉日任第三纵队第三营营长兼第七连连长。遵照前委的指示，他率第三营随第三纵队转战于东兰、凤山、恩隆、百色等右江广大地区及南丹、河池一带，向残存的反动武装及散匪展开猛烈进攻，为巩固和发展百色起义成果及右江根据地作出了贡献。其间，先后消灭了恩隆县大土豪谭典章、那地县反动营长韦锦成、百色大地主罗肇修等反动武装，为保卫和巩固右江革命根据地而英勇战斗。

1930年4月初，木棉飞霞、百花叶艳。邓小平从上海向党中央汇报工作回到东兰武篆，韦拔群派黄昉日带两个连武装，护送邓小平政委去找率部在黔桂边游击歼敌的张云逸军长，传达中央指示。当队伍行至东兰、河池交界的侧山顶山腰时，遭到东兰民团陈儒瑾残余武装200多人袭击。敌人居高临下，我方处境十分危险，面对突如其来的敌情，黄昉日沉着冷静，一面让随行警卫掩护邓政委后撤，一面率队抢占有利位置进行观察，带领战士分别绕道至敌人两侧，抢占制高点，很快击退了敌人，保证了邓政委的安全。当晚，他们在长老住宿。邓小平连夜召开连长、排长会议，总结这次战斗经验，表扬了黄昉日英勇战斗的精神，然后分析敌情，商定了第二天的行军线路。5月，红七军收复百色和右江沿岸各县，黄昉日率队参加了战斗。由于黄昉日体恤干部战士，又以身作则，大家都很敬佩他。在当地部队兵员情绪不很稳定的情况下，他们营仍能上下团结一心，兵员不断扩充，战斗力逐步加强，受到张云逸军长的表扬。

11月初，红七军执行中央指示集中到河池整编，准备北上。整编后，黄昉日编入第十九师五十六团三营七连，并改任连长，他乐意接受。11月9日，七千多红七军将士以二十师为先导，十九师为后卫，踏上了北上的艰难征途。当部队到达罗城四把时，遭到敌人前堵后追，一场恶战开始了。战斗中，黄昉日指挥七连战士，几次绕到敌后和右侧，给敌人以有力打击。战斗延续了七天七夜，因敌情变化，我军连夜撤出战斗，绕道崎岖山路，月底到达长安镇附近的高山地带。

长安镇内，桂系白崇禧正准备指挥部队阻截我军。我军决定攻打长安。战斗中，黄昉日所在的五十六团负责攻打驻守在该镇南面村子里一个团的敌人。经初步侦察，发现村西的山林里，有敌一个“老虎营”在把守。于是部队决定从南面进攻，但南面敌人火力很猛，攻至第二天黄昏仍未攻下，团、营首长非常着急。黄昉日想：“这村子的战斗不尽快解决，要攻下主镇就无法保证，像这样强攻不是上策。于是他征得团长、营长的同意，亲自带几名战士冒险到村西的丛林侦察，发现敌人那是虚张声势，那里只留一张“老虎营”的旗子和少许的敌兵。于是，他率七连趁黑夜向敌阵地发起猛攻，不到一袋烟功夫，就拿下了山头。次日拂晓，在我军前后夹击下，村子攻克了，俘敌一个连，毙敌伤敌百余名。战斗中，黄昉日手臂受伤，血浸湿了衣袖，但他置之不顾，照样手执冲锋枪冲锋在前。身旁的战士要为他包扎，他坚决地说：“不！包扎不是时候，慢一分钟就会跑掉许多敌人，快冲！”战士们知道连长的脾气，也不多说了。随后，部队撤离长安。12月初，部队在过古宜深山时，五十六团三营突遭土匪袭击，营长高潮牺牲。在这紧要关头，黄昉日主动组织全营反击，顽强奋战，终于在兄弟部队的配合下，把土匪打跑了。役后，黄昉日被任命为第三营代理营长。

一天傍晚，部队来到一个瑶寨宿营。这一带瑶胞因受反动乡丁团勇的欺压和“共产共妻”的反共宣传，早已家家上锁，户户关门，上山躲避去了。为戳穿敌人的欺骗宣传，取得瑶胞的信任与支持，黄昉日教育干部战士严守纪律。他布置各连到沟边垒灶，在林中安铺后，即带三五名瑶族战士去村头寨尾，用瑶语对瑶民宣传。正在这时，几头黄牛闯进一家莱园。黄昉日和战士们把牛赶回栏里，并把竹篱补牢。瑶胞们听了宣传，看到战士的行动，便认定红军是好人，渐渐回到了寨子。是夜，他们又访贫问苦，深入宣传红军的主张，给予物资救助。瑶胞们更把红军当成亲人。

12月底，部队到达湖南武冈时，这里已经结冰，右江健儿们身上穿的是破烂的单衣短裤，脚板垫的是残缺的草鞋。黄昉日看到大家脚步沉重，便带领大家哼起《国际歌》：“起来！饥寒交迫的奴隶……要为真理而斗争……”深情而雄壮的歌声驱散了寒冷，躯体沸起了热血，很快到达了目的地。为了扩大部队政治影响和解决部队给养和御寒问题，前委决定攻打武冈。黄昉日率部参加进攻武冈城的战斗。武冈是湘西的重镇，地势险要，历来是兵家必争之地。当地民瑶说：“宝庆狮子东安塔，武冈城墙盖天下”。其城墙全是用坚硬的青石修砌而成，城墙外又有赤水环绕而过，形成天然护城河。黄昉日按照军前委的部署，几次带领突击队，披着湿棉被和麻包，架上竹云梯，在火力掩护下，冒着枪林弹雨往城墙上爬。激烈的战斗进行了三昼夜。到第四天，因敌人增派1万人和两架飞机援救，红军被迫撤出战斗，折回广西全州。

1931年1月初，红七军终于打了一次胜仗，攻下了全州城。随后，部队在全州休整几天，召开北上以来的第一次前委会议。会上，大家总结前段时间的经验教训，否定攻打柳州、桂林之主张，实际否定了“立三路线”，决定去江西苏区找毛泽东、朱德领导的中央红军。这次会上，黄昉日被正式任命为五十六团第三营营长。1月6日，部队以新的姿态从全州出发，3月，转战到广东省乳原县的梅花村（今属乐昌县）。这里可进可退可守，红七军便利用这一有利条件，打算在这里暂时建立根据地，以扩大队伍。不久，湘粤两省军阀得知红军在这里，便联合向我军进攻。我军被迫于在梅花村与敌军激战。敌人来势汹汹，采用人海战术，轮番强攻，我军浴血奋战，殊死坚守，连续打退敌人四次冲锋后，战斗更加白热化。黄昉日率领第三营据守村上的石灰窑地带，堵住通往村子的大道。粤军邓辉“模范旅”在大炮掩护下，连续数次向这里攻击，都被三营打退，杀得敌人在大路上、烂泥田里，丢下数具尸首。傍晚时，黄昉日右大腿中弹负伤，但他仍坚持不下火线，咬紧牙关指挥战斗。直到把最后一批敌人压了回去，张云逸军长亲临视察，深为三营的硬骨头精神感到快慰。

梅花村血战后，部队为了尽快实现北上江西与中央红军会师的计划，不顾疲劳，立即取道湖洞向乐昌方向前进。出发时，组织上让黄昉日留下养伤，但他见留下的伤员太多，地方游击队接收有困难，便与几位轻伤员商量，决定追赶部队，继续北上。途中他把自己从右江带去的战马送给其他伤病员骑，自己则以坚强的毅力，拄着拐棍，咬着牙，徒步追赶，终于在乐昌河边赶上了张云逸军长率领的红五十八团和军部直属部队。从此他带伤跟着五十八团，转战湘赣边，历尽千辛万苦，于1931年7月到达中央苏区江西永新。

（五）

进入中央苏区后，红七军编入红三军团，黄昉日随部参加中央苏区第三次反“围剿”作战。这时，他晋升为第五十五团团长，率部参加了莲塘、良村、高兴圩、方石岭等战斗，为粉碎敌人“围剿”立下了战功。第三次反“围剿”胜利后，黄昉日被选送入中央红军学校学习。在校学习期间，他提出了“创造铁的红军骨干”的战斗口号，并联系自己几年来的政治和军事斗争实际，认真学习中国革命理论和游击战等军事知识。他善于开动脑筋，经常提问题与学员们讨论。结业后回红三军团工作，担任第五师第十五团团长。1933年8月，奉命率部随红三军团入闽作战。10月，升任第四师参谋长。11月上旬，黄昉日与师长张锡龙率部随红三军团从福建回师江西参加中央苏区第五次反“围剿”斗争。协助师长一举取得了硝石、资溪桥、洪门、八角亭等战役的胜利，随后任第四师副师长。

1934年1月，黄昉日与师长洪超率四师进军福建，攻克沙县城。2月，奉命返回江西参加三溪圩反击战。3月，随红三军团前往福建泰宁地区大洋嶂一带驻扎，阻击敌第十纵队向中央苏区进攻。大洋嶂是一个仰天矗立的百丈高峰，西临国民党军队驻扎的狮子山，两山中间只有一条通往江西苏区的大道，路口有敌汤恩伯两个师把守。在“御敌于国门外”的错误军事路线指导下，红三军团第四师两个团扼守在大洋嶂左右两翼制高点上。22日，敌汤恩伯出动三个师的兵力，分别从泰宁、泰川同时抢占大洋嶂，以图阻止我军转移，实现“分割围剿”我军之目的。黄昉日亲临前沿阵地，连续几次打退敌人进攻，24 日，敌人出动一个师的兵力，在空军和炮兵异常猛烈的火力掩护下，疯狂地向我军阵地猛攻。我军阵地上一片火海浓烟，工事崩塌，人员伤亡很大。正当黄昉日调整步骤，准备突围时，一颗罪恶的子弹击中他的胸部，鲜血染红了他身下的土地，但他左手仍捂住直喷鲜血的伤口指挥战斗，最后因流血过多，倒在前沿阵地上。牺牲时，年仅 32 岁。

黄昉日，这位尽心尽力、不计名利地位、从农军武装斗争中锻炼出来的红军优秀指挥员，为保卫中央苏区，在闽西北莽莽的大洋嶂上流尽了自己的最后一滴血。他的战友们把他安葬在高耸入云的大洋嶂上。他的光辉业绩，将如同大洋嶂一样，永世长存。

早期农民运动领导人

韦 菁

（1904～1932）

韦菁是中国早期农民运动领袖、人民军队的杰出将领、右江革命根据地的创始人韦拔群的胞弟，中国工农红军第七军独立师第三师六十一团代团长，中共凤山县委书记。壮族人民的优秀儿子，右江农民运动的早期领导者之一。

（一）

韦菁，字蔓卿，壮族。广西农民运动领袖韦拔群之弟。1904 年生于广西东兰县武篆区东里屯一个比较富裕的农民家庭。幼年时，读过私塾，后入武篆育才小学读书。祖父韦天宝旧思想根深蒂固，常用封建的礼教道德教育后一辈，以维持自己的小康之家。韦菁的父亲韦尔章过早地离开人世，祖父把继承家业的希望寄托在长孙韦拔群身上。而韦拔群却似一匹无羁之马，不愿一统小康之家这个小天地，执意带领劳苦大众揭竿而起，干解放全人类的伟大事业。祖父又把当家的希望寄托在次孙韦菁的身上。韦菁个性诚实厚道、温柔，不仅勤奋好学，而且对大哥同情穷苦人的行为从内心里也很佩服，决心以哥哥为榜样，为大家弃小家，小学未毕业就投身到革命的洪流中去。他经常下乡宣传、发动群众起来，同腐朽黑暗势力作不屈的斗争。1922 年投身东兰农民运动，先后参加了韦拔群组织的“三三同盟”“九九同盟”等革命活动，立志救国救民，经过革命斗争的锻炼和考验，成为农民运动骨干。

（二）

1926 年春，为进一步提高文化水平，为民效劳，为国报忠，韦菁进入南宁“平民习艺所”学习，是年秋，他和黄绍忠，黄正秀等随同省“农案”调查组前往南宁省农民部、青年部、妇女部参观学习、听取经验，回来后，被委任为东兰县第二届农民协会宣传部干事。这年间，由于工作关系，韦菁与当时武篆区妇女主席黄美伦（黄书祥之妹）结识，并建立了恋爱关系。韦菁经常鼓励黄美伦多学文化，努力把妇女工作做好。11 月，韦菁进入广西东兰第二届农民运动讲习所学习，不断掌握革命理论和军事知识，结业后成为东兰农民运动的一名重要骨干。

1927 年，韦菁奉命与韦道安一起率领农军一个排到长江区，攻打地主豪绅韦鸿登，并取得了胜利。1928 年 3 月，韦菁参加了韦拔群在西山主持召开的各县农军、农会主要负责人会议，参与研讨各级农会、农军组织的巩固、发展等工作问题。会后，他和廖源芳带领农军到砦牙、长里一带，传达会议精神，贯彻会议决定。

1929年6月，广西国民党左派代表人物俞作柏、李明瑞回广西主政，表示愿意与中国共产党合作。在邓小平等我党同志的推动下，俞、李根据孙中山的“扶助农工”和“必须唤起民众”的宗旨，开放工农运动，支持恢复工会。从此，广西革命形势又有较快发展。这时，中共恩奉特支派李正儒到西山，介绍我党对俞、李的统战工作情况，并协助韦拔群等抓紧党组织的建设，发展党员。同月，经韦拔群、韦命周介绍，韦菁在东兰西山加入中国共产党。8月间，中共广西党组织在南宁召开广西省农民代表大会，韦拔群当选副主任委员。会议期间，经过党组织的活动和安排，俞作柏会见了韦拔群，同意以成立“右江护商大队”的名义，拨给东兰、凤山农军一批武器弹药，武装东凤农军。为安全无恙地将这批武器弹药运回东兰，时在南宁联系工作的韦菁和黄松坚奉韦拔群之命，化装成挑夫，秘密乘船到田州，而后星夜兼程赶回西山，组织300多名农军到南宁领枪。同月下旬，韦菁和黄世新、陈庆锷等人带领了300多名农军到南宁，接受军事训练一段时间后，于10月11日，把俞作柏拨给东兰农军的一批武器弹药安全送回东兰，加强了东凤农军的武装力量。10月中旬，中共东兰县第一次代表大会在武篆区那论村那马坡召开。韦菁出席这次会议，并当选为县委委员兼组织部部长。11月初，农军占领东兰县城。随之，中共东兰县委、县革委委员会搬进县城办公，韦菁也到县城办公。11月中旬，韦菁奉命前往凤山、凌云县搞党建工作，在洪力、海亭、中亭等地建立了中共党支部。同时在凤山举办了一期为期12天的农运骨干训练班，为当地培养了50多名农运骨干。接着，又辗转凌云县平乐区和巴暮等地活动。11月底，又在平乐区举办了一期农运骨干训练班，为平乐、巴轩、牙里等三个区培养了一批农运骨干。

（三）

1929年12月11日，韦菁参加了百色起义。百色起义后，韦菁遵照红七军前委关于各级党组织要“以最大的力量来注意党的组织问题”的指示，以饱满的政治热情，狠抓党的建设。他和黄伯尧一起，先后培养李天心、黄伯良、罗福宏、蒙彩芝、韦春芳等一批先进青年加入中国共产党，并建立了中共平乐党小组。在韦菁的精心组织下，凤山、凌云等县的党员日益增多，党组织逐步得到发展壮大，中共洪力、海亭、中亭等党支部在革命风暴中应运而生。

韦菁在凤山、凌云从事党建工作期间，认真贯彻东兰县革命委员会颁布的《最低政纲（草案）》的精神，重视抓好农会、妇女、儿童工作。在凤山，他积极配合黄大权、黄松坚整顿农会组织，指导和帮助巴轩、平乐、黄山、长里等区乡的妇运工作，还深入学校检查指导童子团组建等。12月底，他还和黄松坚（黄明春）、黄文通、陈庆锷等指挥农军攻打凤山县城，赶跑了县民团副司令龙达尊。

1930年2月初，韦菁从凤山回到东兰，在大哥韦拔群的组织下，他于8日和黄美伦（时任妇女部部长）举行婚礼。他们打破了旧俗，当晚只办了一桌酒席，开了当地从简办婚事的先河。第二天，韦菁即告别新婚妻子，返回凤山工作了。

1930年春，红七军前委和右江特委、右江工农民主政府根据中共“六大”通过的十大纲领中“没收地主阶级土地分给贫苦农民”的规定，积极引导右江地区军民实行土地革命。4月，红七军政委邓斌（邓小平）和右江苏维埃政府主席雷经天，在东兰武篆区旧州屯开办右江党员干部训练班学习，并在东里屯试办共耕社。办社中，韦菁和大哥韦拔群一道，带头动员自己的家属把全部耕地、耕牛、农具首先入社，为根据地的群众做出了榜样，得到了红七军政委邓小平的赞赏。训练班结束后，韦菁按照右江特委的指示，带领钟宝灵、劳培根、韦瑞金等人到凤山中亭乡搞土地革命试点，并在长里、芝山、中区、本农、平乐、巴轩、牙里等区乡实行土地革命。他在中亭乡召开的骨干会议上指出：成立苏维埃政府就是劳动人民得到当家做主的权利，进行土地革命就是推翻地主土豪劣绅的压迫和剥削。会议通过了建立雇农工会的决议，并建立雇农工会领导机构。会后，骨干们分别深入到贫雇农当中去进行广泛的宣传发动，开展土地革命试点工作，不分民族、年龄、性别、本地人、外地人，都分给相应的土地并发给土地使用证。另外，没收土豪劣绅的房屋、粮食和浮产，分给贫苦农民。仅用20多天时间，就基本完成了中亭乡土地革命试点工作。中亭乡的土地革命试点工作的顺利进行，为在右江地区普遍开展土地革命摸索了经验，为右江工农民主政府制定《土地法暂行条例》等法令提供了依据。

8月，原中共东兰县委书记黄举平改任县苏维埃政府主席。韦菁接任中共东兰县委书记。9月，右江特委在平马召开扩大会议，讨论、布置右江苏区的工作方针，会议决定整顿党的组织，加强健全县委、区委的领导机构。韦菁出席了这个会议。回来后，他认真抓好会议精神的贯彻落实。11月初，红七军在河池整编为第十九、二十、二十一3个师，第十九、二十师北上，执行中央指令。二十一师留下番号，由师长韦拔群、政委陈洪涛回右江组建。时任中共凤山县委书记的黄松坚调任二十一师副师长，韦菁接任中共凤山县委书记。韦菁赴任后，狠抓凤山县党的建设，协助二十一师进行组建工作，组织广大劳苦大众保卫根据地。

（四）

1931 年 2 月，新桂系军阀趁红七军主力北上，右江革命根据地武装力量空虚之际，调派重兵“围剿”东凤革命根据地，妄图彻底消灭红军，摧毁右江革命根据地。韦菁组织领导凤山县党、政、军、民与敌灵活斗争，有力地配合了根据地的反“围剿”斗争。

为了阻击敌人的进攻，韦拔群组织苏区军民迎头痛击。在一次对敌作战中，六十一团团长韦命周违抗军令，拒绝出兵援助处境危难部队。二十一师党委决定解除韦命周的团长职务，由韦菁代理第六十一团团长。在大敌当前的情况下，韦菁和六十一团全体指战员跟随韦拔群、陈洪涛等师部领导人转战于红水河畔的千山万弄之中。当时，东兰、凤山只有六十一团、六十三团和师部直属部队 2000 多兵员，敌我力量悬殊。由于我军善于利用有利地形，依靠人民群众，实行灵活机动的战略战术，敌军第一次“围剿”宣告破产。8 月，中共两广省委特派员陈道生来到右江指导工作。红二十一师奉命整顿为中国工农红军独立师第三师（亦称右江独立师）。不久，韦拔群率师直属部队和六十一团开赴东山麻品峒进行整训。在整训期间，师党委在麻品峒召开会议，讨论下一步党的工作和军事行动等问题，韦菁亦出席了这个会议。会后，韦菁赴凤山、巴暮等地区主持工作。在巴暮区板花村举办了一期政治工作骨干训练班。

11 月中旬，桂系军阀又出动四个正规团，在几个县民团的配合下，对东凤革命根据地发起第二次反革命军事“围剿”。敌军在这次“围剿”中，实行了恶毒至极的“不分玉石，一并斩尽”的政策。由于红军采取了“避强就弱，不打大仗、硬仗，实行游击战术”的军事策略，敌军“围剿”红军屡屡扑空。但由于根据地长期遭受围困，红军处境越来越困难。为了摆脱困境，12 月中旬，右江特委，独立师党委在西山召开会议，总结根据地第一、二次反“围剿”的经验教训，制定新的行动方案，并决定派韦菁和师部参谋陈庆锷，随中共两广省委特派员陈道生前往香港，代表师党委向上级党组织汇报请示工作。经过一个阶段的努力，赴港的准备工作就绪。12 月 24 日，韦菁一行从西山弄岩启程前往中国香港。由于形势险恶，韦菁、陈庆锷在中国香港完成任务后返回途中，不幸在梧州被敌人杀害。时年 27 岁。

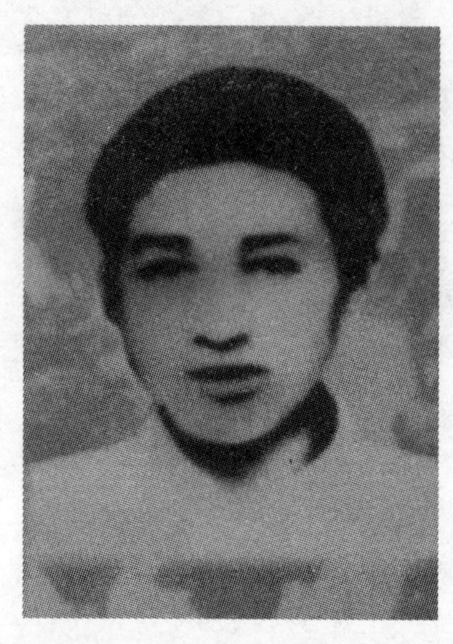

牙苏民

（1895～1930）

牙苏民是壮族人民的优秀儿子，中国共产党的模范党员，东兰早期农民运动的组织者和领导者之一。他的一生是革命的一生，光辉的一生。

（一）

牙苏民，原名牙玉玑，字衡南，壮族，1895年出生于广西东兰县长江区集祥村的一个农民家庭。幼年进入本村私塾读书，学习刻苦认真，考试成绩名列前茅。1907 年考入东兰高小等学堂。这时的中国社会，政府腐败，经济落后，垂死的清皇朝为了维护其摇摇欲坠的反动统治，更加残酷地压迫和剥削中国人民。目睹贪官污吏的横征暴敛，土豪绅劣的胡作非为和农民的悲惨遭遇，年幼的牙苏民愤愤不平。随着年龄的增长，他对不平等社会的不满日甚一日。

东兰高等小学堂毕业后，牙苏民又以优异的成绩考取省立庆远中学，接着又考入设在南宁的岭南法政学堂。这时，孙中山领导的辛亥革命推翻了中国最后一个封建皇朝，牙苏民同全体国民一样，都为国家有了一线希望而欢欣。但是，辛亥革命的成果却被军阀袁世凯窃取了，在陆荣廷统治下的广西更加混乱不堪。残酷的现实，使牙苏民逐渐认清了所学课本的内容都是维护统治阶级利益的，与劳动人民切身利益格格不入的东西，因而深感失望和苦闷。为发泄心中对社会的怒气，他经常与进步的同学聚在一起，交流思想，讨论国事。每每谈及社会的弊端，他都不禁怒发冲冠，拍案而起。从岭南法政学堂毕业后，他毅然放弃了在南宁谋求一官半职的机会，返回家乡。

然而，在山高皇帝远的东兰农村，土豪劣绅更加胡作非为，人民所受的痛苦也更为深重。见此情景，牙苏民无比愤慨，却又无可奈何！正当他处在报国无门的苦闷中的时候，我国的“五四”运动爆发，马克思主义得到广泛的传播。通过与外地友人的通信和阅读韦拔群从外地寄来的《新青年》等进步书刊，牙苏民初步受到了马克思主义的影响，经过努力思考并联系社会现实，牙苏民认识到，与其终日埋怨社会的不平，不如行动起来推翻这个黑暗的社会！

1921 年秋，外出寻求救国救民之道，决心回乡搞农民革命的韦拔群回到东兰后，与老友牙苏民、陈伯民等人取得了联系，向他们讲述在旧军队生活的切身体会和游历见闻，提出在家乡开展农民革命的想法。期望改造旧社会已久的牙苏民在韦拔群的进一步影响下，异常高兴地表示决心追随韦拔群干革命。不久，牙苏民便积极配合韦拔群联络一批进步青年，在武篆发起革命同盟，成立了“改造东兰同志会”，提出反对军阀，反对贪官污吏，实行社会革命等主张，点燃了东兰农民运动的火种。

1922年3月30日，牙苏民又参加了韦拔群在武篆北帝岩（后改称列宁岩）主持召开的革命同盟会（因在农历三月初三开会，故又称“三三同盟”），并以中国国民党广西特别党部名义，发表《敬告同胞》文告，号召工农商学兵各界团结和组织起来，打倒侵略我国的洋鬼子，铲除祸国殃民的军阀，实行社会革命。

同年10月28日，为了广泛地发动群众，进一步扩大影响，韦拔群又在武篆银海洲组织革命同盟会（因在农历九月初九开会，故又称“九九同盟”），牙苏民带领东兰长江、隘洞、巴暮等区及凤山长里区的革命青年骨干前往参加。会上，他情绪高昂地和与会者痛饮鸡血酒，立誓团结一致，组织公民会和农团军，走俄国革命道路，实行社会革命。从此，他站到了右江地区轰轰烈烈的农民运动前列。

（二）

“九九同盟”会后，牙苏民立即返回长江，投入了宣传、发动群众的艰苦工作。在不长的时间里，他跋山涉水，走遍了南起兰阳，北至巴暮，西到长里、九架，东尽那地的广大地区。通过走村串寨访贫问苦，他掌握了大量生动的第一手材料。每到一地，他都联系当地的具体事实，反复、耐心地向群众说明老百姓终日劳苦却饥寒交迫。农民要翻身解放过上幸福自由的日子，必须团结起来推翻黑暗的社会，把土豪劣绅统统打倒，牙苏民的话语，像和煦的春风一样，吹暖了贫苦农民被苦难折磨得冰冷了的心，埋藏在人们心底的反抗怒火像火山一样爆发了，广大农民纷纷报名参加公民会和自卫军，并踊跃把私有的枪支拿出来，有的甚至卖牛买枪，纷纷加入农民自卫军，掀起了投身农民革命的热潮。经过一段时间的努力工作，牙苏民在长江一带组织了一支200多人的农军队伍。

1923年6月，韦拔群率领一支100多人的农军队伍到县城清算恶霸韦龙甫，失利后，回到武篆召开公民会骨干会议。牙苏民和大家分析了清算失利的原因，一致认为，单靠说理斗争不行，唯有武装才能解决问题，于是，决定组织武装攻打东兰县城。7月1日、7月31日和10月21日，韦拔群率领农军三次攻打东兰县城，牙苏民担任第三路农军总指挥，三次率领农军冒着敌人的枪林弹雨从县城北面的虎头山往下猛攻，杀伤许多敌人，出色地完成了任务。

三打东兰县城，揭开了东兰农民武装斗争的序幕。进城后，农军立即释放被无辜关押的群众，没收韦龙甫的财产分给农民，并召开几千人的祝捷大会，宣告东兰县革命委员会成立，陈伯民为负责人，牙苏民为委员。

1924年初，由于新桂系军阀的残酷镇压，东兰农军在敌强我弱的情况下，被迫转入山区坚持斗争。同年秋，东兰的革命骨干经过商议决定韦拔群、陈伯民等前往广州农民运动讲习所学习，牙苏民等继续留在东兰坚持革命斗争。当时，许多群众见斗争受挫，情绪有些低落。面对消沉的局面，牙苏民满怀信心地对群众进行了大量说服教育工作，使群众提高了认识，坚定了信心，为以后农民协会的建立打下良好的群众基础。

1925年8月13日，东兰县第一届农民协会在武篆成立。牙苏民在长江及邻近地区加紧开展工作，在县农会派来的黄举平、莫让吉两名同志的帮助下，他很快在长江、巴暮、长里等地建立了区、乡农民协会，使这一带的农民运动同武篆一样蓬勃发展起来。

农民运动的重新高涨，引起了土豪劣绅们的极大恐慌，他们千方百计捣乱和破坏农民协会。牙苏民领导农军在长江、巴暮、长里等地与当地土豪劣绅进行针锋相对的斗争。同年冬，他首先率领农军捣毁了设在兰阳的黄耀南团局，镇压了首霸黄耀南，收缴枪械数十支。接着又声东击西，相继痛击了兰阳乡的韦显芳、必胜乡的牙朝章、板隆村的牙秉琚、巴奥乡的韦龙翔、班述林等劣绅。长江以及周边的劣绅惶惶不可终日，他们一听到牙苏民的名字就手脚打颤，整日担心牙苏民率农军来取他们狗命，其破坏活动也大为收敛。1925 年 11 月 1 日（农历 9 月 15 日），韦拔群在武篆创办广西东兰第一届农民运动讲习所，牙苏民立即鼎力支持，他动员了几十个农运骨干前往农讲所学习，并亲自到农讲所任教员。当时，农讲所的经费很困难，牙苏民省吃俭用，为农讲所捐助了 100 个东毫。11 月 6 日，东兰县知事黄守先勾结大土豪龙显云、潘建章等围攻农讲所，在韦拔群的指挥下，牙苏民和其他同志率农所学员在纳录与敌展开激战，击退了敌人。

1926 年 2 月，驻百色的广西军阀刘日福派龚寿仪带一个团的兵力“进剿”东兰农军，制造了震惊省内外的“东兰惨案”。牙苏民在韦拔群的领导下，领导东兰军民据理向广州国民政府、中央党部及广西省政府、省党部提出了惩办凶手、赔偿损失等强烈要求。为了适应形势需要，韦拔群在西山成立了东兰县革命委员会，继续领导人民对敌斗争，牙苏民当选为委员。同年 6 月，广西省政府、省党部派农民部长陈协五来东兰调查“东兰农民惨案”，陈协五如实地写了调查报告，但因东兰土豪劣绅诬蔑陈“庇匪”而使陈未能得到省政府的信任。这时，东兰县知事又与土豪劣绅勾结，不断搬弄是非，韦拔群、牙苏民等便决定武力攻打县城，以作进一步抗争。战斗在 9 月 10 日打响，经过数小时激战，黄祖瑜及豪绅惨败逃往河池。农军占领县城后，推举牙苏民为革命县长。当时战事初停，百废待兴，牙苏民在同志们的协助下，采取措施，安民治乱，在短短的时间里，就使得群众安居乐业，社会秩序井然。10 月，在东兰军民的强烈要求和中共南宁党组织及各界群众的支持、声援下，广西省政府被迫再派以省党部青年部长陈勉恕（共产党员）为首的“兰案善后委员会”来东兰重新调查。在陈勉恕的指导协助下，牙苏民着手恢复各乡农民协会工作。11 月，东兰县第二届农民代表大会在东兰县城召开，牙苏民被推选为农协会执行委员。

1927 年 3 月，中国国民党广西省第二次代表大会在南宁召开，牙苏民、陈伯民和覃孔贤作为东兰县的代表出席了会议。他们利用作县党务报告的机会，向大会报告了东兰农运的情况，扩大了东兰农运的影响。

牙苏民生性豪爽，广交游，好结友，且通情达理，能言善辩，故朋友遍八方。他利用这些有利条件，为革命、为人民做了许多有益的工作。

1926 年初，曾任北伐军团长的牙玉璠从前线带回一批枪支弹药，牙苏民从中联系，亲自带韦拔群到长江巴挽村江安屯与牙玉璠会晤，结果争取得牙玉璠送给农军一批子弹。是年，牙苏民还受韦拔群委派，先后冒着危险孤身深入凤山平列村做绿林首领夏大烈的统战工作。向他们介绍革命发展形势，说明革命是大势所趋，夏被说服，后只是因为夏部被桂军龚寿仪围歼而改编未成，但牙苏民仍从夏部带回一批枪弹充实农军。是年冬，牙苏民协助陈勉恕做梁栋材（原北高乡团总）的统战工作，使梁觉悟，并将恶霸杜八捆绑押解到安篓交给农军。1927 年 1 月，他又率领农军智擒红水河一带惯匪牙龙安，为民除了一害。原来，牙安龙投入革命后，其部被编入长江区农民自卫军，他本人任小队长。然而，他贼心不改，重做劫持来往船只的勾当，杀人越货，罪大恶极。时任县知事的陈勉恕在收到农民的控诉信后，正当找不到万全之策而发愁，牙苏民前来献计，借新年为农军犒劳庆功之机，将牙龙安小分队召到队伍前排，然后牙苏民一声令下将牙龙安及其部下一举擒下。消息传开，民心大快。

（三）

1927年，“四·一二”政变后，广西省政府主席黄绍竑派兵镇压东兰农民运动，牙苏民积极配合韦拔群，一方面，筹办第三届农民运动讲习所，培养更多农民运动骨干；一方面，加紧武装力量准备，把东兰农军编为右江农民自卫军第一路军（下设3个团），韦拔群任总指挥，牙苏民、覃孔贤任第一团总指挥。

9月，桂系军阀派黄明远营从凤山进攻东凤农军。面对来势汹汹的敌人，牙苏民参加了韦拔群在兰木召开的紧急军事会议，会议决定趁敌人立足未稳，主动赴凤山县城迎战。牙苏民指挥第一路（团）农军扼守在凤城东北至长州一线，并牵制东兰方面的民团。在各路农军的紧密配合下，消灭了敌人外围据点，将来犯之敌压在凤城内。农军夺取巴里、长里等据点后，敌我双方形成相持局面。

长里，是凤山通往东兰的重要关卡，它的得失对战局都将影响很大，派谁去主持军事呢？韦拔群想来想去，觉得牙苏民最合适。9月12日，韦拔群写信给黄大权，指定“派牙苏民同志往长里主持军事”。牙苏民奉命赶到长里后，立即冒着生命危险深入前沿阵地视察战事，并在周密研究敌我双方情况的基础上作出了战斗部署。他还下到战士中亲自作宣传鼓动工作，勉励战士奋勇杀敌。在牙苏民的指挥下，阵地一直控制在农军手中，直到敌援兵来时，凤山的敌军始终未能越过长里一步。

10月，黄绍竑得知黄明远营被困，急令刘日福倾巢出动，各地民团也纷纷配合行动，农军在凤山赐福一带阻击敌人，后因弹药不足被迫撤出，敌军趁机长驱直入，占领了东兰县城。接着，广西省政府又悬赏通缉韦拔群、牙苏民等农运领导人。面对严峻形势，牙苏民和韦拔群等研究决定，改变农军的战略战术，化整为零，分散活动，组织暗杀队，开展游击战争。在牙苏民和廖源芳的指挥下，暗杀队异常活跃，他们不断袭击小股敌军及地主民团武装，神出鬼没地打击敌人，暗杀了一批民愤极大的恶霸劣绅，没收其财产归农军所有。一次，龚寿仪部两个连的敌兵窜入长江区的纳夭（今长江圩），当地恶霸韦介尤、韦龙恩也在纳夭设立团局配合“进剿”农军。牙苏民认为，民团对地形等方面的情况比较熟悉，是敌军的耳目，必须先消灭民团，才能除掉隐患。于是他挑选了几个勇敢的农军战士在黑夜深入敌阵刺杀二韦，韦龙恩当场毙命，韦介尤侥幸逃脱。几天后，恼羞成怒的韦介尤即带领敌军进攻巴英据点，牙苏民率领农军奋起反击，敌败退县城。不久，牙苏民又亲自率领农军暗杀队深入凤山砦牙圩，杀死民愤极大的劣绅罗明德，没收其财产归农军所有。农军一时声威大振。

与此同时，牙苏民还针对敌强我弱的实际情况，充分发动群众，巧妙地对敌进行各种形式的斗争，其中开展的地雷战最让敌人胆颤心惊。有一次，敌营长李广（李本一）率一营兵力，准备进攻长江农军。面对数倍于我的强敌，牙苏民准确判断敌人必经纳夭大路，就急调地雷组在纳夭街埋置地雷。第二天早上，敌军果然大摇大摆而来。一阵惊天动地的“轰隆”声后，圩场撒满了敌人的残肢断枪。望着血肉横飞的同伙，余下的敌兵惊恐万状，赶快滚回了县城。

1929 年夏，桂系在蒋桂战争中失败，驻东兰的桂军亦随之撤走。牙苏民和其他同志一道，领导东凤农军粉碎了广西国民党右派妄图消灭东兰农军的阴谋，为百色起义和红七军的创立创造了有利条件。

（四）

1929 年 6 月，俞作柏、李明瑞执政广西，要求与共产党合作的消息传到东兰，韦拔群非常高兴，立即化名“农友三”邀约牙苏民同其他同志直下南宁寻找党组织。在南宁，经人介绍，牙苏民光荣地加入中国共产党。不久，俞作柏应韦拔群的要求，拨给东凤农军枪支300多支和一批子弹，武装一个营（三个连）的兵力，牙苏民奉命率队长途跋涉到南宁接运武器。经过短期训练后，农军于10月中旬回到东兰武篆。

10月24日，东兰县城民团200多人偷偷潜入武篆，妄图盗取农军从百色运回的武器（农军从南宁领回枪后又去百色领回一批）。这天早上，韦拔群和黄美伦、黄唤章到田间察看稻谷的长势，敌人得到情报后，认为这是抓获韦拔群的一个极好机会，于是分四路包抄过来。韦拔群等三人发现敌情后，立即朝三个不同方向突围，敌人紧追不舍。正在危急之时，牙苏民率领农军赶到，战士们如猛虎下山般杀向敌阵，很快把敌人撵回了东兰。牙苏民为救出韦拔群，保住了武器库立了一大功。

此时，俞、李反蒋已败，共产党掌握的武装进到右江，百色起义已在酝酿之中。根据中共广西省第一次代表大会关于武装暴动夺取政权的精神，韦拔群率领农军解放了太平、武篆两个区。接着又挺进县城，对龟缩在县城的县警及反动民团发起总攻，牙苏民多次率领农军从县城北面攻进县城，突破敌人防线，冲进街垒，与敌人展开了激烈的巷道战，在兄弟农军的配合下，歼灭驻守敌人，解放了县城。随后，牙苏民和其他同志一起，率领农军扫荡全县各地残余的地主民团武装，相继解放了各区、乡。

1929年12月11日，百色起义胜利举行，中国工农红军第七军和右江苏维埃政府成立。同日，东兰县工农兵第一次代表大会在县城召开，牙苏民出席会议并当选为县苏维埃政府裁判兼肃反委员会主席。

苏维埃政府建立后，马上着手组织地方部队——赤卫军。牙苏民被任命为东兰县赤卫军总指挥。他上任后，立即把主要精力放在赤卫军的建设上，终日奔波在各乡村之间。经过艰苦的工作，赤卫军迅速壮大起来，到

1930 年 1 月，不仅县、区已建立有常备营、常备连（人数共 1100 多人），而且各乡、村分别建立了常备赤卫大队、赤卫小队。在以后相当长的一段时间里，牙苏民指挥的东兰赤卫军，为维护根据地的社会治安，肃清和打击对根据地进行骚扰的土匪和反动残余势力，保卫红色区域，保证土地革命顺利进行和协助红军主力作战等方面进行了大量的工作，作出了巨大的贡献。

正当牙苏民夜以继日地投入根据地建设的时候，穷凶极恶的敌人把罪恶的枪口指向了他。1930 年 7 月 13 日，牙苏民带领赤卫军到隘洞侦察敌情，在拉料屯遭到隘洞乡反动民团头子陈子怀（陈儒谨）的伏击，壮烈牺牲。时年 35 岁。

牙苏民牺牲的噩耗传来，广大人民群众无限悲痛，韦拔群立即从武篆赶到东兰县城，亲自主持召开了近千人的追悼会。在追悼会上，很少流泪的韦拔群眼角湿润了，他怀着悲痛的心情回忆了牙苏民同志英勇奋斗的一生，控诉敌人的罪行，勉励同志们化悲痛为力量，奋勇杀敌，为烈士报仇。他向牙苏民献上了自己决心为烈士报仇、为革命而牺牲的挽联：

“在红军，任赤军，一体救人民而奋斗；

你先死，我后死，大家为革命而牺牲。”

红军政治部也派代表参加追悼会并献挽联：

“一战竟牺牲，烈士舍身殉大难；

三军能用命，我们杀敌报深仇。”

陈伯民

（1900～1930）

陈伯民是右江农民运动最早的组织者和领导者之一，是广西农民运动领袖韦拔群同志的亲密战友。他以民为上，为民赴汤蹈火，智勇兼备，视死如归，是我党的忠诚战士。他把自己的一生献给中国人民的解放事业，他的英名将永远铭记在人民的心中。

（一）

陈伯民，原名新图，号伯民，壮族。1900 年 7 月 14 日出生于广西东兰县武篆哨色故村那马屯一个壮族农民家庭里。是时，正值中国封建社会走向全面崩溃，帝国主义加紧入侵，中国危机日益加深，人民处于水深火热之中。这时期，他在村私塾读书。他天资聪颖，勤学好问，追求真理，见解新颖，被先生称为“好苗子”。

1915 年，陈伯民考入东兰县立高等小学。1918 年考入百色省立第五中学，其间，他在黔军任参谋的表哥韦拔群常与他书信来往，介绍中国内忧外患，军阀混战，旧军政腐败的情况。还常寄一些进步刊物给他阅读，使其受到民主革命思想的启迪和影响。他常说：“国将不国矣，民不扶大厦于将倾，枉为民，生不为民矣，枉为人。”他把这种爱国爱民的思想倾注在学习上，博览群书，企望从书中找到救国救民之道。这时他阅读了《孙文学说》和《新青年》等进步书刊，深受民主革命思想的影响，对孙中山十分敬仰。

1919 年，“五四”运动爆发后，他在学校积极参加学生运动，宣传反帝反封建的爱国主张，揭露卖国贼的罪行。

1920 年秋，陈伯民接到表哥韦拔群从上海的来信，说他已离开旧军队，游历了长江流域各地，原图在上海拜会孙中山先生，但不遇，准备再赴广州。信中还附上一首山歌送给陈伯民，其内容是（原是壮语翻成汉语）：

故乡那马伯民哥，
给你寄这支山歌。
我走遍了天下，看透了这世界，
到处有恶人把好人生吞活剥。
如今世界妖怪多，
口吃人肉念弥陀。
故乡那马伯民哥，
给你寄这支山歌。

可恨有天无日头，

冷风嗖嗖刮，冷雨沙沙落。

我走遍了天下，看透了这世界，

到处有恶人把好人生吞活剥。

陈伯民面对韦拔群的来信和寄给的山歌，心潮澎湃，思绪万千，怎么也不能再安于学习了，要为国民搞一番事业，改变这人吃人的社会。于是，他毅然离开学校，走上社会，经南宁、中国香港、赴广州，一是考察社会，二图会合韦拔群共同拜会孙中山。后因不遇，即回乡在江平小学任教。这时，他因觉得报国无门，宏愿未遂而彷徨苦恼，曾以“愿天常生好人，愿人常做好事”的词句来自嘲自慰。但这只是一种消极的祈祷和幻想。现实生活却是：“如今世界妖怪多，口吃人肉念弥陀。”“到处有恶人把好人生吞活剥。”他自己也观察到农村的现实，触景生情，便将古诗“赤日炎炎似火烧，野田禾稻半枯焦，农夫内心如汤煮，公子皇孙把扇摇”抄贴在教室墙壁上，借以揭露农村社会制度的不平等，启迪学生和人民群众。

（二）

1921年秋，决心回乡从事农民革命运动的韦拔群回到了东兰武篆。当他路过江平，得知陈伯民在江平小学任教时，即到学校与陈伯民会晤。他们在这里畅谈中国革命大好形势，谈论开展农民革命的办法。在韦拔群的启发和影响下，陈伯民表示决心走农民革命之路，愿与韦拔群一起在家乡组织农民革命运动。

不久，陈伯民与韦拔群、黄大权联络韦界新等知识青年在武篆东里村发起革命同盟，组织“改造东兰同志会（后改为公民会、农民自治会）”。其宗旨是：反对军阀，反对贪官污吏，反对土豪劣绅，改造东兰旧政治、旧经济、旧文化。从此，他与韦拔群等打着“广西不得了”“实行社会革命”的大旗上街宣传，以唤醒民众。很快地，他们便团结了一批革命青年和农民革命骨干。

1922 年，旧桂系军阀陆荣廷打着“自治军”的旗号在广西各地实行军事割据，统治人民。军阀刘日福借机向农民摊派军饷捐税。东兰属“自治军”刘日福旅所管辖，军饷军粮摊派苛重。1 月，陈伯民与韦拔群在武篆召开国民抵制苛捐大会。会后，陈伯民和韦拔群以人民代表身份，赴百色找旅长刘日福谈判，要求减免压在东兰人民身上的种种苛捐。刘日福理屈词穷，不得不写了在东兰免收“刘旅开拔费”的手令。他们带着手令，连夜赶回东兰宣布。人们欣喜若狂，奔走相告，盛赞韦拔群、陈伯民是为民排忧解难的英雄。

同年 3 月 30 日（农历三月初三），陈伯民和韦拔群在武篆区善学乡的北帝岩（后改列宁岩）召集黄大权、韦钟璠、黄树林、陈毓藻、梁士书、陆树兰、韦午元、韦界新、牙苏民等 11 名革命青年举行革命同盟，并以“中国国民党广西特别党部”的名义发表《敬告同胞》文告，并印发到东兰、凤山等地。文告号召工农商学兵各界团结和组织起来，打倒侵略我国的洋鬼子，斩除祸国殃民的大军阀，实行国民革命。这个文告成了他们领导东兰、凤山早期农民运动的纲领。

1920 年至 1921 年间，武篆区各乡村父老为了发展家乡文化，筹款兴建武篆育才高小，学校校董、武篆大豪绅杜瑶甫经理财务，从中侵吞了三百银圆。群众敢怒而不敢言。韦拔群、陈伯民在充分调查研究之后，决定以这为突破口，打开农民向土豪劣绅作斗争的局面。1922 年 7 月，他们便组织民众和师生代表百余人对杜瑶甫进行清算斗争，迫使杜瑶甫在事实面前不得不低头认罪，退回贪污的赃款。这次斗争的胜利，显示了人民团结斗争的力量，戳穿土豪劣绅杜瑶甫不可一世的纸老虎本质，民心大振。

为了迅速扩大革命影响，壮大革命力量，同年10月28日（农历九月九日），陈伯民又和韦拔群利用重阳节登高之际召集东兰、凤山、百色三县180多名青年到东里村东面的银海洲举行革命结盟，立誓团结一致，组织农民协会和农军，走俄国人的道路，实行社会革命。有了革命的骨干后，陈伯民和韦拔群将革命同盟会的成员派往各地组织发动群众，组织农民协会和农民自卫军。

经过几次同盟和清算杜瑶甫之后，韦拔群和陈伯民集结了一大批革命骨干。他们心中燃着一团火，分赴各地宣传发动群众，组织农民协会和农民自卫军，购置枪支弹药。至1923年春夏间，建立了东兰农民自卫军，兵员达千余人。4月至10月，韦拔群和陈伯民又发起清算东兰大土豪、全属团务总局局长韦龙甫和三次武装攻打东兰县城的战斗，并在第三次攻城取得了胜利，赶走了县知事蒙元良和团务总局长韦龙甫，没收韦龙甫的财产并分发给贫苦农民，释放了被关押的无辜群众，成立了东兰县临时革命委员会，推举陈伯民负责。同时宣布取消苛捐杂税，废除剥削压迫契约，提倡民族平等，男女平权。这一斗争的胜利，轰动了广西全省，揭开了右江农民武装斗争的序幕。

半年后，由于省政府派兵镇压，农军寡不敌众，韦拔群、陈伯民等被迫转入山区斗争。但他们没有气馁，决心到当时国民革命中心广州探求革命真理。

1924年秋，陈伯民和韦拔群避过省当局的通缉追捕，取道贵阳、昆明，出安南（今越南），进香港，经数月跋涉，终于于次年1月到达广州。进入第三届广州农民运动讲习所学习。在那里，陈伯民和韦拔群如饥似渴地学习马列著作和农民运动理论，虚心接受彭拜、陈延年、阮啸山等我党负责人的指导。由于他俩都有多年的农民运动实践，进步很快，思想上有了新的飞跃。学习结束后，陈伯民和韦拔群被中央农民部委任为农运特派员派回广西开展农运工作。

1925 年 8 月 13 日，东兰县农民协会在武篆区成立，陈伯民任主任，韦拔群任军事部长。在组建农民协会的同时，积极筹办农讲所，陈伯民不顾劳累，夜以继日地与韦拔群在东里小龙潭内秘密印制革命文件和教材，为开办第一届农民运动讲习所进行紧张的准备工作。经过一段时间的筹备，9 月 15 日，终于在武篆区善学村北帝岩开办了广西东兰第一届农民运动讲习所，韦拔群任农讲所主任，陈伯民任管理员兼教员。负责讲授俄国革命和社会进化史。学员来自右江各县的革命骨干共 276 人。在韦拔群和陈伯民的教育引导下，学员们懂得了社会进化的道理，坚定了走俄国人道路的决心。12 月下旬，因敌人的破坏，农所被迫提前结业，农所的学员把革命的火种带回各地，播遍右江。从此，右江农民运动轰轰烈烈地开展起来。

1926 年春，新桂系军阀龚寿仪团配合县知事黄守先残酷镇压东兰农民运动，制造了震惊省内外的“东兰农民惨案”。为了保存力量，陈伯民和韦拔群研究后，决定避开敌人锋芒，转入西山开展游击斗争，并在那里成立东兰县革命委员会，继续组织领导农民与敌人作针锋相对的斗争。这期间，陈伯民作为东兰农民代表，先后三次赴邕向省当局控告军阀劣绅狼狈为奸残酷镇压、惨杀农民的滔天罪行。在南宁，他通过省农民部部长陈协五（国民党左派）和青年部长陈勉恕（共产党员）的帮助，在南宁印发张贴了《请看军阀官僚土豪劣绅烧杀东兰农民的惨状》的控诉书，争取得到社会各界的支持和同情。在中共广西党组织的支持下，陈伯民还在国民党广西省党部执委和监委的联席会议上，控诉军阀和豪绅镇压农民运动的罪行。在社会舆论和各方面的声援压力下，广西省当局被迫两次派员到东兰进行调查。于同年 11 月 28 日发出“俭电”，对东兰农案作出较为公正的处理。陈伯民也成为人们公认的农民运动的卓越领导者、“能言善辩的革命外交官”。

1926 年 10 月，陈勉恕（时任东兰县知事）在调查东兰农案期间，指派陈伯民负责整理东兰县国民党组织，陈伯民出色地完成了这一任务。把劣绅、土豪全部清除出国民党，党员成分以农民为主，也吸收学校师生和社会知识青年参加。全县共建立58个区分部和12个区党部，拥有3117名党员。11月，东兰县第二届农民协会成立，陈伯民被当选为常务委员。1927年2月召开了国民党代表大会，成立县党部，选举陈伯民等5人为委员，陈伯民、覃孔贤、牙苏民任常委。至此，东兰县国民党的党权全部控制在革命者手中，这期间，陈伯民由陈勉恕、陈洪涛介绍加入中国共产党，由一个民主主义者成了共产主义战士。年底，他被派往都安指导农运工作，组织成立都安县农民协会。他首先在江南、江州、镇江、都阳、古河一带协助覃道平、唐雨田、唐向岩等开展农运的组织和领导工作。为了培养革命骨干，他还在镇江、安阳、拉烈等地举办农讲所，为都安培训了200多名农民运动骨干，使革命的火种在都安迅速燃烧。

1927年3月，陈伯民奉命赴南宁，会见省农民部部长、南宁军校校长俞作柏，介绍东兰农民运动情况。俞作柏对东兰农民运动表示支持。通过陈伯民活动，俞作柏暗中送给东兰农军20支枪及子弹。是年秋，广西农民部田南道办事处委派陈伯民为河池县农民协会主任。但由于有反动军阀重兵进剿东兰，不能脱身就任，仍留在东兰与战友们并肩战斗。在敌人重兵“围剿”，粮食断绝，农军处境极其困难的情况下，为鼓舞大家的斗志，陈伯民写了这样一首歌词，让大家传唱：

陡岭密岸，丛林森森，粉枪战刀齐奔腾。

粮食封锁已三月。同志们，共难吃草根。

大树当战棚，山茅当被窝，并肩吧！

勇敢冲锋，犹如右江浪潮生。

疾风怒刮，大雪飞纷，围火腹中暖，

冷刺背薄寒，奋斗呀！剿白匪，壮瑶走新生。

这首歌的传唱，大大鼓舞农军战士的斗志，坚定革命必胜的信念。

（三）

1927 年冬，广西农民部田南道办事处委派陈伯民为都安县农民运动特派员。为漫天燃开革命的烈火，以减轻敌人对东兰的压力，他毅然冒着生命危险，避过敌人的关卡暗哨，辗转在都安的大化、鸣凤、丹桂、古河、三龙等地区。在那里，他联络当地农运骨干花联焄、韦科元等，组织农运，建立农军。经过一段时间的努力，先后组织起 70 多个乡村的农民自卫队。接着，他转到都安东区，与邓无畏、陈鼓涛、黄昉日等在拉烈开办农民运动讲习班。讲习班期间，他常与同事吟诗明志，抒表革命衷情，其中他写了一副对联："漫天撒下自由种，伫看将来爆发时"，概括地反映了他的坦荡胸怀和革命必胜的信心。不久，他又以学员为主体建立了一支农民自卫团，从而使白色恐怖严重的都安东西两区农民运动如火如荼。同年 12 月 12 日，广西省府反动当局下令通缉韦拔群、陈伯民等 23 名农运领导人，陈伯民的家也被查封，田地被充公，全家流离失所。省当局还以 1000 元东毫的赏格缉拿他。面对各种威胁和危险，陈伯民早已把生死置之度外，他镇定自若，仍然为革命事业日夜奔波。

不久，他接到韦拔群的通知，为减轻敌人对人民的杀戮，要各同志暂缓活动，做好隐蔽，积蓄力量以待时机，也可暂到外地活动。于是，他决定外出考察全国革命形势。次年春，他带其弟陈远读离开家乡，赴武汉国民革命军第四集团军前敌总指挥部经理处探望其叔父陈谨初（经理处少校军需），在探亲期间，以上士军需名义作隐蔽，并对全国军阀混战形势作了一番了解。是年秋，他重返都安指导农民运动。

1928 年 10 月上旬，为惩罚和镇压敌人，陈伯民集中大化、三龙、六也、甘棠等地农民自卫军150多人枪，会合都安东区农军攻打都安县城。后由于敌人调集部队救援，陈伯民等领导人为保存革命实力，率部撤退转移。

1929年春，蒋桂战争爆发，桂系军阀把所属部队主力调往前线，敌在广西后方的力量薄弱，农民地下武装到处兴起。陈伯民在都安树起了“广西别动队”的旗号，以都安县为中心，把邻县的那马、隆山（今马山县）两县的农军编为四个支队集结于红水河两岸活动，农军军威大震，逼得新上任的都安国民党县长王文翰惶恐不安，反动军警亦不敢肆意对农军出击。同年6月，蒋桂战争以桂系失败而告终。俞作柏、李明瑞回桂执政。俞、李在我党的影响下，政治上采取了一些措施，释放在清党中被捕的共产党员、青年团员和进步人士，并安排他们到其党政机关工作；开放工农运动，支持农民武装斗争，设立慰问农民办事处。

（四）

1929年夏，陈伯民奉调到广西省府慰问农民办事处工作。同年8月，我党与俞作柏、李明瑞协商，选派一批共产党员和进步人士担任左右江各县县长。经中共广西党组织推荐，广西省主席俞作柏委任他为河池县县长。他上任后，即改造旧政权，安排自己的随从到各要害部门，以公开的合法身份开展革命活动。首先，对原有的留校学生进行教育、整顿，建立河池青年团；成立河池县妇女联合会；相继建立农会、工会。这些群众组织在陈伯民的领导下，在县城开展了轰轰烈烈的革命宣传，同时还组织了青年团为主体的宣传队，到北香、下桥、塘甫、六圩等地宣传讲演。在县城，开办了工人、农民夜校，陈伯民亲自到校上课，启发教育学员学习文化，追求革命真理，团结起来求解放。揭露国民党反动派的罪行，号召民众起来与豪绅地主作针锋相对的斗争。与此同时，他把前届县府经管财务的两个贪污犯关押起来，振奋了人心。

陈伯民在任职期间，坚持群众路线，秉公办事，实行简政便民的措施。如废除一切诉讼手续费，废除呈状公文格式和文言文，人民告状亦可面诉等，破除一切陈规陋习和旧政权用来吓人的官威。过去人民来告状都得站诉或跪诉，他却要亲自审理。有个姓杨的农民，被一地主霸去一块田多年，多次告状，都被前任县长判给有权势的地主。杨家不服，再向政府申诉，陈伯民受理这一案件后，深入调查，掌握真凭实据，很快就作了判决，那块田终于回归原主。因此，他深得民众的信赖和拥护。

10 月初，陈伯民在县城召开讨蒋大会，揭露蒋介石叛变革命的罪行，并联系揭露当地豪绅倒行逆施的种种劣迹，民众无不义愤填膺。当青年团代表韦炯文上台揭露县禁烟局的所谓制膏药卖，实际是贩卖大烟，害国害民时，愤怒的民众即涌向禁烟局，把大门的牌子砸烂，在门边贴上针砭时蔽的对联。上联是：

“缙绅公，猪公、牛公、乌龟公、公人公办，公心何在？公道何存？终日假公图利矣！”

下联是：“团务局、酒局、肉局、洋烟局，局又分局，局内者甘，局外者苦，何日了局得安闲?!”身为县长的陈伯民支持群众的这些举动，大灭了反动派的威风，大长了革命人民的志气。

贪官污吏、豪绅地主们不甘心自己权利的丢失，对陈伯民的施政既怕又恨，他们互相勾结，一面秘密具文上告，一面密谋捣乱。一次，豪劣们在团务总局开秘密会议，企图借端诬告他。陈伯民得知后，即带领数人冲入会场，揭露他们的卑鄙勾当，一一驳斥他们提出的谰言。豪绅地主卢贻廷看到辩论不过，恼羞成怒，拉出手枪来威胁。陈伯民正义凛然，喝令其放下手中的武器。在陈伯民义正词严的揭露和批驳下，豪绅们只得狼狈地低下了头，不敢妄动，捣乱的阴谋也遭到了彻底的破产。10 月中旬，广西政局突变，河池县的反动势力趁机反扑，县城危急，陈伯民当机立断，于10月下旬，利用到大罗村解决民事纠纷之际，摆脱反动民团团局的监视，撤离河池县城，转到都安，继续领导都安的农民革命运动。

1929年12月11日，邓小平、张云逸等人领导百色，建立了中国工农红军第七军和右江工农民主政府。右江各县也先后陆续建立苏维埃政权。革命形势迅速发展，极大地鼓舞着陈伯民。1930年2月，陈伯民组织都安西区花联焄、覃道平、唐向岩、花卜凤和东区的覃友松所率领的赤卫军共2000多人，分三路围攻都安县城，赶跑县长王文翰、团务总局长韦怀甫，解放了都安县城。数日后，反动县长和团务总局长又勾结陆东海匪部分路向都安县城及大化反扑，陈伯民率部退到福隆山区。3月19日，陈伯民和唐向岩等18人从福隆向东兰进发，不幸，在河池渔洞附近遭匪霸田德高武装伏击，陈等被俘，押往都安县府关押。韦拔群闻讯后即派红军一个连前去营救，因敌关卡紧固，攻打不克，营救未能成功。在狱中，陈伯民与敌人作斗争，既不出卖同志，也不暴露自己的身份。在受审时，他据理同敌人争辩，常惹敌人脑羞成怒，对他拳打脚踢。在敌人张牙舞爪的狰狞面目面前，陈伯民意识到，敌人软硬兼施后，捞不到任何稻草，最后必然把他们杀死罢休。因此，他随时随地都作好牺牲自己的思想准备。1930年4月，陈伯民被拉出牢房，解上刑场。陈伯民仍面不改色，边走边高呼："打倒军阀！""打倒土豪劣绅！""中国共产党万岁！"一路上，他对围观的群众大声说："我是红军，为工农穷人闹翻身，我们革命是不怕死的，他们杀不完我们共产党人的，最后胜利属于我们的……"说完，大步向刑场昂首走去，表现了一个共产党员为党的事业视死如归的高尚气节。4月2日，陈伯民在都安县城英勇就义，时年仅30岁。

陈铭玖

（1898～1932）

陈铭玖是20年代都安县农民运动最早和最主要的领导者、组织者以及都安早期党组织的创建人之一。

陈铭玖，原名陈纲，又名陈鼎，壮族。1898年出生于广西东兰县武篆区江平乡廷什屯一个贫苦农民家庭。1922年，在韦拔群及其堂弟陈伯民的影响下，陈铭玖开始投身于韦拔群领导的东兰农民运动，是当时农民运动的主要骨干之一。1923年秋，为了开辟新区，陈铭玖受韦拔群之命，以农民运动特派员的身份到都安县开展农民运动。都安西部与东兰毗邻，受东兰农民革命运动的影响较深，陈铭玖进入都安后，首先在古河、丹桂、镇江、江洲（时属恩隆县与都阳接壤）活动，找到了一批进步教师和青年农民。在陈铭玖的启发和指导下，这批早有革命志向的进步青年和教师投入了农民运动。1923 年10 月，他组织了36 名进步青年在中和村韦仕林家举行首次“同盟会”，成立革命同盟会——西区劳农会（对内称革命委员会），这是陈铭玖进入都安后组建的第一个革命组织，开始点燃都安农民运动的火种。

西区劳农会成立后，明确提出了“打倒土豪劣绅！打倒贪官污吏！打倒帝国主义！”的革命口号，接着分头在镇江、古河、丹桂、江洲等地组织师生和群众示威游行，矛头直指当地土豪劣绅，震动了都安县的反动当局。县知事关宗汉带兵到古河、丹桂“清剿”，搜捕革命骨干和群众。陈铭玖意识到这次群众性的示威游行，过早地暴露了革命组织，为了避免损失，他组织劳农会骨干开会，分析、总结经验教训，研究新的斗争方式，并带韦仕林随同上东兰汇报工作。

1924 年至1925 年，在孙中山“联俄、联共、扶助农工”三大政策的推动下，全国农民运动进入了新的高潮，陈铭玖乘大好形势加强对都安农民运动的领导，着重在西区进一步发展革命同盟会，通过同盟会的活动，培养、锻炼骨干，为革命新高潮的到来创造条件。在此期间，他先后帮助建立了镇江、古河、大化、江洲、拉烈等区和 13 个乡的农民协会，使都安西部的农民运动如火如荼。

为了使农民运动更好地向前发展，陈铭玖十分注意对干部的培养，他一面通过组织同盟会加紧培养、锻炼骨干，他选派覃善鸣、唐向岩、唐雨田等 10 多名骨干到广西东兰第一届农民运动讲习所学习。但是，东兰农讲所毕竟只能为各县培养少数主要领导骨干，远远满足不了蓬勃发展的农民运动的需要。为此，他又和陈伯民等人一起在都安县中和乡弄桑开办都安农民运动讲习所，使一大批农运骨干迅速成长，从而极大地推动了都安县农民运动的发展。

在积极培养农民运动骨干的同时，陈铭玖还和陈伯民、邓无畏一道，加紧在西区建立各级农民协会。在建立农民协会过程中，陈铭玖经常深入壮乡瑶寨，用通俗易懂的语言，向群众宣传革命道理，宣讲农民协会章程，号召农民利用农会权力同反动势力斗争。他告诫人们，只能靠自己的力量解放自己。他讲的话给人们以极大的鼓舞。从此，“打倒土豪劣绅！一切权力归农会!”的口号响彻都安的山山岭岭，农会组织遍及全县大部分乡村。

1927 年初，陈铭玖与邓无畏改组都安国民党县党部，成立县农民协会。是年加入中国共产党，领导都安的农民武装斗争。1928 年，陈铭玖又和陈伯民等人一道，着手组建革命武装。在他们的努力下，镇江农民自卫军首先成立，接着，江洲赤卫队和县赤卫独立营相继诞生，陈铭玖任赤卫独立营指导员。这些农民武装建立后，主动向都安、恩隆、东兰三县边界的土豪武装据点进行进攻，狠狠地打击了敌人的嚣张气焰，促进了革命的发展。1929 年 11 月，陈铭玖奉命到恩隆县燕洞一带，率领农军攻打土劣团局，打通了东（兰）至奉（议）、恩（隆）的交通线。

1929 年 12 月百色起义前后，陈铭玖根据韦拔群的指示，在都安积极进行筹建各级苏维埃政府的工作。年底，都安县苏维埃政府正式成立，都安西部的农军也被编为红七军第三纵队都安独立营。

1930 年 11 月，红七军主力北上后，韦拔群在右江地区组建红七军第二十一师，陈铭玖作为二十一师特派员回到都安建立了红七军二十一师都安独立营，并兼任指导员，领导都安西部人民坚持革命斗争。

1932 年春，东凤革命根据地的革命斗争逐步转入低潮，陈铭玖奉命转到那马县（今马山县）化名胡海秋从事革命活动。由于敌人告密，不幸被捕，壮烈牺牲。时年 34 岁。

黄书祥

（1899～1933）

黄书祥是壮族人民的优秀儿子，中国共产党的模范党员，东兰早期农民运动的组织者和右江革命根据地建设者和保卫者之一。

（一）

黄书祥，原名黄焕云，又名黄明道，壮族。1899年出生于广西东兰县武篆区旧州屯一个贫苦农民家庭。黄书祥的童年，到处是一片兵慌马乱，劳苦大众处于水深火热之中。父亲黄德安是个忠厚勤劳的农民，母亲勤耕善织，大哥焕章，二哥焕珍，妹美伦。由于家中田地少，父母只好忍辱负重租种地主田地聊以糊口。然而，苛重的田赋和繁杂的税捐，压得他的父母成年累月累死累活，仍难以维持一家六口的生活。不得已，大哥、二哥只好外出打零工、卖柴挣钱接济家庭生活。对此，年幼的黄书祥心想：同在一个天地里，为什么有的人富，许多人却很穷？为解开这个谜，他向父母盘根问底。父母只是叹着气对他说："等你长大了就会明白这个道理的。"后来，他进入武篆育才小学读书，阅读了韦拔群从外地寄回的进步书刊，才认识到社会的不平等是由社会制度不好造成的。他发誓：日后定要改变旧的社会制度。由于家庭经济拮据，黄书祥小学毕业就失学，在家和父母兄长躬耕农田。生性好动恶静的他不甘寂寞，常和从事教书的黄大权互相来往，一起议谈国事天下事，探索人生之路。

1921 年 9 月，外出寻求救国救民之道的韦拔群回到东兰，便与陈伯民、黄大权等一批进步青年在武篆区成立"改造东兰同志会"和"国民自卫军"，并以"广西不得了"为题上街演讲宣传，公开号召广大民众团结起来，与军阀土豪劣绅作斗争，实行国民革命，推翻封建统治。1922 年 3 月底，韦拔群、陈伯民、黄大权等十一人联名发布《敬告同胞》书，进一步号召工农商学兵团结起来，实行国民革命，推翻封建统治。受其影响，是年，黄书祥参加了韦拔群组织领导的农民运动。

1922 年 8 月，韦拔群根据民众的检举揭发，率领百余名村民代表和武篆育才小学师生代表对时任育才小学学董的大土豪杜瑶甫开展清算斗争。黄书祥作为农民代表参加了这场清算斗争。他和众代表以铁的事实揭露杜瑶甫贪污建校款的罪行，驳得杜瑶甫哑口无言，吐出侵吞的公款。是年重阳节，黄书祥又参加韦拔群召集各地进步青年在武篆区东里村银海洲举行的革命同盟会。会上，他慷慨陈词，痛饮鸡血酒，举刀对天发誓，誓与拔哥共患难，同生死，斗争到底不变心。韦拔群见到黄书祥性情刚直，智勇兼备，斗争坚决，深为赞赏。此后，韦拔群即以黄书祥家为革命活动联络点，常在那里开会、投宿。黄书祥和妹妹黄美伦对韦拔群等来往人员的接待很是热情周到，彼此之间建立了深厚的友谊。在韦拔群的影响下，黄书祥养成了爱憎分明，果敢爽直的性格，逐渐成为韦拔群的得力助手。当时，有一自治会会长韦翠裘在处理民间纠纷时犯有贪污受贿行为，根据民众的举报，黄书祥便带领群众上街发表演讲，进行揭露，韦最终惧怕而潜逃。1923 年夏秋，韦拔群组织、指挥农民武装三打东兰县城，黄书祥一直跟随韦拔群奔赴阵地协助指挥作战。1924 年 8 月，韦拔群、陈伯民到广州农民运动讲习所学习。黄书祥遵照韦拔群的嘱咐，和黄树林等人坚持在东兰开展革命斗争。

1925 年 4 月，韦拔群、陈伯民从广州回到东兰。黄书祥认真阅读了韦拔群从广州带回的学习文件后，眼更明，心更亮了。在韦拔群的领导下，他和其他进步青年一道发动长工、佃户、债户烧毁东兰土豪强加的各种契约，组织成立农会、农军。8 月 13 日，东兰县农民协会在武篆成立，黄书祥当选为委员。

1925 年 11 月 1 日（农历 9 月 15 日），韦拔群在武篆北帝岩（今列宁岩）开办广西东兰第一届农民运动讲习所，培养右江地区各县农民运动骨干。黄书祥任农讲所教员，负责讲授历史课。他以史为鉴，阐明开展农民运动的重要性和必要性，启发学员明白、掌握革命真理。11 月 6 日（农历），东兰县知事黄守先勾结大土豪龙显云率警兵、团丁围攻农讲所，黄书祥和学员们一起同反动军警展开激战。随后他和牙苏民率领学员、农军在夜间袭击警兵驻地，敌狼狈逃窜。12 月 4 日，下野的原广西省长蒙仁潜率其残部企图离桂入滇重整旗鼓。当蒙部途经武篆、兰木、泗孟时，黄书祥受韦拔群派遣，与黄大权率武篆、兰泗农军夹击蒙军于泗孟，蒙军败逃。农军追至凤山长峒，俘获了蒙仁潜及其副司令刘锦华、蒙彩标等，缴获枪支123支和一批军用物资。当日，到东兰镇压农民运动的新桂系军阀龚寿仪团赶到，突袭农军，农军不敌，龚寿仪劫走蒙仁潜，次年蒙仁潜为黄绍竑所杀。

1926年2月4日，广西新军阀龚寿仪团在东兰县知事黄守先、劣绅杜瑶甫和龙显云的配合下，对东兰农民运动实行血腥镇压，制造震惊省内外的“东兰农民惨案”。在敌众我寡的情况下，黄书祥随韦拔群退守西山坚壁清野。在西山，黄书祥参加筹备成立东兰县革命委员会，并当选为委员。随后，黄书祥又和其他委员一起带领游击小分队（也称助奸团）相继袭击敌人。后来，敌军撤出武篆，革命委员会移到武篆办公，黄书祥任军事部干事，兼任武篆区农民协会宣传部长。

1926年下半年，中共广西地下党组织帮助国民党广西省党部农民部在南宁开办广西省立第一届农民运动讲习所，培养农运骨干，以加强对各地农民运动的领导。黄书祥受韦拔群指派参加这届农讲所学习。在农讲所里，黄书祥如饥似渴地学习，比较系统地掌握了农民运动的理论知识。11月毕业后，黄书祥被国民党广西省党部农民部委任为农民运动特派员，派到果德县负责组织领导农民运动。这期间，他以龙旧屯为活动中心，深入到新圩、感圩、都阳、果化等地，开办训练班，培训农运骨干，召集进步青年秘密开会，商讨筹备成立农民协会。他以通俗、形象的比喻向群众宣讲革命道理，鼓励群众积极参加农会、农军，他还为农友书写“发奋天下无难事，团结世界有和平”和“自由非赠品，革命是生涯”等富于革命哲理的春联，以鼓舞群众的革命斗志。经过他艰苦的工作，新圩、感圩、都阳等地的农民群众涌跃地参加了筹建农民协会的活动。

1926年11月28日，国民党广西军政当局迫于省内外各界的压力，发出“俭电”，对东兰农民惨案作出比较公正的处理。农民运动在广西各地得以合法存在。黄书祥乘着这一大好时机，在果德县大力宣传民众，培养

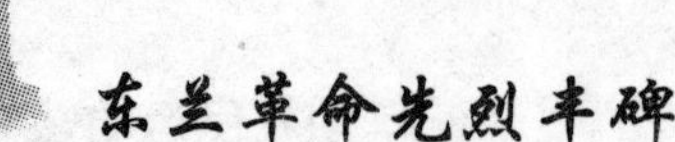

骨干，成立农会。12 月中旬，黄书祥又深入果化沿江一带开展宣传工作，扩大革命成果。每到一地，他便深深扎根于民众之中。在槐前、龙旧这两个村屯，他白天下田下地帮助农民犁地，或是上山砍柴割草，挑水；晚上，或是找贫苦农民促膝谈心，或是召集革命骨干召开秘密会议，商讨筹建农民协会。当时，一些人害怕“老虎吃人”而不敢报名加入农会，黄书祥就以通俗、形象的比喻，说明农民团结起来力量大的道理，鼓励他们积极参加农会和农军。

1927 年 1 月 19 日，黄书祥与李羡唐、吕任汉等在槐前城隍庙成立果化区农民协会筹备委员会，黄书祥任主任。会上，黄书祥发表演讲。他说：“兄弟姐妹们，我们穷人一年到头辛辛苦苦地劳动，累死累活还吃不饱，穿不暖。这是命中注定的吗？不！是因为地主豪绅、贪官污吏霸占大量田地，苛捐杂税沉重的大山压在我们头上。几家欢乐百家愁的根子在哪里？在于旧社会这个黑牢里。我们要改变自己的命运，就要团结起来，实行孙中山提出的‘联俄、联共、扶助农工’的三大政策，与军阀斗、与土豪绅、地主老财斗！”在演讲中，他还生动地介绍了广东、湖南的农民革命运动的形势。在他的鼓舞下，与会人员听了心情振奋，振臂高呼：“拥护孙中山的‘三大政策’！”“一切权力归农会！”

果德县农民协会筹备工作的迅速发展，震惊了县官土豪。他们视农民运动如猛兽，又恨又怕。1927 年 2 月的一天，黄书祥到果德县政府与县知事黄庭玲（黄尧封）联系成立农会事宜。黄庭玲本是归德土司后裔，上任后，与其族叔团防总局局长黄中原（黄镜清）狼狈为奸，贪赃勒索，鱼肉乡民，他预感到农民运动的兴起于他们不利，于是千方百计进行阻挠。开始，黄庭玲说：“建立农会，武装农民，像湖南那样糟乱，多不吉利呀！”黄书祥严正回答：“建立农会，武装农民，不是糟乱，而是很好。全国工农武装起来，国力强大，洋鬼子、反动军阀才害怕！”黄庭玲见软的不成，便撕开伪善的脸皮，狰狞地吼道：“不成，未经政府批准成立的农会，是非法的！”黄书祥针锋相对，据理反驳：“什么非法？这完全是合法的！本人是遵照国民政府条令前来组织农会的，完全有据有理可查。现在是国民革命非常时期，县政府的法，应遵照孙中山总理的‘三大政策’，扶助农工。如今县座不仅不执行上头指示，反行阻挠民众正义之举，可敢承担后果？”黄庭玲理屈词穷，无言以对，再者大势所趋。黄庭玲不得不同意成立县农民协会。

2月19日，黄书祥与李羡唐、吕任汉等在果德县城召开农民代表和革命青年大会，成立果德县农民协会办事处，选出黄庭玲、李羡唐等8人为筹备员。随后，黄书祥又深入果化、都阳、四弄等地开展宣传活动，推动农民运动向纵深发展。

在黄书祥的领导下，果德县农民运动迅猛发展，到3月间，全县已有龙马、马头、果化3个区和同仁、都阳、龙旧等11个乡成立了农民协会，会员达1000多人。3月27日（农历2月24日）在果德县城县立第一高等小学操场召开果德县全属农民大会。会台悬挂横额：“果德县全属农民大会”，中门左右贴一长联：“铁面无私那管王孙公子，平权解放何论瑶汉民族”。台外拱门又贴一联：“革命尚未成功，同志仍须努力”。大会选举李羡唐为果德县农民协会主席，黄书祥任副主席。大会举行游行，2000多名农友手执小旗子，戴笠披蓑荷锄，敲锣打鼓，吹喇叭，高呼“打倒贪官污吏！”、“打倒土豪劣绅”等口号。街上铺户燃烧鞭炮致庆，热闹非常，实为果德空前之盛举。劳苦农民为之扬眉吐气，而昔日横行霸道，作威作福的土豪劣绅却惶惶不可终日，预感末日来临，纷纷向外逃窜。面对农民革命的大好局面，黄书祥畅情开怀，在可恒挥笔赋诗，以表达自己的革命志趣，诗曰：

红颜面貌好攻书，样子及格爱国徒。

拈笔不言天下信，问你何因干薪夫？

战士莫惜桑梓地，为民翁姑造洪福。

寅卯辰童千两价，红装反对假灵符。

同年3月，经余少杰介绍，中共恩奉特支批准，黄书祥加入中国共产党，成为一名光荣的无产阶级先锋队战士，成为在果德县进行革命活动的第一位共产党员。

（二）

正当果德县农民运动蓬勃兴起的时期，蒋介石一手策划的“四、一二”反革命政变发生了。国民党广西省当局电令各地清党，缉拿农民运动领导人。黄中原要对黄书祥等下毒手，黄庭玲慑于强大的农民革命力量，不敢当即下手，便使出两面派伎俩，将电令面示黄书祥。黄书祥知悉，当即将县农民协会撤离县城，到感圩丹良小学设处办公，在那里继续组织发动群众建立农民协会和农民自卫军，拿起枪杆子，与敌人开展针锋相对的斗争。

为了揭露国民党反动派的罪行，黄书祥亲自编写了一本有“国民党、蒋介石，真狠毒，屠杀工农不眨眼，花天酒地住楼屋，豺狼成性喝人血，工人农民成膏肉……”等内容的宣传册子，供大家学习、宣传，进一步提高了农民革命觉悟。同年5月，果德县农民自卫军指挥部成立，黄书祥任总指挥。7月，果德县农民武装组织初具规模，计有区级农民自卫队6个，乡级农民自卫队27个，兵员达2414人，1882支枪。7月中旬，中共恩奉特支书记余少杰在恩隆县林凤乡南午屯召开右江地区各县农运骨干会议，成立广西省临时军政委员会（又称“三南总部”），以加强田南、镇南、南宁三道的农运和武装斗争的领导，黄书祥代表果德县出席了这次会议。并当选为广西临时军政委员会委员。同月，余少杰又在奉议县花茶村召集东兰、凤山、恩隆、奉议、果德、思林等县农运领导人会议，讨论右江各县农军的统一指挥问题，决定成立右江农民自卫军，果德、思林两县农军编为第三路军，余少杰任总指挥，黄书祥任副总指挥。带领指挥该路农军活跃在思林、果德两县的感圩、新圩、四陇、果化一带，主动袭扰、打击敌人。

农民武装的发展壮大，使黄庭玲坐卧不安，多次电求桂系军阀头子黄绍竑派兵前来镇压，果德旅邕就读学生徐复民、黄天绩获悉信告县农民协会。情报传来，黄书祥、李羡唐、黄永祺等审时度势，权衡敌我双方力量，决定先发制人，举行武装暴动，攻打果德县城。7月底8月初，黄书祥在感圩塘平屯主持召开农军领导人会议，具体讨论作战方案，部署暴动前期准备工作。

8月20日晚（农历7月23日），黄书祥等指挥三路农军1000多人按暴动指挥部的命令，冒着倾盆大雨向县城进发。因大雨行动受阻，战斗部署未能如期完成。次日天大亮，部队才能全部到达阵地，目标暴露，敌人已有所准备，农军强攻不下，暴动武装先锋队队长黄玉臣负伤。战斗打响后，县城附近农民群众闻声，人手一件武器，或柴刀、或木棍，浩浩荡荡奔向县城，加入暴动队列，3000多人把县城团团围住，不停地齐声高呼：“打倒贪官污吏黄尧封!”“活捉黄尧封!”声威震撼马头山。时近中午，部分农军撤往城北巴赖一带做饭进餐，战斗稍停。这时，黄庭玲乘机派心腹到右江边重金买船民，点燃江岸几堆柴草，江面、城区浓烟弥漫，黄庭玲胞弟、团务总局团队队长黄庭琇领着30来个团丁，驾着黄庭玲顺着水沟溜下江边乘船往隆安逃命。下午，农军组织第二次进攻，进占县府，砸烂监狱，救出被关押的无辜群众20多人，烧毁档案文件，缴获枪支20多支。

农军攻占果德县城，震撼了国民党广西当局，8月23日，广西当局调遣桂系军阀独立团黄勋营反攻果德县城。黄书祥闻讯，当机立断，指挥农军主动撤出县城，回师感圩、新圩一带，敌扑空城，一无所获。10月下旬，黄庭玲纠集反动武装，配合黄勋部共500多人枪，杀气腾腾“进剿”感圩、新圩农军。黄书祥率领农军在旁驮、布见一带伏击，激战三天，歼敌数十人，缴获枪支10余支，打退了敌人的围剿。

11月间，黄勋带领陆永祥、李家珍两个连直插感圩安营，声称要和农军谈判，妄图除掉农军领导人，进而消灭农军。黄书祥将计就计，一面叫人书写“欢迎陆连长，打倒黄尧封”等标语贴到街上，一面与余少杰调集思林、果德农军1000多人袭击驻感圩之敌。农军从三坳、岸梧、金始向感圩包围过来，敌人还以为农军来找他们谈判，派人到街头喊话“你们是来谈判的吗？要来谈判的话，不要来那么多人！”农军在三坳山对面对敌回话：“我们几千人来和你们谈判，你们滚回去，不然我们不客气了！”敌人仗着他们武器好，用机枪向农军扫射，农军开枪还击，激战半天，敌不支，拼命突围，火烧塘平屯逃回果化。

黄勋连吃败仗，损兵折将，农军革命的烈火，不但没有被灭，反而越烧越旺。1928年1月下旬，桂系军阀增派欧振汉、黄明远、黄天宝3个营前来果德县围剿农军，白色恐怖笼罩果德全境。2月8日，黄明远、黄玉宝、果德县县长温维汉、土豪甘凤凰、陆美安、韩广、黄光炯等，纠集反动武装1000多人枪，分六路四面包围四弄的内香、更闵、达兰、塘连、弄囚、下弄、布尧等村屯，黄书祥和黄永祺、李羡唐、苏锦盛等，指挥农军砌墙守卡要隘，血战抗击。激战两昼夜，寡不敌众，被敌攻陷。在敌强我弱的情况下，1928年2月下旬，黄书祥在都阳后背山的岩洞里主持召开农军骨干会议，决定将农军化整为零，分散隐蔽活动，待机袭击敌人。会后，农军对当地商会会长黄鸿文采取了先劝后逼的办法，“借”来了步枪子弹300余发，驳壳枪30余发。农军得到这批弹药后，继续开展伏击战、骚扰战，逼得追剿农军的敌军溜回果德县城并一度不敢进剿农军驻地。果德、那马、武鸣三县交界地带的革命斗争因而得到巩固和发展。为此，广西省政府于3月间又发出通令，悬赏缉拿黄书祥等人。黄书祥根据上级党组织的指示精神，坚决同敌人作斗争，注重抓好党组织的建设，在州圩江庄村开办了补习学社，培养并介绍了一批先进分子加入中国共产党。5月，黄书祥在那马主持召开那马县农民协会委员会议，决定成立那马县农民协会和那马县农民自卫军。从此，那马县农民革命运动进入了一个新的阶段。同年秋，中共果德县城支部成立，黄书祥任书记。12月，黄书祥等农军领导人指挥农军除掉了旧城区鱼肉百姓的“地头蛇”黄兆松。

1929年初，黄书祥经过深思熟虑后，决定组织那马、果德两县农军，在那马举行暴动，攻打国民党那马县政府。黄书祥部署就绪后，回果德调集农军到那马支援暴动。

7月8日，那马、果德两县农军500多人枪聚集州圩街。次日凌晨，黄书祥发布武装暴动动员令后，浩浩荡荡的农军向那马县城进军，兵分东南、东北、正北三路围攻国民党那马县城周鹿街。县长黄之胄闻风乘夜色弃城潜逃，农军攻进县政府，击毙财务科长黄绍科，俘虏敌官兵10余人，缴获步枪10支和大量银圆，并砸开监狱，释放被无辜关押的群众40多人。翌日，黄书祥宣布成立那马县临时革命工作委员会，李凤彰任主任。

（三）

1929年8月，执掌广西军政大权的俞作柏、李明瑞根据中共党组织的推荐，委任一批共产党人和进步人士担任左右江各县县长，黄书祥受任为果德县县长。上任后，他利用合法地位和身份，着手恢复果德的农民协会和农民自卫军，改造旧政权，清洗政府中的反动分子，安排一批进步人士到政府各部门任职，把县团队加以改造、整顿，牢牢掌握在自己手中。同时，在县城观音庙举办农讲所，训练果德、那马县农会农军骨干50多人，以充实各区、乡农会农军干部。同时还抓紧培养和发展新党员，建立党支部，使果德的农民运动又得以发展。

12月11日，黄书祥参加邓小平、张云逸领导的百色起义。百色起义宣告成立中国工农红军第七军，成立右江苏维埃政府。15日，黄书祥主持成立果德县临时苏维埃政府，苏锦盛任主席。是月中旬，果德县特支扩建为中共果德县委员会，黄书祥任书记。同时，农民自卫军改称为赤卫军，黄书祥兼任总指挥。12月下旬，黄书祥指挥安良、同仁、都阳、四弄、那良、新圩等地赤卫军500多人枪，攻打新圩塘能土豪陆美安。陆不堪一击，败逃八灵，赤卫军处决了黄吉直等4名士劣。

1930年2月，红七军主力到黔桂边游击，新桂系军阀又占领右江沿岸县城。桂系军阀那马五属区司令陆福祥委任叛变革命的黄玉灿为果德县长。一时，果德形成红、白政权对峙的局面，各区土豪劣绅乘机兴风作浪，大搞反攻倒算。为打击反动派的嚣张气焰，是月下旬，黄书祥与黄永祺等率领赤卫军再次攻打果德城，活捉上任不到十天的反动县长黄玉灿，枪毙了黄玉灿和一批血债累累的土豪官吏。接着，黄书祥又率领赤卫军袭击了玻璃、都阳、平治等地的反动据点，没收大批浮财和粮食用于补充军饷和分给劳苦大众。

1930年2月22日，公鸡报晓，攻城总指挥黄书祥率领赤卫军进抵城下，由黄日晴率第二营设伏于西门、北门，黄永祺率四弄赤卫军营部署于东门，从城边至古炼一带，步步为营，层层设伏。拂晓，战斗打响。黄玉灿从梦中惊醒，急忙纠集随从兵丁，冲出东门向旧城老家方向逃跑。赤卫军穷追不舍，在驮六屯将躲入草丛中的黄玉灿抓获。并于当天在县城将黄玉灿枪决。事后，群众用壮话山歌讥讽黄玉灿：

玉胜就玉灿，笨蛋给黄成；

人讲他不听，丢性命马头。

黄玉灿做赫（县长），不到百恩（个）时；

赤卫军斗（来）围，丢这（放）旗连号。

1930年5月1日，右江苏维埃政府颁布《土地法暂行条例》，提出划分农村阶级成分的标准，没收土地财产及处理原则。黄书祥和县苏维埃政府主要领导人苏锦盛、黄永祺、赵树铭等，分别深入感圩的局平、果化的龙旧，龙马的都阳等进行土地改革试点，实行焚烧契约，没收地主的土地，按人口进行分配，佃农的佃耕地归自己种收，然后在全县铺开，许多地方焚烧了契约，丈量了土地，后因革命转入低潮而告终。

同年6月，红七军军部率第一、二纵队从黔桂边回师右江，收复右江沿岸的百色、奉议、恩阳、恩隆、思林、果德等县城。7月中旬，桂系军阀参与阎锡山、冯玉祥反蒋，蒋介石命令云南军阀龙云出兵占领南宁，抄桂系后方。滇军取道右江北岸，进军南宁。红七军为夺取其辎重，装备红军，在思林到果化山心一带山谷埋伏截击。黄书祥发动山心、三层更一带群众，支援后勤，为红军送水、送饭。同时率领果德赤卫军6个连600多人枪参加战斗。缴战5昼夜，滇军伤亡600多人后不敢恋战，搜掠果化沿岸民船搭浮桥，从果化渡口强渡右江，沿右江东南岸东下南宁，红七军亦回师平马整训。

（四）

1930年10月，红七军主力离开右江集中河池整编。11月，红七军第十九、二十师整编后挥戈北上，执行中央指令。韦拔群、陈洪涛率70多人回右江根据地组建二十一师。12月，黄书祥奉命与黄大权率领131名军政人员下果德、思林等县组建红七军二十一师独立团。当队伍来到思林县那海乡龙滩弄场时，遭叛徒黄承权、黄玉臣伏击。经过一天激战，连长容德全等10多人牺牲。黄书祥率队突围后，到思、果交界的古芬一带活动，组建独立团，并任团长。独立团成立后，果德、思林、向都、那马等县武装斗争出现了新的局面。随后，黄书祥带领果德、思林、向都等县的广大军民在四弄、布竹、布甘、那供、三层更、龙旧等地开办兵工厂，制造枪支弹药，补充红军、赤卫军的装备。

1931年2月，桂系军阀乘果德独立团刚立足之际，派兵大举进犯果德、思林、向都等县。黄书祥、黄永祺等在都阳村后山的“中山洞”开会，决定分小股武装，开展游击战争，相继打击敌人。4月，桂军苏新民团一个营，残酷扫荡向都巴麻革命根据地，抓捕黄显录等10多个青年，并将其关押于向都县城，逼他们供出我地下革命活动情况，还逼他们出“红钱”缉拿红军和赤卫军领导人，限期交钱，扬言过期不交就要枪毙，当地群众迫切要求营救。7月10日，黄书祥在思、果两县交界的弄那召开果德、思林、向都三县军事领导人会议，研究营救事宜。会议决定成立临时指挥部，黄书祥任总指挥，调集独立团和三县赤卫军1400多人，武装攻打向都县城。7月11日，独立团和果德、思林、向都三县赤卫军在黄书祥的指挥下，分两路攻打向都县城，国民党向都县长农树芬闻风弃城而逃，守敌不战自溃，营救成功。不久，桂军韦云松师一二七团反扑，红军和赤卫军亦撤退，分散活动。12月，根据斗争需要，红六十二团与独立团合并，保留六十二团番号，滕国栋任团长，黄书祥任政治委员。

1932年4月，中共右江特委、红七军右江独立师党委决定，分批派出力量，跳出敌人包围圈，到外线作战，牵制敌人，以减轻东、凤中心区的压力，下旬，右江特委委员、独立师党委常委、副师长黄明春（松坚）和黄大权率领20多名干部到右江下游，在古芬与黄书祥、滕国栋会合，研究筹建右江下游临时党委。经过一段时间的紧张筹备，6月8日，中共右江下游临时委员会在果德县三层更巴独屯古芬村后山岩洞（后称“革命洋楼”）成立，黄书祥当选为委员。同时还成立右江下游革命委员会，黄书祥任委员。1932年秋、冬，韦拔群、陈洪涛被叛徒出卖相继牺牲。由于中共右江特委被破坏，为负起领导整个右江地区的革命斗争重任，1933年1月上旬，右江下游临时党委在龙塘洋楼岩召开党委扩大会议，决定将中共右江下游临时委员会改为中共右江下游委员会，黄书祥继任委员。这期间，红七军处境十分险恶，黄书祥非常注意部队的气节教育，他亲自编写《党员须知》手册，发至各党支部学习。他还开怀挥笔赋作一首气壮山河的战地诗歌，以此激励自己和战友们保持革命英雄气概和革命乐观主义精神。诗曰：

军号划破长空，工农马强兵壮。
叱咤风云气慨，奋勇直前立功。
顽敌炮火狂轰，我军更显威风。
摧枯拉朽势壮，魔尸塞野填空。
将士一心体同，平等是我军容。
临阵身先士卒，敌敢轻举妄动!?
跋山涉水住洞，欢谈饮露餐风。
艰险亘古未有，敢夸民族英雄。

韦拔群、陈洪涛牺牲后，国民党反动派加紧追捕右江各地革命领导人，千方百计瓦解红军、赤卫军，妄图将革命星火彻底扑灭。广西当局电令右江各级政府，不惜代价出赏购置右江革命领导者，其中悬赏1000块大洋购缉黄书祥。一时，右江革命根据地处处腥风血雨。逆境中，广大革命者坚定革命信念，不屈不挠地英勇战斗。但是，也有少数革命意志薄弱者，丧失信心甚至叛变革命。原思林县苏维埃政府主席黄金境便是其中之一。他原随红七军主力北上，在广东乐昌县被敌俘关押，经当地地下革命组织营救获释，回到乡里，提出取回已分给群众耕种的黄家族田，变卖购买枪支。黄书祥按照右江下游党委的指示，对黄金境进行劝说教育。黄金境不但不听劝告，反而怀恨在心，抽出驳壳枪对准黄书祥，瞪着血红的双眼威胁说："我要回我祖宗的田，关你东兰人什么事!"黄书祥针锋相对，也拉出驳壳枪对准黄金境，厉声喝道："你这样干，是叛变行为，你要革命，还是要搞反革命?!"在这一触即发时刻，在场的同志急忙把黄金境拉开，才避免了事态的恶化。但黄金境已怀恨在心，这为黄书祥后来的革命活动埋下了隐患。

1933年5月6日（农历4月12日）晚上，黄书祥和黄松坚等到思林县竹梅乡那徐屯开会。当晚开完会，黄松坚叫他上山宿营，黄书祥说还有一些事情要办，让黄松坚先走，并约定十二点以前回到山上。黄松坚回到山上，交代驻地的同志说："书祥十二点钟左右回来，你们不要乱开枪。"由于黄书祥风湿病发作，行走不便，当晚便独自留宿那徐屯过夜。黄金境知悉，立即告密国民党思林县当局。7日凌晨，思林县长何简章派警备队长陈祖仁率警兵、团丁100多人到那徐屯围捕。黄书祥突围出村，与敌人对打，子弹打完了，把枪拆散丢了，敌人来抓他，他赤手空拳与敌人搏斗，最后壮烈牺牲。残暴的敌人割下他的首级带到思林县政府报功，然后送到南宁领赏。

黄书祥牺牲时年仅34岁。他在短暂的革命生涯里，为果德、那马、思林等地播下了不灭的革命火种，最后为人民的解放事业献出了一腔热血。

黄书祥牺牲后，果德县赤卫军常备营号召广大军民要继承先烈遗志，踏着先烈的血迹继续奋斗。不久，右江下游党委书记黄松坚下令，由赵世同组织力量除掉叛徒黄金镜。同年9月的一天晚上，杀害黄书祥的罪魁祸首黄金镜被赵世同带领的武装人员处决。

覃孔贤

（1895～1931）

覃孔贤是东兰农民运动的主要领导人之一，他一生忠诚正直、追求真理、英勇善战、身先士卒，从一名普通的爱国知识青年成长为坚定的共产主义战士。他的一生是革命的一生，战斗的一生。

（一）

覃孔贤，字哲臣，壮族，1895 年出生于广西东兰县都邑哨坡豪区苏先屯一个壮族农民家庭，兄弟姐妹四人，他排行老二。父亲覃凤文，为人忠厚、生活俭朴、勤劳耕作，生活渐渐地富裕起来。覃孔贤从懂事起，就进村里的私塾读书，他生性聪敏，明白父母的良苦用心，为不辜负他们的养育之恩，他不几年便能背诵《千字文》《百家姓》《幼学》《四书》《左传》等书，还能写一手好文章，每逢过年或村屯邻里婚嫁办喜事时，他都逐字逐句地琢磨先生所写的对联。一年年关，有位先生来到苏先屯挨家挨户地写对联，到了村头的二伯家，老先生颇有些才力不支，提着笔喃喃吟哦："门庭清洁……"，半晌，仍摇头不语，"不妥，不妥。"在旁的覃孔贤见到先生冥思苦想找不到适当的词句，他便以苏先两侧有座拔地而起的山峰，前后是一片茂密的竹林，高山与竹林簇拥着这20来户人家的优雅风景为题，触景生情地对先生说："先生，何不就写'门庭清洁鸟鸣千杆竹?'"老先生不觉一怔，望着这瘦小的孩童，大喜过望，连连点头说："好！好！下联呢?"覃孔贤得到先生的鼓励，稍加思索，望了望先生，小心翼翼地说："下联能否用……'家道泰昌龙虎双护珠?'"联语虽落窠臼，但出自十岁孩童之手，也就十分难能可贵了，自此以后，老先生逢人便夸孔贤："秀慧在诸童之上，日后定有出息，光宗耀祖非此儿莫属。"

覃孔贤由于勤奋学习，刻苦用功，1907年便以优异的成绩考取东兰县立高等小学堂。这是一所新学堂，课本内容较过去新鲜，学堂里有几个老师是外地人，他们年轻气盛，有激进思想，经常跟学生讲述国际国内形势，宣传改良维新和太平天国革命、义和团英勇反帝斗争，康有为、梁启超的维新变法以及仁人志士抛头颅、洒热血的事迹，这些在覃孔贤纯净的心灵里留下了深刻的印象。同时，他亲眼看到兵匪豪强横行乡里，官绅巧取豪夺，各种捐税多如牛毛，农民生活在水深火热之中，这些残酷的现实，使他萌生了劫富济贫的思想。1915年，覃孔贤又以优异的成绩考取广西省立桂林第二师范。在校期间，他广交朋友，接触社会，不仅学到了新的知识，还开始接受民主革命的思想。

1918年，唐智生的军队打到桂林，学校被迫停课，师生各奔前程，覃孔贤也只好回到东兰家乡。次年秋，他来到东兰县立高等小学任教，希望通过教学给学生传授进步思想，以报效国家，但是，学堂已被一些循规蹈矩的封建遗老遗少把持，他们对社会的黑暗、人民的疾苦无动于衷、麻木不仁，给学生灌输封建思想，学校空气陈腐，对覃孔贤的新套套根本不理，并四处攻击。覃孔贤陷入报国无门、救民无路的困境，只好辞职回乡务农。当时，进驻东兰的老桂系军阀刘日福部队其部下周六与坡豪团局覃永芳勾结，在沿红水河一带打家劫舍，掳掠财物，沿河群众深受其害而无处申冤，莫不谈匪色变。覃孔贤回到家乡了解情况后，决定给土匪一次教训，为民除害。1920 年 3 月，覃孔贤与其哥覃孔修组织本村青年在渡亭渡口袭击这伙匪徒，将缴获的脏物退回被害群众。这一行动，沉重打击了土匪的嚣张气焰，使他们再也不敢仗势抢劫群众的财物了。1921 年夏，覃孔贤在坡豪区拉丘屯得知，县知事蒙元良派其弟带数十名警兵，以抗税为由围攻切桑屯，便组织覃孔吉、覃致林等 10 多人枪伏击，把蒙打退。

可是事隔不久，周六勾结县官，打着护商队旗号，带一伙官兵杀气腾腾来到苏先屯，进行残酷的劫洗报复，一把火烧了覃孔贤的家，抓走了其兄覃孔修，并把覃孔修的一只耳朵割下来。覃孔贤具状陈述匪患，据理力争，县官不得不放了覃孔修。这一劫难，覃家大伤元气，不久便搬到河西苏托屯居住。这一事件，更激起覃孔贤对黑暗社会的愤慨，他常说，这个不公平世道非改变不可，不然人民便无安宁之日。

（二）

1921 年 9 月，外出寻求救国救民之道的韦拔群来到苏托屯会见旧日同学覃孔贤，把几年在外游历所见所闻，详细地向他作了介绍，并指出，目前全国局势混乱，国外帝国列强侵略瓜分，国内各派军阀割据争雄，地方官吏贪污腐化，土豪劣绅鱼肉乡里，政治黑暗腐败，要挽救中国解除民痛，唯一的办法是实行孙中山主张的必须实行社会革命，非革命便无出路。听了韦拔群一席话，覃孔贤迷惘朦胧的思想豁然开朗，几年的苦闷一下子烟消云散。他觉得拔哥的游历广、见识多，看问题比自己清楚透彻，真是“十年读书不如一年游历广”啊。随后，覃孔贤跟随韦拔群从事农民革命。他以教书的名义串联发动附近的青年群众，开办夜校，宣传革命主张，培养骨干，同时还组织演讲团、山歌队到板升、大同、坡豪、莫广（今属长乐）、坡宁（今隘洞纳克村）等圩场进行宣传，揭露社会的腐败黑暗，号召劳苦大众团结起来，开展斗争，铲除军阀，打倒贪官污吏、土豪劣绅。通过宣传，都邑区的群众很快就发动起来了，并组成了一支有十多人枪的农民武装队伍，至此，都邑等地的革命火种逐步形成燎原之势。

为了更广泛地发动群众，组织农民武装，壮大革命力量，1922 年 9 月，韦拔群趁重阳节登高游览之际，串联各地青年 180 多人，聚集在武篆东里的银海洲上集会，覃孔贤带都邑区十多个青壮年参加了这个同盟会。会后，覃孔贤带队返回都邑，宣传发动群众，购置枪支弹药，很快，都邑区的农民武装由原来的十多人枪发展到一百多人枪，成为以后东兰农民自卫军的一个重要组成部分。1923 年春，在国民自卫军的基础上，成立了东兰县农民自卫军，韦拔群任总指挥，下有武篆、兰泗、都邑、长江等区农军，都邑农军由覃孔贤任指挥。

东兰农军成立后，在“公民会”的领导下，进行了“改造东兰”“实行社会革命”的尝试。当时，盘踞在东兰县城的韦龙甫，是全县最大的一个恶霸。覃孔贤通过深入细致的调查，启发群众提高觉悟，向公民会上书控告韦龙甫的罪行，仅半个月时间，都邑区的群众写的控告信就达 300 余件。加上长江等区，公民会收到的控告竟达 500 余件。根据群众的要求，韦拔群等公民会领导人决定组织一次大规模的清算斗争。6 月 26 日，韦拔群组织公民会骨干 100 多人到县城清算韦龙甫，覃孔贤率都邑农军共 50

多人参加了这一行动。因遭到驻军营长罗颂纲出兵镇压而失利。这件事使公民会的领导认识到，要打倒土豪劣绅，光靠说理是不成的，要取得斗争的胜利，必须拿起枪杆子和他们真刀真枪地干。于是，公民会决定武装攻打东兰县城。7 月 1 日，东兰农民自卫军 400 多人分四路进攻县城。覃孔贤率领都邑农军为第二路（东路），从同拉方向向县城进攻。是夜，突然下起大雨，农军武器被淋湿，战斗力顿时锐减，东路覃孔贤率部多次冲锋，但无法突破霸陵桥守敌的强大火力封锁。南路（武篆农军）因河水上涨受阻，没能及时配合其他各路，同时牺牲了几位农军，农军只好撤退。

7 月底，四路农军近千人第二次攻城，因敌人增派了兵力，敌众我寡，武器低劣，行动不协调，攻城逐告失利。9 月，罗颂纲营奉调百色，东兰城内只有县警把守，防卫力量薄弱。10 月，韦拔群在武篆召集黄大权、牙苏民、覃孔贤等各路农军指挥员开会，总结前两次攻城失利的教训，制定第三次攻城的作战方案。10 月 21 日，四路农军 1000 多人星夜将县城团团围住，占据有利地形，集中优势武器和兵力，对付敌人三个炮台守敌，正面钳制敌人。次日拂晓，全线一齐开火，敌人凭借城墙顽强抵抗。覃孔贤亲自带大刀队沿县衙围墙边，搭梯越墙，打开县衙大门，农军杀声震天，冲入城内，县知事蒙元良和团总韦龙甫趁黑夜从后龙山逃跑，县警大部投降，县城终于被攻下了。当时有一首山歌这样歌颂四路农军攻城的情景：

苏民下到后龙山，喊捉龙甫立头功；
孔贤进攻上拉同，口号震天四面冲；
大权带队顺河下，拔群指挥破衙中。

此役，覃孔贤身先士卒，冲锋陷阵，率大刀队攻破衙门，韦拔群亲自编一首勒脚歌表彰其绩：

青天白日满天红，拂晓冲锋破衙牢；

四面农军齐冲上，衙里劣绅夹尾跑。

孔贤带头破一路，劣绅亡命赶快逃；

青天白日满天红，拂晓冲锋破衙牢。

要是我们不误会，定捉劣绅在衙牢；

四面农军齐冲上，衙里劣绅夹尾跑。

三打东兰县城的胜利，沉重地打击了封建的反动统治，显示了农民武装的强大力量，揭开了右江农民武装斗争的序幕。

（三）

农军三打东兰县城后，驻田南道的桂系军阀刘日福及东兰的贪官土劣相互勾结，诬蔑韦拔群领导的农民运动为“吾隘劳农社会党作乱”，呈报省长张其锽，省政府下令刘日福部武装镇压东兰农民运动，通缉追捕韦拔群、陈伯民、黄大权、牙苏民、覃孔贤等农运领导人。为了保存革命力量，农军只得化整为零，分散隐蔽，革命转入低潮。

1924年秋，韦拔群、陈伯民赴广州农民运动讲习所学习，覃孔贤奉命与牙苏民、黄书祥等农运领导人留在东兰坚持革命斗争，覃孔贤按照韦拔群的指示和嘱咐，在都邑一带坚持不懈地领导群众开展革命活动，组织小股农军进行武装斗争。

韦拔群、陈伯民离开东兰后，反动派为了达到镇压农运和分化革命阵营的目的，企图以高官厚禄收买覃孔贤。他们趁成立团务总局之际，演出一幕由“地方人士”票选正副局长的闹剧，“票选”结果，陈儒珍为局长，覃家骥、覃孔贤为副局长。陈儒珍以老同学出面，把委任状送到坡豪，在商贩白家设宴，邀请坡豪劣绅作陪，力劝覃孔贤出任。覃孔贤拒绝受任，并揭穿他们的阴谋，正色地对陈儒珍说：“孔贤追随韦拔群革命，不图飞黄腾达出人头地，志在打倒恶霸劣绅，拯救民于水火之中，团务总局乃当鹰伏，涂炭百姓，与民为敌之事，孔贤决意不为，望聘三（儒珍）兄不必费心。”言罢拂袖而去。陈儒珍无可奈何，只好独自回县城就职。

1925 年 5 月，韦拔群、陈伯民以中央农民部特派员的身份从广州回到东兰继续从事农民运动。6 月，韦拔群来到苏托，会见覃孔贤，就如何继续开展革命斗争作了具体部署。他说：“这回我们要大干一场，打出个满地红来。”韦拔群的话给覃孔贤很大的鼓舞，使他充满胜利的信心。根据韦拔群的指示，覃孔贤便以原来的小股农民武装为基础，重建农民自卫军，召集青少年骨干组织学生军，到大同、板升一带进行宣传，传播革命思想，组织农民协会，发展农会会员，农民运动在都邑区一带又很快活跃起来。

农民运动的再度兴起，又一次惊动了反动当局。8 月，陈儒珍又到坡豪会见覃孔贤，劝他不要煽动民众骚乱，要与政府合作，共同维护地方秩序，覃孔贤当面揭穿陈儒珍的阴谋，奉劝他不要为虎作伥，否则人民是不会饶恕的。一席话说得陈儒珍大汗淋漓，无以对答。11 月，韦拔群、陈伯民在武篆善学乡北帝岩（现列宁岩）开办广西东兰第一届农民运动讲习所，培养农民运动骨干。覃孔贤从都邑区各乡选派了 10 多名青年前往学习，并嘱咐他们到农讲所后，要认真学习，掌握革命理论，不辜负父老乡亲的期望。在这段时间里，覃孔贤在都邑区继续宣传发动群众，组织农民协会加强农民自卫军的建设，到这年底，都邑区农民自卫军已发展到 300 余人枪。

1926 年 2 月，桂系军阀派龚寿仪团配合东兰县知事黄守先，对东兰农民运动施以血腥镇压，制造震惊省内外的“东兰农运惨案”。韦拔群率农运领导骨干及农军转入西山坚持斗争，在弄京成立了东兰县革命委员会，韦

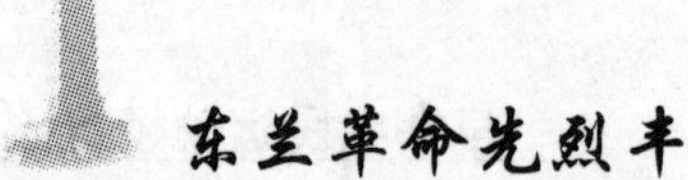

拔群为主任，覃孔贤等为委员，为适应斗争的需要，革命委员会将农军分散成“锄奸团”，以小分队进行活动，严惩杀害和剿捕革命群众的反动分子，与敌人展开针锋相对的斗争。

当时，都邑区有个恶霸名叫韦家隆。他伙同板合村土匪韦显伦，为非作歹，捕杀革命同志。是年3月，他们带10多人枪到坡豪圩，企图捕杀正在搞宣传活动的覃孔贤等人。在群众的掩护下，覃孔贤等人得以脱险。他们抓不到人，便到桥登屯一把火把覃孔贤家的房子烧了。为了扫除障碍，5月初的一天，覃孔贤带几个“锄奸团”成员，自藏刀刃短器，到华六屯韦家隆屋外埋伏，乘夜深人静，破门而入，覃孔贤一个剪步冲入房内，正和刚从大烟床上挣扎起来的韦家隆撞个正照面。覃孔贤眼明手快，抓住韦家隆的衣襟，一手将尖刀向他的胸膛刺去。韦家隆连一声“妈”都来不及叫，便到“阎王爷”那里报到去了。与此同时，覃孔吉等人也在堂屋将从厨房持枪跑来救韦家隆的韦显伦结束了，前后不到一刻钟，便铲除了两条恶魔，缴获驳壳枪、步枪各1支。惩处了韦家隆、韦显伦后，土豪劣绅的嚣张气焰被打了下来，再也不敢兴风作浪了。

为了开展更大规模的军事斗争，同年5月，东兰县革命委员会在锄奸团不断扩大的基础上，恢复了农民自卫军，韦拔群任总指挥，下辖都邑、武篆、兰泗、长江等四路农军，覃孔贤仍任都邑路农军指挥。为了激发人民的革命热忱，反抗土豪劣绅、贪官污吏的剥削压迫，覃孔贤写了一首指名道姓揭露韦志等土豪劣绅罪行的《土豪劣绅四字经》：

韦志首匪，放肆杀人；

子槐武夫，烧掳平民；

儒珍可恶，反顺奸人；

鼎伯似虎，任意横行；

瑶甫武篆，恶贯满盈；

谓春兰木，没有人情；

家隆杀死，都邑稍平；

显云逃去，武篆安宁；

英读保昌，鬼怪玉廷；

东兰糜烂，总在他行。

这《四字经》写成之后，立即不胫而走，广为流传。

1926年6月，广西省农民部部长陈协五奉命到东兰调查“东兰农民惨案”，国民党右派及东兰土豪劣绅攻击他写的调查报告是“偏袒”、“庇匪”，“报告未必尽为事迹”，胁迫陈协五辞职，致使“兰案”未能得到解决。土豪劣绅乘“东兰农运惨案”未能解决之机，勾结县知事黄祖瑜，又多次与农军对抗。为了给敌人以有力打击。同年9月，韦拔群、覃孔贤、黄大权、牙苏民率领四路农军1000多人攻打东兰县城，原盘踞县城的土豪劣绅陈儒珍、杜瑶甫逃窜红水河之东的隘洞区，县知事黄祖瑜率随从逃往河池，随后即电省政府诬告韦拔群等人，砌词掩饰其蔽，禀请省政府派兵协剿。而韦拔群、覃孔贤等人，一面指挥农军扫荡各区土豪劣绅，保卫县城。一面通电广州国民政府，陈述：“冤狱未雪，继任摧残，依然如故，苛政比前犹甚。请派革命县知事接任，以拯救东兰农民于水火之中”。在中共广西党组织的努力和各界人士的大力支持下，迫使广西当局重新派人调查“东兰农运惨案”。

1926年10月，以陈勉恕为首的“东兰农运惨案调查委员会”再到东兰调查。陈勉恕到东兰后，在处理农案的同时，着手整理东兰县国民党党组织，重新登记国民党党员，把土豪劣绅、贪官污吏清除出党，重新组建东兰县国民党党部，覃孔贤等5人为委员，覃孔贤、陈伯民、牙苏民等为常委。至此，东兰国民党的党权全部掌握在革命者手中。11月5日，东兰县革命委员会在县城召开农民代表大会，成立东兰县第二届农民协会，同时撤销东兰县革命委员会，韦拔群任主任，覃孔贤为执行委员。从此，红水河东岸的农民运动在覃孔贤的领导下更加活跃，区乡农民协会进一步健全、巩固和发展。到1926年冬止，河东地区先后成立了都邑、莫广、坡豪3个区、26个乡的农民协会，会员达数千人。

1927年3月，覃孔贤与陈伯民、牙苏民代表国民党东兰县党部赴南宁出席国民党广西省第二次代表大会。会上，他们向各地代表介绍了东兰农民运动的情况。受到与会者的热烈欢迎与支持，并在大会日刊上发表了《东兰县党务报告》。

（四）

1927年4月，蒋介石发动反革命政变，桂系军阀李宗仁、白崇禧、黄绍竑追随蒋介石，叛变革命，在全省范围内实行白色恐怖，疯狂屠杀、追捕共产党人和革命人民，并悬赏通缉韦拔群、覃孔贤等二十三名农军领导人，其中悬赏800元通缉覃孔贤。

为领导军民进行反屠斗争，6至7月，余少杰在恩隆先后成立“三南总部”和右江农民自卫军指挥部。随后，韦拔群将右江农民自卫军第一路军整编为3个团，东兰农军为第一团，由覃孔贤和牙苏民指挥。8月，刘日福部黄明远营进占凤山县城，准备扑向东兰，为了反击来犯之敌，覃孔贤奉命率农军火速赶到长江与牙苏民汇合，从巴英往砦牙向凤山进军，配合廖源芳的第三团，围困敌军在凤山县城达余月之久。

10月初，桂军得知黄明远营受挫，便令刘日福师倾巢出动，另派第四师林廷华团、东兰县韦志、陈儒珍民团配合，大举进剿东凤农军，农军因枪支弹药不足而主动避开敌人撤回各地，开展游击。10月中旬，陈儒珍率民团进驻都邑区搜剿，他们所到之处，大肆烧杀掳掠。为了保存革命力量，覃孔贤则率领都邑方面的农军转入山区，与敌周旋。11 月 23 日，敌人在东兰县城召开有 64 人参加的军事会议（亦称“东兰县第一次全属团务会议”），讨论通过了继续搜剿“残余匪党”的法案。12 月 12 日，国民党广西省政府批准刘日福呈报悬赏通缉韦拔群、覃孔贤等 23 名农运领导人，其中出赏 800 元购置覃孔贤。

面对敌人的疯狂镇压与搜捕，韦拔群组织精干的暗杀队，开展游击战争。都邑方面的暗杀队由覃孔贤、陈锡元指挥，不断袭击敌军小股武装及地主民团。

1928 年 1 月，国民党清乡督办兵分两路，由民团司令韦志率领从水路、敌连长庞其芳从陆路大举进攻坡豪区苏先屯，覃孔贤命令陈锡元率部分暗杀队、农军赴苏托渡口拦截韦志，自己则率一部正面阻击庞敌，经过一天的激烈战斗，两支暗杀队和农军都因兵寡弹缺，最后只得退入苏先洞坚守，第三天，覃孔贤带大部分暗杀队、农军突围，留陈锡元和少数武装留守洞口，保护群众。当敌人发现覃孔贤等离开洞后，便加兵围困，群众再也无法突围了。覃孔贤出洞后，组织了多次救援战斗，终因寡不敌众，没有成功。同年 5 月，覃孔贤率农军在坡豪圩围攻局董覃斗南，覃建雄。打了一个上午，陈儒珍闻讯带民团增援，双方激战一个多小时，因敌众我寡，覃孔贤即令农军边打边撤回苏先屯，陈儒珍率众兵在后面追赶，农军退至海棠坡，覃孔贤命令队伍疏散，自己一个人倚在一块大石边，沉着地等待敌人上来。当敌人离他只有十几步的时候，他举起驳壳枪，连射两梭子弹，敌人丢下几具尸体，溃退回坡豪圩。

敌人多次军事围剿不能消灭覃孔贤，便收买一些流氓地痞，企图暗地捕杀。1929 年 4 月，覃孔贤带宣传队到莫广开展宣传工作，在返回途经长乐村时，有个姓詹的家伙便请覃孔贤等人到家吃饭，他左一个覃指挥，右一个覃指挥地喊个不停，覃孔贤见他如此，心里纳闷不解，他平时与姓詹的家伙并无多少来往，今天他突然这么热情，到底他的葫芦里装的什么药？覃孔贤到了詹家后便仔细观察，留心屋里的动静。入坐时，覃孔贤坚决不坐首席，而坐在侧面，斜对内屋房门，果然发现内屋有人。覃孔贤当机立断，对坐在旁边的覃孔吉、覃致林说：今天的情况看来很复杂，不晓得我们能不能吃完这餐饭，你们两个到老詹旁边坐，如果发生什么意外，要保护他的安全。说完抽出驳壳枪放在桌子上，姓詹的一见脸色渐白，哆哆嗦嗦地说："别动手，别动手，都是自己人。"吃完饭，覃孔贤说："我们要赶路了，还得麻烦老詹你送我们出村。"果然不出所料，他们走到村边，刚放走姓詹的，后面的枪声就响了。他们见覃孔贤等人早有准备，也不敢贸然追赶。后来，经过侦察了解到，姓詹的与敌人共同策划谋害覃孔贤，以换取赏银。不久，覃孔贤就派人将姓詹的秘密处决，为革命除掉了一块绊脚石。

（五）

1929 年，覃孔贤加入了中国共产党。这年 10 月中旬，中共东兰县第一次代表大会在武篆区那论村召开，覃孔贤作为代表出席了这次代表大会。同年 12 月 11 日，覃孔贤参加了邓小平、张云逸、韦拔群领导的百色起义。1930 年 4 月，坡豪区苏维埃政府领导人在弄则召开会议。覃孔贤因身染沉疴，背生大疮，行走不便，但他仍不顾重病缠身，由两个同志扶到会场。会中，他忍着病痛，认真听取大家的意见。为了扩大红色区域和巩固革命政权，覃孔贤指挥赤卫队扫清都邑、坡豪等区周围的残余反动武装。

1930 年冬，韦拔群率红军到都（安）河（池）东（兰）交界的板升一带开展游击，在返回东兰途中，专程到苏托看望覃孔贤。当时，覃孔贤的病情已经恶化，身体很虚弱，但他仍忍着疼痛，坐在床沿向韦拔群汇报都邑、坡豪地区的革命斗争情况，并为自己不能工作感到难过。韦拔群宽慰他安心养病，并建议他尽快转移到安全地带治病。离开时，韦拔群留下五块光洋做医疗费。韦拔群回到武篆后，又派人给他送去几服草药。按照韦拔群的吩咐，覃孔贤被当地革命骨干转移到山上安全的峒场合岩洞养病，在这期间，他仍十分关心着革命事业。由于病不断恶化，1931 年 4 月 15 日在长乐乡弄洁峒逝世，时年 37 岁。

省军级人物

覃应机

（1915～1992）

覃应机是中国共产党的优秀党员，忠诚的共产主义战士，人民解放军的优秀指挥员，人民的好公仆。他一生忠心耿耿地为党的事业不懈奋斗，鞠躬尽瘁，死而后已。

（一）

覃应机一家所在的巴纳村，是东兰县最大的村庄，当时比县城还大。村中有不少人外出做事，和外界有着各种各样的往来和联系。在这些人当中，一些进步青年早就与韦拔群有交往，当韦拔群在东兰各地发动农民运动之时，村中的父老乡亲们便和附近各村的农民相互联络，应时而动，组织农民协会，进而组织农民自卫军。因此，当覃应机还很小的时候，就听到流传在乡里的许多几近神话的革命故事：武篆区东里屯有个韦拔群，无论男女老幼都尊称他为"拔哥"，他专为穷苦人想事做事，他有许多许多的穷朋友，亲密无间；他厉害得很，拥有好多的炸弹，能炸平东兰县城；他还会打枪、造地雷，要打谁就能打倒谁，他有大刀队，神出鬼没，贪官污吏、土豪劣绅对他怕得要死，听到他的名字脸都要变色。这些极富传奇色彩的故事，对覃应机很有吸引力，他常常听得津津有味，有时甚至废寝忘食。在他的心里，充满着对拔哥的深深敬意，他多么希望能有机会见见他啊！这些革命故事，为覃应机以后走上革命道路，并义无反顾地跟着党走，起了很大的推动作用。

一天，覃应机看到家里来了一位中等身材、衣着朴素的陌生大哥哥，正和叔伯堂兄覃应标、胞兄覃应物亲切地交谈。两位兄长告诉他，这就是拔哥！覃应机一下子愣住了，心里高兴得怦怦直跳，两眼久久地注视着拔哥那和蔼可亲的面容。后来，他才知道，他的两位兄长原来是拔哥的亲密战友，他们早就在一起并肩战斗，从事革命活动了。

1925 年，覃应机 10 岁，拔哥从广州农民运动讲习所回来。这次回来，跟以前大不一样，他说不仅要打土豪、除贪官，而且还要打倒军阀，打倒帝国主义……在拔哥的领导下，东兰、凤山一带的农民协会逐渐建立起来。同年 11 月 1 日（农历 9 月 15 日），广西农民运动讲习所在东兰武篆北帝岩开办，覃应机所在的纳合乡的农民协会也在 1926 年成立了。这一切预示着一场革命风暴即将来临！

纳合乡的农民协会成立后，会员们扛着鸟枪、提着大刀，到附近的凤凰乡打土豪劣绅。在斗争中，农民自卫军逐渐发展起来。

看着农运搞得热火朝天，覃应机的心里痒痒的，怎么也憋不住，几次跑到农会吵着要参加农民协会和农民自卫军。由于年纪太小，总是得不到批准。后来，在拔哥的指导下组织了劳动童子团，覃应机总算有了参加的机会，他开始从事童子团的工作。

劳动童子团是一个少年儿童的群众组织，除了经常进行军事操练，还协助大人们进行革命宣传，印传单、刷标语、散发传单。大人们上台演讲，他们就帮着搬搬桌椅，做些力所能及的事情，还参加禁大烟的活动。不管哪个抽大烟，童子团都敢收他们的烟枪。当然，他们敢于这样做，是因为有农会和农民自卫军在背后为他们撑腰。

拔哥等领导同志对童子团很关心，经常教育童子团要学文化，积极组织少年儿童参加夜校学习。当时，童子团上夜校的积极性都很高。这一段夜校的学习，使覃应机认得了不少字。

1927 年，蒋介石叛变革命，发动了“四・一二”反革命政变，在全国实行大屠杀，轰轰烈烈的大革命陷于失败，全国革命转入低潮。而以东兰、凤山为中心的右江和红水河地区的农民运动却仍然处于高潮，革命农民在韦拔群等同志的领导下，继续坚持艰苦卓绝的武装斗争。1929 年俞作柏、李明瑞在广西主政后，中共中央先后派遣邓小平、张云逸等同志到广西领导革命斗争，帮助俞、李推行一系列进步措施，对左右江地区的农民运动更产生了巨大的推动作用，各地纷纷组织农民武装斗争。

1929 年 1 月，14 岁的覃应机作为童子团的骨干，被推荐到东兰县劳动小学读书。这是一所完全区别于旧式学校的新型革命学校，覃应机在这里学习文化，同时还学习政治。那时，拔哥在劳小办公，他非常关心学生的成长，有时亲自给他们讲课。也就是在那时，覃应机认识了拔哥的弟弟韦菁。韦菁是一位很有才能的优秀青年干部，各方面给了覃应机很大的帮助，并在他的介绍下，覃应机秘密参加了 CY（共青团）。

覃应机入团后，和覃士冕、黄宪谋三人在一个小组。他们一边学习，一边开展革命活动。这使覃应机逐步接受了许多朴素的革命道理。

由于革命形势的迅猛发展，农民自卫军和农民协会都扩大了组织。1929 年 8 月以后，劳动小学的一些同学陆续参加了农军，覃应机也不失时机地报了名，并得到了批准。参加农军后，覃应机被派到三石区，担任了一段时间的劳动童子团的区团长。

1929 年 11 月，覃应机奉命随农军离开东兰，经凤凰、仑圩到达百色参加百色起义。12 月 11 日，百色起义胜利举行，成立了中国工农红军第七军，覃应机成了红七军第二纵队第二营的一名红军战士。从此以后，覃应机便在人民军队这座大熔炉里，经受种种磨炼和考验，并逐步成长起来。

（二）

在红七军第二纵队第二营，覃应机在营部当营长冯达飞的勤务员，并担任营士兵委员会的委员。冯达飞是广东连县东坡镇人，1924 年入党，是黄埔军校第一期学生，参加过讨伐陈炯明的第一次东征，后来又到莫斯科航空学校和苏联高级步校学习。回国后参加过广州起义，为革命立下了不少战功。覃应机在二营听到不少有关冯达飞的故事，能在他身边工作，覃应机感到非常高兴。红七军实行官兵平等，大家都拿一样的薪饷，上下级关系很好。冯达飞知识渊博，能文能武，他常给战士们讲革命的道理和故事，有时还教他们识字。他关心战士，战士也非常尊敬和喜欢他。

部队驻扎平马时，在工作和训练之余以及假日，覃应机和连队及兄弟单位的战友们不时来往、玩耍，他因此认识了黄荣等不少新战友。同时，由于在营长身边工作，他也认识了邓小平政委、张云逸军长和李明瑞总指挥等首长，从而大大增长了见识和才干。

1930年10月，红七军的三个纵队奉命集中河池整编，11月7日召开了红七军的第一次党代会，传达了中共中央的指示，准备集中部队去攻打桂林、柳州、广州，迎接中国革命的新高潮。8日，举行了整编授旗大会，红七军各部7000多人，整编为三个师，并接受了邓小平、张云逸、李明瑞和中共中央南方局代表邓岗等领导人的检阅。覃应机所在的部队整编为第二十师五十八团第二营，覃应机担任营部的传令兵，后来又奉调到师部当勤务兵。

整编后，韦拔群把原来第三纵队的精良武器和优秀指战员都交给了主力部队，自己带着红七军第二十一师的番号和几十名年老体弱的战士编成特务连，回到东、凤坚持右江革命根据地的斗争。11月10日，红七军第十九、二十两师的7000名健儿离开河池踏上了北上的征途。

离开了右江革命根据地，没有了后方，失去了群众的支持，红军天天行军打仗，仗打得很苦。红军在打湖南武岗时，由于不清楚敌情，当地群众受反动派的宣传影响很深，敌人凭着坚实的城墙和湍急的河流护卫，激战了六天六夜，后来国民党湖南省主席何键又派了8个团的兵力和两架飞机来增援，再恶战下去，红七军必将陷入被动挨打的境地，于是迅速撤出战斗，甩掉敌人，经新宁重新进入广西。武岗一役，红七军又牺牲四五百人，年仅25岁的第五十五团团长何莽也牺牲了。

连续的艰苦行军作战，特别是对家乡的留恋，有一些人开了小差。那时出全州离开广西，就如同要到外国去似的，许多人都不愿意，与覃应机同一个村子的差不多回去了一半。副营长韦瑞求与覃应机是同一村子的人，他后来也离开了队伍。当时韦瑞求问覃应机："你想不想回去?"覃应机回答说："我是个共青团员，什么也不怕，不管遇到什么情况，我坚决跟队伍走!"

然而，老天好像故意要考验覃应机似的。从全州一出发，覃应机就病了，双腿浮肿，肿得连迈步都没办法。为此，覃应机忍不住有生以来第一次哭了。可是老同志们安慰他，帮助他，又是挖草药，又是煮药水给他洗脚；营长冯达飞也鼓励他，并把自己的骑马让给他骑。靠着同志们的阶级友爱，覃应机竟慢慢康复。

由于连续行军作战，加上天寒地冻，指战员衣着单薄，红七军抵达贺县桂岭时已严重减员，由原来出发时的7000多人减到了3000多人。为了便利指挥，增强战斗力，红七军在桂岭进行了整编，将原来的红十九、二十两个师缩编为两个团，所有的干部都降级使用，总指挥李明瑞亲自兼任第五十八团团长。

1931年1月，部队到达冯达飞的家乡广东连县东坡镇，由于冯达飞在家乡的影响和他积极开展宣传活动，使部队在当地顺利地筹到了军饷。

离开连县后，红七军经乳源到了乐昌梅花村，在这里碰上了湘粤两省的国民党军阀部队。面对数量和装备都占优势的敌人，红七军在这儿打了北上途中最惨烈、悲壮的一仗。指战员以一当十英勇奋战，杀得粤军邓辉模范旅鬼哭狼嚎，尸横遍野。这一仗从上午一直打到黄昏，红七军歼敌1000人，自己也伤亡700多人，深受广大战士敬爱的原红二十师师长李谦也在激战中英勇牺牲了。

2月初，红七军冒着雨雪，昼夜兼程，经瑶山到达乐昌的杨溪渡口，打算从这里渡江北上江西，当时江边只有一条小船，每次只能渡三四十人过河。由于有来自韶关、乐昌两路优势敌人的袭击，尽管有邓小平与李明瑞率领的第五十五团在河对岸死死抵御敌人，部队仍未能全部顺利渡江，到下午四点多钟，张云逸军长果断下达命令，未渡河的队伍由原路退回大坪。从此，红七军被截为两部分。

退回大坪的红军决定到江西中央苏区去和中央红军会合。当时，覃应机调到了军部当传令兵。在张云逸军长的率领下，第五十八团在乐昌河的上游找到了一个偏僻的渡口，乘夜过了河，终于在2月中旬进到湖南酃县苏区黄泥潭，进入了湘赣苏区。

（三）

进入湘赣苏区后，红七军第五十八团于1931年3月中旬在酃县十都圩附近与湘赣红军独立师第三团会合。然后向江西永新进军，途中遇到湘赣独立师政委滕代远，于是联合作战，打了一个胜仗。之后，红五十八团和湘赣独立师第三团到达江西永新，与红二十军会师。接着，联合打下吉安县的永阳镇。然后回师永新。同月，覃应机经陆绍斌介绍，加入中国共产党。

3月下旬，李明瑞总指挥率领第五十五团克服重重困难抵达永新，与红五十八团胜利会合。此后。覃应机被调到第五十五团三连任排长。不久，红七军攻占茶陵县城，和红二十军、湘赣独立师一起攻打安福，敌军惨败。这是红七军赣西会合后打的第一个大胜仗，打乱了赣西敌人的阵脚，极大地鼓舞了湘赣边区军民，为配合中央红军粉碎敌军的第二次“围剿”做出了贡献。

7月11日，红七军东渡赣江，进入中央苏区。13日抵达兴国县城，受到当地党政军民的热烈欢迎。7月22日，红七军在于都县桥头镇与红一方面军第三军团胜利会师。从此，红七军被编入由彭德怀任总指挥的红三军团，成为中央红军的一部分。不久，红七军扩编，下辖第五十五、五十六、五十八团三个团。军长为李明瑞，政委为许卓，参谋长为张云逸。扩编后，覃应机被调到第五十六团八连任连青年干事，同时担任士兵委员会委员。团长是卢绍武，政委为陈漫远。

以后，覃应机随红七军投入中央苏区的第三次反“围剿”作战。在东固，红七军打了一个大胜仗，仅两个来小时就歼灭了敌韩德勤的第五十二师和第九师的一个炮兵营。由于在这次反“围剿”作战中，红七军勇猛神速，连战皆捷，覃应机与许多红七军的指战员一样，在自己的雨帽上写下了“百战百胜”四个大字。

1932 年 1 月，中央红军主力攻打赣州，红七军负责攻打东门，覃应机所在的第五十六团第八连参加挖坑道。赣州是赣南重镇，三面环水，河宽流急，城墙高大而坚固，易守难攻，俗称“铁赣州”。要打下赣州，必须爆破城墙，指挥部决定由八连在城墙外面向墙根挖地道，实施爆破。地道挖好后，覃应机又被选为攻城先锋队。但由于计算失误，再加上要放炸药的两个爆破点的爆破时间不一致，攻城受挫，致使先锋队人员伤亡不少，覃应机被埋在城墙下达一天一夜才被人挖了出来，腿部负了重伤，被送进医院治疗，一个多月后方伤愈出院，真可谓大难不死。

在中央苏区，覃应机较长时间地担任连队和团部的青年干事，这个工作对他是一个很好的锻炼。当时，红军连队中的青年工作非常活跃，作战之余，他们经常举行体育运动和其他内容的竞赛活动，借此加强部队的思想政治工作，活跃部队的文化生活，提高部队的战斗力。

1933 年初，经上级组织的严格审查，覃应机被选调到红三军团保卫局工作，局长为张纯清。保卫局下设侦察部、执行部、总务科、技术书记等，并直接领导各师、团、营特派员和情报工作网。覃应机在侦察科任科员，科长是陈复生。

同年 2 月，中央苏区正在紧张进行第四次反“围剿”作战，红三军团主力部队集结于苏区边境的江西宜黄谭头村一带。覃应机奉命对抚州敌人派到苏区指挥这一带特务组织行动的一个姓李的特务进行侦察。这个特务刚进入红军的防区，就被覃应机和黄赤波抓获。经过审问，获得了重要情报，了解到特务组织的行动目的及其联络暗号。保卫局决定将计就计，诱敌上钩，将其一网打尽，于是命令覃应机和黄赤波化装成国民党特务机关派来的特务，到他们约定的接头地点与其他特务接头，然后按计划将特务全部抓获。这一敌特组织的破获，对红三军团主力部队夺取黄陂大战的胜利起了重要作用。覃应机和黄赤波及其他同志因此受到了国家保卫局的电令嘉奖。电文中赞扬他们写下了在苏区边境破获敌特组织的“光荣一页”。

黄陂大捷，抓获俘虏很多，军团保卫局又派覃应机化装成俘虏，到俘虏营中去做侦察工作，主要任务是将混在俘虏营中的敌团以上军官识别出来。覃应机化装成敌第五十二师的一个已被打死的团长的勤务兵，来到敌军第五十九师被俘人员所在的俘虏营中。同时，根据军团敌工部部长周桓的指示，覃应机对可能遇到的各种情况，以及应该采取的对策都做了认真的考虑和准备。俘虏营在黎城一带的崇山峻岭中行进，覃应机仔细观察着每一个俘虏的年龄、言谈、举止、风度以及和其他俘虏的关系、其他俘虏对他的态度等等，从每一点可疑的蛛丝马迹中，判断每个俘虏的身份、地位，查出了俘虏中的军官。由于覃应机细心机智，他在俘虏营里当了一个多月的假俘虏，俘虏中竟无人知道覃应机的真实身份，从而顺利地完成了任务。

以后，覃应机与军团保卫局的同志们一道，不仅机智勇敢地制服了一股武装政治土匪，而且出色地完成了擒敌探、行刑、保卫军团首长安全和进行社会调查、化装侦察等任务，经受了各种各样的考验。

同年 11 月，国民党第十九路军将领蔡廷谐、陈铭枢，蒋光鼐与李济深等一部分国民党内反蒋势力发动福建事变，在福州成立联共抗日反蒋的“中华共和国人民革命政府”。此时，在中央苏区与福建政府之间，双方的军政要员和一些外国人来往频繁。覃应机与军团保卫局的同志负责保卫和护送这些过往人员安全到达目的地，使会谈得以顺利进行。

1934年秋，覃应机奉命到国家政治保卫局学习，来到了红色首都瑞金。在训练班学习的一个多月里，覃应机认识了国家政治保卫局局长邓发以及李克农、洪水等领导同志。在学习期间，中央在瑞金召开会议，覃应机与国家保卫局的工作人员一起担负保卫任务，覃应机见到了老政委邓小平以及毛泽东、朱德等中央领导同志。

然而，学习尚未结束，覃应机就被派到于都补充师担任特派员。

（四）

1934年10月，覃应机和师长毕占云、政委罗炳辉等同志一起，率领于都补充师，从于都县城出发，随中央红军主力离开中央革命根据地，开始长征。在突破敌人第四道封锁线的战斗中，补充师伤亡很大，所剩人员陆续被一个团一个团地补充到了主力部队。当进到黔桂交界地区时。红三军团保卫局局长罗瑞卿点名调覃应机到红三军团保卫局，担任主任科员。

1935年1月强渡乌江之后，敌人狼狈逃窜，中央红军进占贵州重镇遵义，中共中央在此举行了历史上著名的遵义会议，覃应机和保卫局的同志担负保卫工作。

不过，遵义会议尚未结束，覃应机就接到通知，要他到红五师侦察连去当指导员。当时，红五师正在刀把水一带担负乌江防御作战的任务。就在覃应机到连队的当晚，刀把水村就遭到敌人的袭击，幸而覃应机等机警，才得以脱离险境。

侦察连从刀把水撤出之后，即随师主力从懒板凳出发，经桐梓进入习水，于1月26日到达土城东南的回龙场地区。1月28日，红三、五军团和干部团奉命于土城东侧青杠坡一带对尾追的川军教导师发起攻击，激战终日，未能将敌打垮，于是西渡赤水，向古蔺开进。在土城战斗中，红五师侦察连担任师预备队，继而担负掩护撤退和收容任务。

一渡赤水之后，中央军委发布了《关于各团缩编的命令》，规定新编制中取消师级编制。红三军团三个师奉命缩编为四个团，即第十、十一、十二、十三团；原红五师被编为第十三团，彭雪枫任团长，李干辉任政委。原红五师侦察连改编为第十三团侦察连，韦杰和覃应机仍分任连长和指导员。

中央红军集结扎西，敌人立即调集数十万大军形成大范围包围圈。毛泽东当机立断，下令中央红军挥师东进，再渡赤水，向敌人兵力薄弱的黔北推进。中央红军兵分三路东进，于2月中、下旬的四五天内，分别从太平渡、二郎滩二渡赤水河，乘虚进到黔北地区。覃应机和韦杰率领的侦察连奉命先行渡过赤水河，佯攻赤水县城，致使敌人错觉红军主力要北进。在桐梓城，侦察连得知城中守敌刚向娄山关方向撤走，当即火速向娄山关前进，途中抓获俘虏，获得重要情报，接着经过激战，与兄弟连队一起将守敌打垮，红十三团牢牢地控制了娄山关。

接着，中央红军主力趁势全线出击，向板桥之敌实施大迂回包围，连克板桥、黑神庙、董公祠等敌重要阵地，直取遵义。经残酷战斗，至3月1日打到乌江边，结束了战斗，红军取得了巨大的胜利。这是实行战略大转移以来的第一次大胜仗，史称“桐（梓）遵（义）战役”。在这次战役中，覃应机和韦杰率领的侦察连不仅完成了强占娄山关的任务，并和主力部队一起追歼逃敌，受到了彭德怀军团长和彭雪枫团长的称赞。

桐遵战役后，侦察连奉命为先头部队，向茅台镇方向侦察前进，乘机占领茅台渡口，然后掩护工兵架设浮桥，以备部队从茅台三渡赤水河，甩开尾追的敌人。侦察连接到命令后，立即出动，于拂晓前进驻茅台镇。

以后，中央红军四渡赤水，南越乌江之后，佯攻贵阳，侦察连奉命担负掩护任务。完成掩护中央机关通过贵阳附近的任务后，他们迅速撤离贵阳，经安顺一带，渡过北盘江，到达盘县。当团主力在盘县休整之时，侦察连又奉命提前一天行动，上级要求侦察连距离主力部队120里左右前进，目的是抢占洪门口渡口。上级决定由红十三团架设浮桥，为大部队渡江做准备。侦察连从贵州盘县西北进入云南，插向金沙江，当时是4月底5月初，天气转热，道路崎岖，侦察连指战员却日行100余里。经长途跋涉，于5月2日到达金沙江洪门口渡口，韦杰和覃应机率领侦察连凭着勇敢机智渡过了金沙江，向会理县城急进。红十三团在洪门口渡口依靠浮桥和三只小木船渡过了金沙江。红三军团大部队于5月5日赶到皎平渡过江；军委纵队已在此前过了江；红一军团和红五军团于5月9日之前也从皎平渡过了江。至此，中央红军全部渡过了金沙江，将数十万围追堵截的国民党军队甩在了金沙江的南岸，获得了战略转移中具有决定意义的胜利。

5月中旬，中央红军放弃对会理之敌的围攻，沿着会理至西昌的大道北上，直逼大渡河畔。敌军调遣重兵，企图围歼红军于大渡河以南地区。对此，中央军委下达命令，要求各军团必须坚决消灭阻止红军前进的川军，以急行军速度赶到大渡河。5月下旬，侦察连在团主力的前头，行军100多里后到达大渡河边。这是一条水势汹涌的大河，两岸山势陡峭，湍急的河流就像一条发狂的巨龙，翻腾咆啸，响声如雷。这样的河流不可能泅渡，更不可能行船，侦察连只得另寻渡河地点。这时，团长彭雪枫命令侦察连天亮之前渡过泸定铁索桥，占领对岸右侧的高地。覃应机带领11名经过长期革命斗争锻炼和考验的老侦察员，凭着高度的阶级觉悟和过硬的本领，胜利地渡过了泸定铁索桥，从而保障大部队顺利地渡过了泸定桥。

过了泸定桥，侦察连仍为团的前卫，覃应机带着手枪排走在前头。从沪定桥向天全进发，一路上化装侦察前进。在天全河边，覃应机和韦杰率领侦察连将一帮正在过端午节的民团团丁包围缴械，并美美地吃了一顿丰盛的酒、肉、棕子，爽快极了。吃罢饭，便渡过天全河，进入天全县城。6月中旬，中央红军由天全、宝兴北进，翻越了长征中的第一座雪山——夹金山。由于对雪山缺乏认识，思想上不够重视，准备不够充分，侦察连过夹金山时遇到了不少困难，凭着满腔的阶级友爱之情，侦察连指战员相互鼓励、帮助，终于翻过了夹金山，为过前面的雪山积累了经验。

7月间，红军在懋功、卓克基，毛儿盖、黑水、芦花之间活动，克服了缺吃少穿的困难，又机智地通过敌人设置的隘口，部队继续前进。

8月中旬，部队开始了艰苦的草地行军。这时，覃应机被调到团部当特派员，但仍与侦察连同行。由于有了翻越夹金山的经验和教训，大家知道前面的征途是没有人迹的地方，自然环境非常恶劣，大家有了足够的思想准备，但吃、穿等物资仍然很缺乏。草地上天气时晴时雨，指战员们的衣服干了又湿，湿了又干，只能到晚上宿营时才能脱下来烤一烤。干粮不够，只能采些野菜和着干粮一起吃，连烧火的柴也是进草地前每人自带作手杖用的木棍。遇到淤泥拦路，为了节省体力，争取时间，大家只得忍痛用油布和毯子铺路，但指战员团结友爱，以苦为乐，对前路充满信心，第七天就到了草地的边缘。

走出草地到了巴西，覃应机被调回红三军团保卫局保卫科，责任是帮助中央机关寻找食物。过了巴西，仍是人烟稀少的牧区，部队粮食仍然很困难，指战员们都已经走得很疲乏，行军相当艰苦。部队北上，经俄界，进入甘肃。突破腊子口以后，粮食问题就比较好解决了，指战员们的脸色也好看多了，精神好多了。部队在哈达铺进行了休整，侦察连的手枪排被撤销。不久，直罗镇战役打响，原侦察连的同志参加了这次战役，他们以大无畏的革命精神，率领部队冲锋陷阵，消灭敌人，大多数同志在战斗中牺牲了。这次战役，红军歼敌一个师又一个团，取得了具有历史意义的胜利——打破了国民党军对陕甘苏区的第三次“围剿”，巩固了陕甘根据地，为中共中央把全国革命的大本营放在西北举行了奠基礼。

1935年10月下旬，部队到达吴起镇后，又进行了短期休整。这时，覃应机被调到红十一团当副特派员。不久，又被调到红一方面军侦察队当侦察组长，队长是李克农。

直罗镇战役后，侦察队驻在甘泉县的道佐铺。当时中央机关就驻在道佐铺北面的史家湾，而道佐铺南面的国民党统治区麟县驻有东北军王以哲部，在中共中央机关驻地和敌军驻地之间，仅驻有侦察队一支不满100人的队伍，在这个地方，侦察队主要负责侦察敌情，组织民兵站岗放哨，做群众工作，担任警卫等任务。1936年元旦后不久，释放东北军第一〇七师团长高福原，侦察队奉命配合行动，给被释放的敌军官以假象，以为王以哲的防地驻有红军，规模是一个营及骑兵团一部分。实际上，这个“大部队”不过是覃应机带领的侦察小组5个人和当地的一部分民兵。所谓骑兵团只是他们的几匹马。覃应机出色地完成了上级交给的这项任务。

1月下旬，覃应机被调到红一方面军保卫局。几天以后，罗瑞卿局长又派他到红十五军团第八十一师任师特派员。2月初，覃应机一到第八十一师，就参加了毛泽东主席在延长召开的团以上干部会议。这次会议主要是进行东征的动员，说明东征的目的和意义。会上宣布东征军由红一军团和红十五军团组成，称为“中国人民红军抗日先锋军”，彭德怀任司令员，毛泽东任政委，叶剑英任参谋长，杨尚昆任政治部主任。会后，第八十一师师长贺晋年和覃应机受到毛主席的亲切召见，毛主席鼓励第八十一师参战，全师指战员很受鼓舞，战斗情绪十分高昂。当晚，全师指战员胜利渡过黄河，投入到东征的战斗之中。在此后70余天的征战中，第八十一师作为右路军之一部，转战吕梁山，驰骋晋南，无论是作战，宣传抗日救国，做群众工作，还是筹粮、筹款和扩军，都经受了锻炼和考验，出色地完成了任务。

东征胜利结束，红一方面军回师陕甘苏区，继而西进接应红二、四方面军出草地。这时，覃应机先后担任红一方面军政治保卫局巡视员和红一军团一团特派员。红一团在固原、海原一带活动。不久，红一团在曲子镇打了一仗，覃应机身先士卒，与战友们一起消灭了马鸿宾部一个骑兵团，仅二营就俘敌100多人，缴获战马100多匹。

山城堡战役后不久，覃应机被调到红一方面军政治部保卫部，担任二科科长，与副科长韦祖珍一起负责侦察工作。

（五）

1937年2月下旬，西安事变和平解决，国内和平基本实现。为了培养更多的干部，以适应政治形势发展的需要，同年3月，总部从全军各部队中抽调七八十名干部，在云阳镇组成政治训练队。覃应机奉命参加了政训队的学习和训练，学习中共中央关于抗日民族统一战线的方针、政策，学习文化知识，重点是军事侦察技术、车辆驾驶和马术等等。在政治训练队，覃应机聆听了周恩来、博古、任弼时、杨尚昆、左权等领导同志的讲课，对于国共合作后的抗日救亡形势和中共中央关于改编红军为八路军的决策有了正确的认识。

然而，正在学习和训练之际，“七七”事变发生，国内政治形势发生了急剧的变化。根据国共合作协议，红军改编为国民革命军第八路军，防区在山西大同、察哈尔省、绥远省范围。中共中央决定由政治训练队组成总部情报组，作为先遣人员，开展情报工作。

7月下旬，总部情报组由袁晓轩带领，从云阳镇出发，徒步到达咸阳。在这里，学员们开始实践在政训队学到的知识，以便适应今后新的工作环境。到西安的第三天晚上，学员们机智地躲过了国民党宪兵特务和警察的纠缠，从西安乘火车抵达潼关。下了车，到达风陵渡，利用青帮的关系，迅速渡过黄河，直奔山西。到了山西，利用袁晓轩的关系，搭上了东北军骑兵第五师北上的火车到洪洞，在洪洞再乘车直达太原。

覃应机一行到达太原后即分头行动，情报组分成三个小组。覃应机带领的直属小组原定去大同，但得知日军已经占领南口，张家口没有自己人接应，不好立足，他立即向周恩来副主席作了汇报，请示工作。周副主席指示直属小组先留在太原。这期间，中共中央及北方局的许多领导同志先后到达太原。1937 年 9 月，周恩来副主席在太原八路军办事处召集领导干部会议。覃应机到会听了周副主席的讲课，对当时的抗战形势有了进一步的了解，对党的抗日政策有了更深刻的认识。

红军改编为八路军以后，部队开赴抗日前线，前敌总指挥部机关迁到太原。一天，彭德怀副总司令在阎锡山的招待所召见了覃应机和总部二科副科长武亭，指示情报组编为总部二科侦察队，由覃应机担任侦察队长，并由覃应机和武亭带领总部机关上五台山去。

此时，八路军前敌总指挥部按战斗序列受命为第十八集团军总司令部，除指挥八路军外，还可以指挥其他国民党军和地方军队。总部驻在五台山的时候，日军已推进到山西的繁峙、原平等地。当时阎锡山的陈长捷部队驻扎在北台顶北端，根据总部的指示，应陈长捷的要求，由覃应机带领四名队员去指导他的官兵学习游击战。覃应机等五名同志指挥陈长捷的一个营和一个加强连，兵分两路，运用游击战术，出色地完成了任务，既团结了陈长捷部官兵，又打击了日军气焰。回到总部没几天，覃应机又奉命带领几名同志去了解正太路沿线，特别是娘子关战斗的情况。到广阳时，覃应机一行遇到正向南撤的国民党部队，覃应机与国民党军旅长韩练成取得联络，了解到广阳对日作战的情况。

1937 年 11 月，太原失守，在山西的国民党军队纷纷南撤。八路军到达洪洞县城便驻扎下来，二科驻在城东门内一个有钱人家的砖房院内，担负总部与其他友军的联络工作。覃应机除了负责联络工作外，还根据叶剑英参谋长的指示，利用帮会关系，了解社会情况，熟悉帮会，与帮会的人交朋友，以利开展抗日工作。国民党南撤的军队中有阎锡山部和卫立煌、孙连仲、邓锡侯、李家钰等部，他们分属晋军、中央军、川军、东北军和西北军。众多军队汇集在洪洞这块弹丸之地，使得那里的社会秩序极为混乱，人心更加动荡。对此，阎锡山的洪洞地方当局和八路军联合发起了“军政联合稽查署”组织，以协调多方关系。覃应机以八路军总部代表的身份参加该署的工作。李大章、高原协助覃应机负责日常的联络工作，对协调驻洪洞各方的关系，维持社会秩序起了重要的作用。

1938 年 2 月，日军进攻上党，准备截断同蒲路。八路军总部领导机关陆续转移到了临汾，二科部分人员在外头搞联络工作，覃应机和科里部分同志奉命到达临汾。随后，覃应机随彭德怀一行乘汽车经翼城、沁水到端氏，得知日军很快就要进占高平，于是改变方向，弃车骑马走路，上山进入安泽地界。从那时起，在抗日战场上，八路军开始从城市转入农村的艰苦敌后抗战生活。

八路军进入安泽，到马壁、附城一带活动。当日军通过这一地区，进占同蒲路之后，八路军总部即转移到了沁源县。二科驻扎在沁源，稍作休整，便布置下一步的对敌斗争。由于袁晓轩调离二科，覃应机奉命代理二科科长。在沁源县，机关管理日常工作由刘秉琳负责，覃应机和韦杰率领的总部特务团去了灵石、介休交界一带，与高桂滋的部队联络，配合他们对日作战，同时还做当地抗日政权的工作。日军打通了同蒲路，我军太行山与吕梁山之间的联系被切断，覃应机率部和特务团负责在灵石、霍县一带接应八路军过往人员通过同蒲路。

是年10月，八路军总部移驻潞城北村，二科也随之驻在潞城故漳镇。覃应机带领侦察队以决死第五支队的名义到壶关一带活动，并取得了与正在那一带开辟工作的八路军总部民动部长黄镇等人的密切联系。壶关是山西通往河南的主要通道，当时那一带为国民党军孙殿英部所控制。覃应机到那里去主要是开展缉私和征税工作，为部队筹粮筹款。到1939年6月，侦察队奉命撤回总部，覃应机为总部指挥八路军主力部队开辟华北敌后抗日根据地提供了大量的粮、款和许多有价值的情报。

侦察队回到总部，经过一段时间的整顿，于1939年7月由左权副参谋长亲自部署，到敌占区的晋中榆次、太谷、寿阳一带，以“晋中游击支队”的名义，进行敌占区武装工作试点。张一泉受命为晋中游击支队支队长，覃应机为教导员、支队党领导小组组长。具体任务是：摸索敌占区武装斗争的经验；开展情报派遣工作；动员组织民众，发展抗日力量。

榆太寿紧邻太原，是山西省的腹地，位于同蒲路与正太路交会的三角地带，系战略要地，原是国民党地方实力派阎锡山统治山西的中心区域。被日军侵占后，这里敌我友关系错综复杂。晋中游击支队进入榆太寿之际，日军在榆次驻有一个旅团部，阎锡山的军队退到了上、下黄彩和范村一带，中共榆次县委驻在霍城。这个时期，日寇趾高气扬，人民大众人心惶惶。从立足、活动、发展等多方面考虑，游击支队决定把支队部设在高家山村，而工作的重点则分别放在榆次县、徐沟县、太原县和太谷县。

之后，游击支队频频出击，抓汉奸，袭敌散兵，消灭小股敌人，取得了一个又一个胜利。1939年冬的一天晚上，覃应机带领侯磊等8名同志，根据群众提供的情报，采取伏击手段，在榆次县的榆城圩西沟仅用不到20分钟的时间，就一举歼灭敌兵11名，缴获战马两匹和一些枪支弹药，敌兵仅逃脱一人。这一仗，震动了整个晋中地区，太原、太谷及榆次的敌我友三方的报纸对此都作了或正或反的报道，极大地鼓舞了抗战的士气和斗志。由于晋中游击支队的影响一天天扩大，人员迅速增多。总部指示，支队部改称支队司令部，张一泉为司令员，覃应机任政委。

抗日武装活动的积极开展并取得节节胜利，大大振奋了人心，激发了广大民众的抗日热情，抗日积极分子不断涌现，榆太寿的许多乡村逐步为游击支队所控制，其中包括敌伪控制较为严密的铁路沿线的所谓“爱护村”。在敌占区，游击支队还做了知识分子的工作，组织知识分子进行训练；认真实行共产党抗日民族统一战线政策，正确处理了游击支队与友党友军的关系，对社会各界人士，甚至对偶尔遇到的外国人，游击支队也同样注意按照党的政策办事。

此外，总部侦察队还以晋中游击队的名义在榆太寿地区积极开展情报工作。支队从长期抗战出发，在太原、徐沟、平遥、榆次、太谷等地前后招收200多名青年学生进行训练，然后将他们派回敌占区工作，又从支队派出数十名知识分子干部，去北平、天津、上海、济南、广州、香港等大城市以及台湾开展工作。

晋中游击支队在榆太寿地区活动一年时间，胜利地完成了试点任务，于1940年6月撤回总部。不久，八路军前敌总指挥部参谋长左权就晋中游击支队的经验签发了一份文件，向全军发出了积极开展敌占区武装工作的指示。

1940年秋，覃应机被八路军前敌总指挥部调入中共中央华北局党校第一期学习，并担任学员分队长。在党校学习的七八个月时间里，应机系统地学习了《联共（布）党史》、《政治经济学》、《中国革命与中国共产党》等理论课程，提高了在实际工作中运用马列主义立场、观点和方法解决问题的能力，同时大大提高了文化水平，对于他今后的工作起了极为重要的作用。

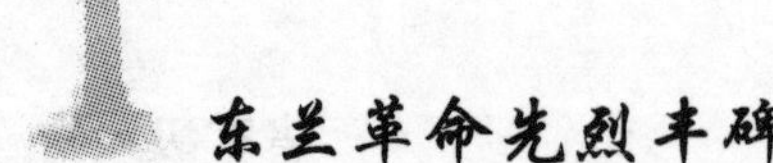

1941年夏，覃应机从党校毕业，被分配到太行太岳联合办事处公安处担任副处长。同年7月，晋冀鲁豫边区行政委员会成立，杨秀峰任主席，薄一波等任副主席，覃应机奉命担任边区政府党组成员。边区政府驻在石门索堡，太行太岳联合办事处随之撤销。联合办事处公安处更名为边区政府公安总局，覃应机任主任秘书，协助李一清局长、徐启文副局长负责整个边区公安工作。

1942年5月，日寇对太行山根据地进行规模空前的大“扫荡”，形势十分严峻。在反“扫荡”斗争中，机关转移，覃应机带领公安保卫队留在偏城一带穿插活动。

1943年春，覃应机被调到冀南区公安局任副局长。冀南区是晋冀鲁豫边区的一个行政区，地处河北省南部，大体包括石家庄和衡水以南的广大地区及豫北、鲁西的一部分地区，是我党开辟的重要抗日根据地之一。该区遭受着日伪军的多次残酷“扫荡”和连续3年的罕见大旱灾与蝗灾。覃应机与根据地的党政军民一道，咬紧牙关，组织生产自救，坚持抗日游击斗争，度过了最艰难困苦的岁月。

1944年春，边区政府公安总局决定撤离冀南根据地，渡过卫河，漱（阳）、范（县）、冠（县）地区转移。5月，覃应机奉命重上太行山，进入河南林县的中共中央平原分局党校学习，并担任六队党支部书记，参加整风运动。

（六）

抗战胜利后，中共中央决定恢复冀南区行署。覃应机结束了在平原分局党校的整风学习，回到冀南，负责重组冀南区公安局并任局长，领导原归属冀南管辖的五个专署公安分局和44个县（市）公安局，并建立了滏阳河水上公安局，以及52个交通要道、城镇派出所。由于抗战的胜利。国内形势发生了根本性变化，冀南区公安局的工作开始由农村转入城市，对在抗战时期建立的工作据点和派遣的情报人员进行整顿和安置。同时，派人搜捕逃到城市的汉奸特务，为民除害。

1945年10月，蒋介石违背《双十协定》，向解放区发动进攻，前线的作战任务日益繁重，支援前线成为公安部门的重要任务。覃应机领导所属单位和人员，首先以搞好社会治安、巩固后方作为公安支前的实际行动；其次是大量物色人员，重点派遣到国民党军队和地方组织中去做瓦解敌军的工作，配合军队作战，并抽调大批干部随军南下。

1947年5月，冀南区党委根据晋冀鲁豫中央局的指示，决定将各级党委的社会部与公安局合并，对外是公安局，对内是社会部，覃应机担任副部长。随着解放战争的不断胜利，越来越多的城市回到人民的手中。为了科学管理城市，社会部于1948年7月召开了城镇治安工作会议，检查过去的城镇治安工作，分析形势，明确今后城镇治安工作的方针。区各级公安局还开办了短期干部训练班，以适应解放战争节节胜利和解放区不断扩大的新形势。

1949年8月，中共河北省委、省人民政府和省军区在保定宣告成立。覃应机奉命担任河北省委社会部部长、省政府委员、省政府党组成员和省公安厅厅长。

（七）

1949年10月1日，中华人民共和国成立。11月，覃应机奉中共中央组织部命令，南下广西工作，担任中共广西省委委员、省委社会部部长和省公安厅厅长。接受任务后，覃应机带领河北省公安厅南下广西的39名干部随军奔赴桂林。12 月 11 日，中国人民解放军占领镇南关，宣告广西全境解放。覃应机立即组织开展工作，调配干部，训练干部，组建公安武装，同时积极筹办省公安干部学校，自己亲任校长，并派遣徐江平接管了桂林市国民党警察局，任命他为市公安局局长。

1950 年初，根据中共中央决定，广西省会迁往南宁，省公安厅也南移邕城办公。作为广西省公安厅的第一任厅长，覃应机首先抓了各级公安机关的组织建设。他从省公安厅机关到专署、县公安局，都亲自规划，亲自挑选配备领导干部，经过大量的艰苦细致工作，很快将各级公安机构建立起来。同时，相继举办了几期训练班，以提高公安干部思想、政策和业务水平，为全省各地公安机关输送了大批干部。

新中国成立初期，广西境内土匪、特务、恶霸等反革命势力十分猖獗，他们相互勾结与人民为敌，妄图推翻共产党的领导，颠覆新生的人民政权。覃应机全身心地领导各级公安机关配合军事围剿，发动群众开展镇压反革命活动。他组织和带领省公安厅的干部分头到各地、县协助当地公安机关采取有力措施，搜捕敌特分子，清匪反霸，大张旗鼓地镇压反革命，狠狠地打击了反革命的嚣张气焰，巩固了新生的人民政权。为了对反革命分子和严重的刑事犯罪分子实行劳动改造，覃应机又亲自规划，具体领导，逐步建立了一批劳动改造场所，顺利地开展了劳动改造工作。

为了保障边境安全，1950 年 10 月公安厅成立了边防局，覃应机兼任局长，领导各地边防公安机关积极开展工作，有效地打击了敌特的破坏活动，保护了边境的安全，维护了边境地区的社会治安。为了维护广西的社会治安，荡涤旧社会遗留下来的污泥浊水，覃应机又组织各级公安机关开展了一场取缔卖淫嫖娼、禁烟禁毒的活动，查封取缔了公开卖淫场所，对娼妓进行了清理治疗和教育改造，使她们走上了安家乐业的道路；并发动和依靠人民群众，侦破贩毒案件，查缉毒贩毒品，严厉地打击和分化瓦解贩毒运毒的犯罪分子，教育和改造了吸毒者，从而根除了卖淫嫖娼、吸毒贩毒等丑恶现象。

新中国成立初期，公安工作任务十分繁重，而且工作条件极为艰苦，覃应机以坚韧不拔的精神开拓奋进。无论是在机关还是在基层，他常常是夜以继日地工作，有时一边端着饭碗，一边批阅文件，或听工作汇报，十分珍惜工作时间，几乎每天都工作到深夜一二点钟，有时甚至通宵达旦，只要是他自己能完成的工作，他都不叫秘书或别人代劳，有些重要的报告、文件，他都亲自起草。在他的带领和影响下，同志们克服困难，兢兢业业，勤奋地工作，使各项公安工作完成得很出色。

（八）

1952年覃应机升任广西省副省长，翌年又兼任桂西壮族自治区政府主席和中共桂西区委第二书记。1956年，桂西壮族自治区改为桂西壮族自治州，覃应机兼任州长。他经常到州内各地，特别是边远山区，了解各少数民族的生活和生产情况，进行调查研究，做好救济工作。

在贯彻执行党的民族区域自治政策中，覃应机突出抓住任用少数民族干部和推行壮族文字工作。他认为，自治地方机关民族化政策的核心问题是选拔任用好少数民族干部。少数民族要实现平等地位，能当家做主，必须要有一批德才兼备的少数民族干部在自治机关任职。为此，他注意发现、推荐、选拔、任用少数民族干部。并亲自领导创建了广西民族学院和民族干校。在任用少数民族干部问题上他始终坚持党的民族政策，坚持从实际出发根据需要和德才兼备原则来决定，坚持一要积极，二要稳妥。他对组织部门选拔的少数民族干部，或是自已提名、推荐的人选，都坚持积极慎重考虑，只要是符合政策，条件具备，他都支持任用。他对壮族干部的任用，同样要求严格，坚持任人唯贤。而对一些能力较弱的少数民族干部，他很注意做好传帮带，提高他们的政治、业务水平。这些少数民族干部为实现广西民族区域自治，为振兴广西发挥了重要作用。

覃应机坚决执行党的民族语言文字平等政策，并亲自领导壮文的创制和推行工作，成立了广西壮族自治区壮文指导委员会，创办了广西壮族自治区壮文学校，培养了一大批壮文师资和专业人才。

覃应机从自己长期的革命斗争实践中深刻地认识到，搞好民族团结，是党的民族政策的重要内容。他在担任广西壮族自治区政府主席和自治州州长五年多的时间里，同党委书记谢扶民一起，团结自治区、州党政领导集体带领广西各族人民，全面贯彻执行国家过渡时期的总路线、总政策和民族政策，完成了农业、手工业和资本主义工商业的社会主义改造，政治、经济和文化建设取得了巨大的成绩。特别是在社会主义改造和经济文化建设实践中，培养了数万名少数民族干部，创造和积累了实行民族区域自治，加强民族团结，发展民族经济文化的经验，为后来成立广西壮族自治区打下了良好的基础。

1958 年，经国务院批准，广西壮族自治区成立，覃应机担任中共广西壮族自治区党委书记自治区人民委员会副主席。然而，摆在他面前的是一个烂摊子，当时整个广西没有一间像样的工厂，其他行业同样相当落后，但他没有退缩，而是怀着对党对人民的无限忠诚，与他的同伴们一道，为广西经济建设的发展四处奔波，为党的事业鞠躬尽瘁，为各族群众的利益呕心沥血。

1958 年 1 月，毛泽东主席在南宁主持中央工作会议。一天，他见到一座高出屋顶的烟囱，便问道："这是什么工厂呀？"覃应机回答说："是砖瓦厂。"毛主席不禁笑了起来，并幽默地说："你们广西还算有一家工厂嘛！"说得大家都笑了。这虽然是说笑，却也道出了实情——国民党桂系军阀在广西留下的工业底子很薄弱，除了砖瓦厂这样屈指可数的几家小工厂外，其余的厂家说是工厂，其实只不过是手工作坊。当年8月，省委分工覃应机管工业，从而开始了他的“工业书记”历程。

覃应机首先积极配合韦国清筹划出具有长远目标的发展规划，采取切合广西实际的具体步骤。在具体组织实施中，他始终坚持这样一条思想原则：上项目，要坚持自力更生，艰苦创业，靠实干打基础，靠实干走出困境，靠实干凝聚人心，并感动和赢得上级的支持；搞企业工作，要冲破高度集中的条条框框，下工夫，创名牌，争优质，求发展；管理企业，坚持用能力强的人。

通过研究经济发展的规律，覃应机与省委其他同志研究后决定，先上西津水电站、柳州化肥厂和柳州钢铁厂。覃应机亲自同工人、技术人员一道顶烈日，冒酷暑，战严寒，吃住在工地。在中央领导同志的关怀和帮助下，柳钢厂于1959年1月建成投产，结束了广西不产钢的历史；西津水电站也于同年5月建成；柳州化肥厂建成投产，谱写了广西化肥生产的新篇章。

覃应机始终关注广西工业的发展。他多次亲自上北京，跑中央，要项目，对重点项目的筹建，他都倾注了自己的心血。从项目的规划、选点到设计、审查，他几乎都亲自过问，直接参与，对其中的重大问题，他总是亲自组织专家学者开会研究讨论，多方论证，听取不同意见，然后再拍板定案。他常常背着一个军用水壶，挂一条擦汗毛巾，带上有关方面的负责人，下矿井，进车间，跑工地，有时甚至打起背包到矿山或工厂、工地去蹲点，进行调查研究，就地及时研究解决实际问题，总结经验，指导面上工作。对项目所需资金、物资、设备，尤其是各种急需的人才，他无时不放在心上，想方设法去筹措，去办理，去争取。

为了提高广西的工业水平，1956年，韦国清请求中共上海市委、市政府予以技术力量支持，从上海搬迁了一批工厂到广西，支持广西的工业建设。为了促成搬迁工作顺利进行，覃应机带领有关部门的同志，三次赴上海解决有关具体事宜，先后安排上海20余家工厂搬迁至南宁、柳州、桂林和梧州等地。这些工厂迁到广西后，不仅填补了广西工业的许多空白，还在技术、设备、人才、管理方面为广西工业的进一步发展，产生了深远的影响。

东兰人民不会忘记：1964年东兰获准兴建装机容量9444瓦的隘洞电站，覃应机亲自率领区水利厅厅长蔡勇为到东兰现场办公，讨论确定拦河坝址、站址及工程设计方案。回南宁后，又安排广西大学土木工程和电力系3个毕业班160名师生到东兰具体设计和指导施工，使该电站于1965年10月建成发电，从而结束了东兰县城和周边乡镇缺电的历史。

1967年，随着“一月风暴”在全国兴起，覃应机即无例外地被“靠边站”。尽管如此，他仍然关注着全区工业生产的状况，关注着那些骨干企业的兴衰。在领导干部下放劳动的年月里，他为了保持与工业的联系。要求到工厂去工作，哪怕是到艰苦的桂西一家化工厂去当锅炉工，他也心甘情愿。1972年，覃应机被“解放”，参加区革委会工作，担任常委兼“抓革命，促生产”指挥小组副组长。他立即以全部精力，着手全区工业生产的整顿工作。即使是在“四人帮”一伙“批判唯生产力论”甚嚣尘上之时，他仍然顶着沉重的政治压力，进行艰苦的努力，争取广西工业的正常生产，并求得新的发展。

1979年12月，区五届人大二次会议选举覃应机为自治区人民政府主席。从此，他更是全身心投入广西的各项建设。他十分重视广西农、林、牧、业的发展，亲自到各地调查研究，指示农村要跟大专院校联合，把科技引入农村，并鼓励农民兄弟发扬敢闯敢干的精神，大胆调整产业结构，按照高技术、高要求，大搞农业开发，发展支柱产业。东兰、巴马、凤山三县认真落实覃应机的指示精神，农林业取得了显著效果。

覃应机还注重广西的交通建设、外贸口岸和沿海海港建设及城市规划、建设和管理，并付出了大量的心血，取得了巨大的成绩。

覃应机付出了很多，但他赢得了党和人民的信任和肯定，并给予了他巨大的回报。人们称颂他“为共产党争了光，为壮族人民添了彩”，不愧是壮族人民的优秀儿子。

1981 年起，覃应机还兼任广西大学校长和广西区党委党史研究委员会、党史资料征集委员会主任和广西壮族自治区政协主席。1983 年起任广西壮族自治区政协主席。他是第一、二、三、四、五届全国人大代表，中共第八、十一、十二、十四大代表，中共第十一、十二届中央委员，中共十大当选为中央顾问委员会委员。1992 年 12 月 8 日，覃应机在南宁病逝，终年 77 岁。

陆秀轩

（1900～1981）

陆秀轩是我党我军的一位好党员、好干部，也是一位久经考验的红军老战士。他青年时期投身革命，经历了打土豪分田地，参加中央苏区反“围剿”斗争、万里长征、抗日战争、解放战争和社会主义建设的种种考验。他把毕生的精力献给了党和人民，献给了伟大的共产主义事业。他的一生是革命的一生，奋斗的一生，光辉的一生。

（一）

陆秀轩，又名陆毓灵，壮族。1900 年 9 月出生于广西东兰县三石区巴纳村一个壮族农民家庭。青年时代在东兰县立高等小学读书期间就受到“五四”爱国主义思想的影响，接触了新思想、新文化。在校期间，他学习勤奋，成绩一直居全班之冠，是品学兼优的学生，常得到教师和乡村父老的夸奖。但由于家境贫寒，1920 年秋东兰高小毕业后，再无力升学而回家务农，仍坚持耕读自学文化。陆秀轩在参加农业生产劳动后，一心想振兴家业，改变穷窘的家境，因此做工很勤快，主动承担农事农活，样样农活争着做，多脏多累的活都不辞劳苦，他如此艰苦和热爱劳动的精神，为全村父老所敬慕。

1921 年至 1923 年，他参加韦拔群领导的“改造东兰同志会”和“东兰公民会”的早期农民运动，随农军三打东兰县城。1925 年秋，韦拔群、陈伯民从广州农民运动讲习所学习毕业，被委任为中国国民党中央农民部特派员返乡，重新恢复东兰、凤山等县的农民运动，成立东兰县农民协会，开办农民运动讲习所，培训右江农民运动骨干。陆秀轩踊跃参加了农民协会和农军，和黄举平、韦星高、黄昉日、陆浩仁、覃应物等一起负责开办农民识字夜校，通过圩日讲演、张贴标语、散发传单，登台演讲，向广大群众宣传革命道理，号召民众团结起来，与土豪劣绅、贪官污吏、列强军阀进行斗争，轰动全乡。陆秀轩被选为区、乡农协会执委。在发动群众向土豪劣绅的一系统列斗争中，陆秀轩才智过人，态度坚决，工作积极，始终站在斗争的最前列，所以深得韦拔群的赏识和信赖。

1926 年春夏，他参加东兰农会和农军反对国民党右派军队勾结土豪劣绅团局镇压农运的武装斗争，同年 9 月，攻占东兰县城，驱逐反动县知事。11 月 5 日，他出席东兰县农民代表大会。会后，参与领导发展三石区农民和农军队伍，惩办土豪劣绅，实行一切权利归农会。

（二）

大革命失败后，新桂系军阀重兵“围剿”东兰、凤山农民自卫军。陆秀轩毫不畏惧，领导农会、农军坚持斗争。

1927 年 7 月 10 日，韦拔群在三石巴纳村召开东凤农民武装大会，决定武装暴动。会议期间，韦拔群就住在陆浩仁家里。大会的一切筹备工作，也都交给陆秀轩和本村农会负责人一同进行。这次大会有来自东兰、凤山两县的农民武装共 2000 多人，声势浩大，盛况空前。代表们的食宿及会场的布置都有一定困难，但由于陆秀轩积极努力，使大会开得非常顺利。他还亲自为大会写了一副很有鼓动性的对联贴在讲台的两旁。对联是：

“豪绅地主以农民为盘中餐；贫苦农民用枪杆子夺回政权”。

韦拔群看到会场对联，连声点头称好。

大会结束前，按韦拔群的指示，由陆秀轩领唱《工农兵前进歌》。这首歌的歌词是：

“谁是革命主力军？我们工农兵。工农和士兵，原来都是一家人。自由被剥夺，血汗被吸尽，受苦受难受压迫，要得解放靠革命，团结前进，向着敌人去拼命，不怕流血和牺牲，争自由，求平等，军阀资本家，地主与豪绅，帝国主义者，我们一定要扫平，工人有工做，农民有田耕，退伍士兵得安乐，革命才完成”。

农军的革命歌声，回荡在整个巴纳村的山谷。大会的筹备工作不仅得到韦拔群的称赞，也得到两县来参加会议的同志们的普遍赞扬。这次农民武装大会实际是一次农民武装的誓师大会和检阅大会，农军精神抖擞，革命的声势震撼了东凤两县的每个山村，使地主豪绅军阀胆颤心惊。8 月中旬，韦拔群领导东凤及凌云、百色农军举行暴动，围攻盘踞凤山县城的国民党军黄明远营。陆秀轩带领三石农军参加了作战。随后，奉命撤入山区坚持游击斗争。

1928 年 10 月，陆秀轩率领农军攻克弄美峒土豪据点，活捉土豪营腾芳，并押到玩石圩当众处决，取得了首次武装斗争的胜利，大长了农民的革命志气，大灭了土豪劣绅的威风。广大农民群众无不拍手称快。陆秀轩为东兰的农民运动、农民武装斗争和革命政权建设做了大量的工作。

处决了营腾芳，后来漏网在外的营腾榜也被农军捕杀了，土豪劣绅们吓破了胆，他们见势不妙，仓忙把反动武装民团集中到三石，加筑闸寨防守。三石乡是反动势力最顽固的一个据点，有 60 多条枪，又筑有坚固的闸寨防守。农军决定歼灭这股反动势力。当时农军人数和枪支的数量虽然比敌人多，但武器低劣，多为粉枪，只有少数步枪。粉枪需要大量的黑火药，那时军费极缺，同时市面上也没有那么多火药卖。陆秀轩建议买硫磺、朴硝等原料来自己加工制造，并自告奋勇承担制造任务。制造火药最关键的一道工序是把火药舂成细粉末，舂得越细越好。但舂久了发热很容易引起爆炸起火，许多人不敢干，陆秀轩却没有因此而畏惧，他想到的是人民群众的事业，他说服家人一起干，日夜加班，一连舂了好几天，制成近 30 斤火药，料不到舂到最后一窝时，火药突然爆炸，火焰冲上屋顶，气浪把陆秀轩冲到 3 米多远，衣服全着火了，遍身被烧伤，昏迷不醒，幸得邻居闻讯赶来及时抢救，不至于死亡。后来烧伤虽治愈了，但他的背部留下了好大一块伤疤，这是他热心于革命的光荣“记号”。

1929 年 9 月 13 日晚，韦拔群召集农军干部开会研究如何攻打三石伪团局的计划，大家商议，仍按原来设想擒贼先擒王，即先攻打最顽固的据点三石圩团局。由陆秀轩、陆浩仁、黄家康3人指挥3个连的农军分两路攻打。陆秀轩和黄家康负责指挥攻打中路。中路是敌人火力点，又有一个坚固的炮台，农军很难攻破。当时战斗打得很激烈。从早上开始攻击，一直打到深夜，才把敌人打败，占领了三石团局驻地。在休息时，黄家康风趣地对陆秀轩说："想不到你陆秀轩还有一套指挥战斗的本领呢!"陆秀轩微笑地说："这是学习嘛。"10月下旬，邓小平、张云逸率领广西警备第四大队、广西教导总队到平马、百色等县后，抽调数十名干部前来东凤整训农军，巩固农会，准备起义。陆秀轩参加与筹建三石区苏维埃政府。

1930年秋，红七军由平马游击到东兰，号召青年参军，陆秀轩认为这是人生报效祖国的大好时机，便欣然报名。与此同时，还亲自动员农军骨干陆翠灵、陆鹤灵、陆日上等一同报名参军，接着又写信给在东兰劳动小学读书的覃应机同志，叫他赶回来报名参军。在陆秀轩的带头影响下，村里有十几个青年也一起报名参加了红七军。编入第二纵队，陆秀轩担任纵队政治部干事，参加了创建右江革命根据地的斗争。

1930年11月，红七军集结河池整编北上。陆秀轩被分配在红七军政治部任干事，随军远征，转战桂黔湘粤赣边，历经四把、长安、武冈、连州、梅花村和抢渡乐昌河等战斗，同年12月在湘赣苏区，陆秀轩经黄勉伦介绍加入中国共产党，从而实现了他青年时代的最大夙愿。

1931年4月，红七军在江西永新县重新会合后，召开红七军第二次党代会，陆秀轩出席了这次大会。会后，陆秀轩被调入湘赣军区教导队学习。毕业后派到红二方面军在湘赣省苏维埃政府保卫局警卫队当指导员，后任预审科科长。参加了湘赣边革命根据地的第二、三、四、五次反"围剿"作战。1934年8月，任弼时、肖克、王震奉命率领红六军团从湘赣边苏区突围西征，经桂北转移湘黔边，会合贺龙率领的红二军团，共同创建湘鄂川黔赣边革命根据地。陆秀轩担任军团保卫局科长，随军西征作战，积极协助军团首长做好指战员的思想工作。

1935 年 11 月，红二、六军团长征北上，陆秀轩随红二军团政治部长征。部队经贵州、云南、西康边迂回前进，历尽千难险阻，突破数省国民党军的围追堵截，爬上了插入云霄的巍巍雪山，走过茫然无垠的烂泥草地，终于川康边与红四方面军会师。这时红二、六军团奉命组建成立红二方面军，陆秀轩担任红二方面军政治部保卫局执行科长。三大主力红军会师后，陆秀轩参加了山城堡战役。

1936 年，国共合作的统一战线形成，内战告一段落。此时部队在三原、富平一带休整，中国工农红军改名为八路军，开赴华北抗日前线，投入了伟大的民族解放战争。陆秀轩奉命担任一二〇师政治部锄奸科科长。“七七”事变后，部队由陕西东渡北上抗日，在山西晋西北开展敌后游击战争，建立抗日根据地。陆秀轩参与创建晋西北敌后抗日根据地。为了发展和巩固华北敌后抗日根据地，陆秀轩奉命组织一二〇师游击第三支队，挺进山西吕梁山区的汾阳、文水、交城等县发动抗日游击作战，宣传抗日救亡，动员青壮年参加抗日部队。为了扩大军队，第三支队整编为山西新军三十六团，陆秀轩担任团政治处副主任。不久，担任独立旅锄奸科长。后又调回一二〇师政治部。

1938 年 12 月，贺龙率一二〇师主力部队挺进冀中，开展平原抗日游击战争，陆秀轩奉命到河北的翼中平原开展游击战争。在这期间，他在翼中地区经常袭击敌军，特别是在参加沧州地区河涧县的战斗中，歼灭了日寇的一支队伍，给敌人以沉重的打击，大大增强了翼中人民抗战必胜的信心，也进一步扩大了军队，巩固了翼中平原游击根据地。

1943 年春，陆秀轩被调到延安中央党校二部学习。在党校，他亲自聆听了毛泽东的整风报告，系统学习党的历史文件，使自己在思想上、政治上和理论上得到很大提高。1945 年 12 月，陆秀轩在中央党校毕业后，被委任为晋绥解放区吕梁军区政治部保卫部部长。1946 年春又奉调到晋中军区卫生部任政治委员兼党委书记。陆秀轩组织纪律性很强，虽然工作频繁调动，但都无条件服从组织安排，并能出色完成党交给的各项任务。在三年的解放战争中，陆秀轩不怕困难，转战于山西境内，千方百计做好部队的卫生工作，有力地支援了前线部队的作战。在围攻消灭阎锡山匪军战斗中，他出色地完成了各项战斗任务。在参加第三次围攻太原的战斗中，他作战英勇，头部被敌机轰炸受了重伤。1949 年伤愈后担任山西军区卫生部政治委员。

1951 年 3 月，陆秀轩奉命从山西军区调回到广西工作。先后担任广西军区后勤部副政委、中共广西省委监察委员会副书记，省监察厅厅长，中共广西省委第一、二届委员会候补委员、委员等职务。他在广西工作三十一个春秋。新中国成立初期，他正确执行党的路线、方针、政策，出色完成了任务，为了广西军队的思想建设和组织建设作出了贡献。转到地方工作后，一贯兢兢业业，任劳任怨，任省监察厅厅长期间，经常深入基层调查研究，发现问题，及时解决。在任区政协副主席和区党委统战部部长时认真执行党的统战政策，团结各界人士，调动各方面的积极性因素，为社会主义建设服务，取得很大成绩。他还积极撰写革命回忆录，经常向干部作革命传统教育报告，为党培养革命后代作出了不懈努力。

陆秀轩具有坚强的党性，敢于同不良倾向作斗争。他对林彪“四人帮”反革命集团的倒行逆施坚决反对，旗帜鲜明，他始终坚信：“中国共产党是正确的伟大的党”。对祖国的四化建设，他充满信心。他这种坚强的党性原则。以身作则的革命精神，克己奉公的高尚品德和密切联系群众的优良作风，深深地受到后人的敬重。1981 年 11 月 10 日十九时四十分，81 岁的陆秀轩被病魔夺去了生命，与世长辞了。人民为失去这么一位好领导、好党员、好干部而悲恸！

地师级人物

黄雨山

（1910～2002）

黄雨山，原名黄秉琪，又名黄玉山，壮族。1910年出生于广西东兰县武篆区鸾坡村一个农民家庭。

早在少年时期，黄雨山就受韦拔群革命思想的影响，非常向往革命。1925年9月，年仅15岁的黄雨山就进入由韦拔群在武篆列宁岩主办的广西东兰第一届农民运动讲习所学习，开始接受革命理论。百色起义胜利后，为了充实后备力量，加强部队建设，红七军第三纵队在武篆区组建了一支训练队，追求革命又表现积极的黄雨山进入训练队学习。训练结束后，黄雨山被分配到第三纵队机关枪连任文书，正式成为一名光荣的红军战士。

1930年11月，黄雨山随红七军主力北上江

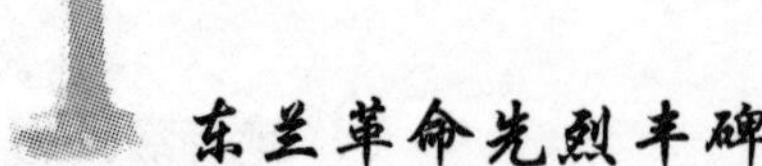

西，先后任第五十五团机关枪连文书、特务连宣传员、文书。红七军北上到达中央苏区后，先后进红七军训练队、红三军团教导营学习。结业后任红七军第五十五团一连指导员，红三军团五师十四团三营七连指导员，参加中央苏区第三、四、五次反“围剿”作战。

1934 年 10 月，黄雨山参加著名的二万五千里长征，任红三团教导营政治连文书。遵义会议后，黄雨山所在的教导营也投入了战斗，在贵州土城和两河口战斗中，面对有一定战斗力的川军，红军一上就猛冲猛打，并吹冲锋号，快速进攻敌人，敌人被红军的气势所压倒，连连后撤。从皎平渡口渡过大河后，由于连续行军作战，红军战士又饿又困。这一带老百姓在洼地里种有蚕豆，此时正值成熟季节，饿得实在没办法，黄雨山和战士们只好一面行军一面摘下豆荚充饥。在过茫茫无际的草地七天七夜，是最艰难最惊险的日子。风雨寒冷不足为惧，最可怕的是沼泽。看上去草色翠绿，可草根下便是豆腐般的软泥，脚一踩就沉陷下去，只听到咕嘟几声，短短几分钟，旁边的人来不及救助，陷下去的很快便消失了。依然吐着水泡的沼泽里只浮现着半截帽子。黄雨山也只能眼睁睁地望着战友一点点消失而爱莫能助，无能为力，只好含着眼泪继续带着队伍前进。有时候，远远看见一些同志好好地或靠在树根、土堆坐下，或在草棚里躺着，但到近一看，这些战友早已停止了呼吸。经过七天七夜的艰难跋涉，黄雨山和红军战士才走出这“死亡之谷”。

红军长征到达陕北后，黄雨山先后在西北红军大学、中央红军步兵学校、中央红军教导师学习。1938 年任中共陇东特委技术书记。1940 年 5 月，调任陇东救亡报社编辑。1942 年 10 月，进入延安西北党校（后改为中央党校第五部）学习兼任校部秘书科员。1945 年元月，调任陕甘宁边区高等法院院长雷经天的秘书。同年 9 月，调任辽西保安司令部组织科长。1946 年后，任区组织科长、热辽医院政委兼政治处主任、热辽军区供应部政治处主任、热辽军区政治部秘书科长。

新中国成立后，黄雨山历任东北军区炮四师直二科长、东北军区防空卫生部政委（正师级），东北军区后勤八三部疗养院院长等职，黄雨山同志曾荣获三级独立勋章和一级解放勋章各一枚，1988 年又荣获一级红星勋章，享受副军级待遇。

2002 年 3 月 11 日，黄雨山因病在沈阳逝世，终年 92 岁。

黄举平

（1904～1977）

黄举平是中国共产党的优秀党员，是右江革命的领导者之一和我党的优秀干部。他经历了土地革命、抗日战争、解放战争和社会主义建设。在五十年的革命生涯里，他无限忠于党的事业，不畏艰险，英勇奋斗，积极工作，为拯救劳苦大众于水火，为保卫右江革命根据地，为建立抗日民族统一战线，为解放全中国，为建设社会主义不屈不挠贡献了自己的一生。他的功绩将永远载入革命的史册。

（一）

黄举平，名桃金，字瑞琦，笔名志刚、三亚、浩凡，壮族。1904 年 6 月出生于广西东兰县武篆区江平乡弄竹村一个壮族贫苦农民家庭。

父亲黄鼎中，母亲韦氏都是农民，由于兄弟多，耕地少，为了谋生，便迁徙到人烟稀少的中山山脉的弄令峒，披荆斩刺，开荒种地，一家人一年到头，靠玉米、瓜菜糊口。黄举平在家中为老大，由于家境贫寒、生活艰辛，在他之后的 7 个弟妹中，就有 6 个先后夭折。父母视他为掌上明珠，把传宗接代、光宗耀祖的希望寄托在他身上。尽管家庭经济拮据，还是拼命干活挣钱送他上学。少年时代的黄举平曾在江平私塾和武篆育才高小就读。1923 年考入东兰高等小学就读。当时，在韦拔群的领导下，东兰农民运动风起云涌，学校里，爱国民主的思想异常活跃，成立了以黄昉日为会长的“学生自治会”，黄举平进入这所学堂，犹如进入了一个崭新的天地，他对“……山不在高，有仙则灵，水不在深，有龙则灵；学校之中，不在人众，在能自治而已……”的学生会训词极感兴趣。不久，他便加入了自治会。

1924 年间，东兰县学生军首领韦介诚带领师生到县衙门前的圩场上演讲，揭露土豪、军阀的罪行，号召实行国民革命。黄举平积极参加了这一活动。县知事黄瑶琼以韦介诚有意辱骂县官为由，派兵逮捕了韦介诚。黄举平和一批同学随黄昉日到县衙门抗议和上街游行，致力营救韦介诚。反动当局将韦介诚杀害后，黄举平和同学们怀着强烈的义愤，持哑铃到县衙门开展抗议活动。

1925 年上半年，豪劣纨绔子弟杜杰（伯豪）到东兰高等小学任教，他依仗权势，讥讽贫苦学生为“笨与牛马无异”，激起公愤，学生自治会发起驱杜运动。黄举平参加先锋队将杜驱赶出城。接着，黄举平又参加陈洪涛组织的“青年救国团”，积极写标语、出墙报、上街游行。同年11月1日（农历9月15日），韦拔群在北帝岩（今列宁岩）开办广西东兰第一届农民运动讲习所，黄举平毅然弃学投奔农讲所。在农讲所里，他如饥似渴地学习革命理论，寻求革命真理，坚持每天与学员们一道，爬山、跑步、游泳、练武，晚上到附近村屯进行革命宣传，访贫问苦，调查研究，他在艰苦的环境中养成了吃苦耐劳的习惯，磨炼出坚强的革命意志。结业后，被派往东兰中山一带开展农运工作，成为东兰农民自卫军的一名队员。

正当东兰农民运动蓬勃发展的时候，1926年2月，东兰县知事黄守先、土豪劣绅杜瑶甫、龙显云等率领警兵团丁配合桂系军阀龚寿仪团进攻武篆、兰泗、长江、东院等区，疯狂地镇压农民运动。各级农会遭到敌人破坏，大批农会干部惨遭杀害。为了保存革命力量，韦拔群有计划地组织农军疏散到外县，并扩大活动范围。黄举平奉命赴凤山县巴达乡与当地革命骨干罗明益等一道建立农民协会，组织农民自卫军，与土豪劣绅开展斗争。3月下旬，黄举平在长里巴林屯召开大会，筹建区农民协会。凤山县土豪韩代卿（教育局长）出面横加干涉，并唆使其子韩建候、韩建隆闯入会场，歪曲“东兰农案”真相，叫嚷“拔党（指韦拔群）是坡上来沟边来，短命的”，黄举平义愤填膺，命令把他们赶出会场。4月中旬，黄举平派农军公开镇压了韩家三父子，并没收其财产分给贫苦农民。是年下半年，中共广西地下党帮助国民党广西省党部农民部在南宁开办广西省第一届农民运动讲习所，培养农民运动骨干，黄举平作为农民运动活跃分子被选派参加学习。黄举平通过学习，进一步掌握了革命真理和斗争策略。学习结束后，被委任为右江农民运动特派员，先后在恩隆县的江州、百色县的月篆等地领导农运工作。

1927年“四·一二”反革命政变后，桂系军阀与其主子蒋介石遥相呼应，9月间，派驻百色军阀刘日福部黄明远营进攻凤山。10月，敌副师长朱维珍率正规军一个师开赴东兰，叫嚷要在“三个月内，消灭东兰农军”。11月，黄举平奉韦拔群之命回到东兰，担任县游击中队长，率领农军到东山一带与敌林廷华营周旋，不断袭击敌人，历时11天之久，将敌人击溃，缴获敌一批武器弹药和军粮数十担。

1928年4月，东兰民团局局董兼兰木区局董韦钟璜借敌军进攻东兰之机乱摊捐税，敲榨勒索民众。黄举平受命与黄大业率队拔掉韦钟璜盘踞着的兰木区这个据点，打死了韦钟璜，缴获30多支枪。多年艰苦斗争的锻炼与考验，使黄举平的思想日趋成熟，斗争才干日益增长，成为韦拔群忠实可靠的助手。1929年1月，经韦拔群介绍，黄举平加入了中国共产党。6月，黄举平又当选为东兰县劳农会主席，肩负更加繁重的革命任务。

（二）

1929年7月，中共中央派邓小平等一批干部到广西工作。邓小平等积极做俞作柏、李明瑞的统战工作，使广西政局发生了重大变化。广西地下党组织乘机加快各地党组织的建立和发展。8月，中共广西特派严敏到东兰加强党组织建设。首先在武篆区中和乡班鸠屯召开党员会议，新成立一个党支部——武篆支部，黄举平任支部书记。10月上旬，东兰县党员已发展到20多名，成立了3个支部。这时，成立中共东兰县委的条件已经具备。10月16日，中共东兰县第一次党代会在武篆区那论村召开，大会选举产生中共东兰县委员会，大会选举严敏、韦拔群、黄举平、韦菁、黄明强等县委委员，严敏为书记，黄举平为副书记。大会结束后，黄举平带领农军和民兵400多人到百色、田州、平马接运邓小平、张云逸分拨给东凤农军的各种军用物资。

1929年12月，严敏调离东兰，黄举平继任中共东兰县委书记，领导全县革命斗争，成为韦拔群的得力助手之一。到任一个月，黄举平就把全县党政军组织机构建立健全起来，建立党的区委会8个，党支部30多个，党员发展到400多人。到1930年下半年，全县党员发展到1000余人；同时建立了9个区156个乡苏维埃政府，赤卫军发展到2050人枪。4月，邓小平在东兰武篆旧州屯举办党员干部训练班，在东里屯进行共耕社试点，黄举平参加训练和学习。然后按照试点经验，在东兰进行土地革命，到5月中旬，全县完成了分田分地任务，9月初，黄举平又接任东兰县苏维埃政府主席，致力于苏维埃政权的建设。身为县委书记和县苏维埃政府主席，黄举平工作相当繁忙。但他坚持同县委其他委员深入各区开办党员训练班，致力于提高党员素质，增强党组织的战斗力。在繁忙的工作中，他挤出时间到苏维埃政府创办的东兰劳动小学，了解办学情况和学生思想情况，还亲自给学生上政治课。

1931年3月，桂系军阀乘红七军主力北上之际联合粤系军阀和地主武装共万余兵力，兵分三路“围剿”右江根据地。黄举平领导县委和苏维埃政府撤出东兰县城，进入深山，在中山一带领导反“围剿”斗争。撤退前，黄举平和县苏维埃政府主席覃联魁等亲自布置赤卫军在通往县城和城内的路口、交通要道摆设地雷，敌人进城时，被炸死炸伤一大批。由于东凤根据地军民的英勇抗击，使敌人原来拟订的“围剿”计划未能得逞。4月初，桂系军阀增兵进剿东凤根据地。为挫伤敌人的锐气，黄举平和东山瑶族独立营营长蓝茂才指挥赤卫军在凤凰乡至巴纳村一带大摆地雷阵，阻击来犯之敌。

4月14日，黄举平到武篆弄砦岩向韦拔群汇报工作，韦拔群对黄举平的工作给予高度赞扬。8 月，红二十一师党委和右江特委在东兰泗孟丘拔屯召开扩大会议，按中央指示，将红二十一师改为中国工农红军独立第三师（又称右江独立师），黄举平任中共右江特委委员。同时，将右江苏维埃政府改为右江革命委员会，黄举平任右江革命委员会主席。11 月，桂系军阀再次出动四个正规团和几个县的民团共 8000 多人“围剿”东凤根据地。黄举平率领地方武装在西山、东山一带的千山万弄中与敌周旋，配合韦拔群领导的红七军二十一师抗击进犯之敌。敌沈玖成团和余剑鸣团采取长期封锁与搜剿相结合的办法，企图把红军困死在西山。为了韦拔群的安全，黄举平护送韦拔群转移到自己的家乡——中山山脉的弄令、弄伞、弄腊一带隐蔽，并亲自在丛林中搭起茅寮，早晚陪着韦拔群食宿。由于东凤根据地军民采取了机动灵活的战略战术，敌人进犯东兰两个月，未能实现“不分玉石，一并斩尽”的计划。

桂系军阀对东凤根据地的第二次“围剿”没有达到目的，便挖空心思，用高官厚禄为诱饵，拉拢收买红军队伍中的动摇变节分子。驻扎在中山山脉的一个红军营长暗中投敌了。为报功，有一天这个叛徒杀了一只小猪宴请黄举平。对这个营长的不寻常举动，黄举平考虑再三，觉得这里一定有问题。他不但拒赴这席“鸿门宴”，还及时把情况向韦拔群报告。果然，过了几天，这个营长带着匪兵进入中山杀了数名瑶族同胞，还到三石向民团局董报功领赏。随后，黄举平率赤卫队在山中一个弄场将这个叛徒击毙。

1932 年春，中共右江特委和红军独立第三师党委在西山弄索附近的果六峒召开紧急会议。为了牵制外线之敌，减轻敌人对西山的压力，会议决定由黄松坚、黄大权带领一批干部到右江下游活动；由黄举平带领一批干部向黔桂边转移开辟新赤区。黄举平受命后即率领牙永平、牙美元、黄鸿滕、王士文、韦仕英等一批干部和一支小队伍上黔桂边活动。6 月，在天峨县的林友屯召开党员骨干会议，宣布成立中共黔桂边委和黔桂边革命委员会，黄举平担任边委书记和革委会主席，领导黔桂边的革命斗争。10月间，国民党乐业县民团司令黄昆山纠集凌云、凤山、东兰、南丹、那地等5个县的团警2000多人，向林佑、巴暮一带大举进攻。为了保存实力，黄举平率领边委、革委多数成员转移到那亭和平乐一带活动，相继开展斗争。11月，中共地下党决定利用贵州军阀毛光翔和王家烈两派的矛盾开展兵变工作。黄举平便率黄鸿滕、韦寿昌等3人化装成商人到贵州省罗甸县侦察敌情，准备打入王家烈部陈秀卿团进行兵变工作。刚到罗甸不久，就被捕入狱。1933年2月27日经地下党组织营救和当地商人保释出狱。出狱后，黄举平到贵州蛮瓦开展农运工作。

（三）

1932年10月和12月，韦拔群、陈洪涛相继牺牲，右江革命遭受重大损失，东兰、凤山根据地遭到严重破坏。1933年春，黄唤民、覃兴荣第二次派人到黔桂边汇报西山工作情况，请黄举平回西山主持全面工作。由于黔桂边区的工作局面刚刚打开，需要进一步巩固和发展，暂不能回东兰，他便派黄世新先回去。黄世新回到西山后，按照黄举平的指示，恢复了一批党支部的正常活动，并组织进步青年举行革命同盟，成立3个暗杀队，开展除奸活动。

1934年春，黔桂边的革命工作已有较大的进展，黄举平把黔桂边委、革委的工作交由韦国英（军事委员）负责后，便和随行人员启程回到东兰西山。

黄举平回到西山后，进行了卓有成效的工作。首先，他深入群众调查研究，掌握民众的思想动态；其次，进行宣传教育鼓动工作，回击敌人的造谣中伤；再次，恢复基层党支部的正常活动，发展新党员，重建中共东兰县委；最后，组织农民协会、青年同盟会、杀奸团，惩治罪大恶极的土豪恶霸、叛徒，派人外出联系上级党组织。接着，黄举平又前往凌云县平乐区检查和布置工作，并在力那的利导沟召开党员骨干会议，研究对敌斗争，并指定黄伯尧主持筹建中共凌（云）凤（山）边委。

是年冬，中共右江下游党委指派张宪（梁乃武）等到西山协助黄举平工作，东兰县的革命形势又有了新的发展，除原有的弄京、弄纳、东山、中山等支部外，又成立了兰木、弄辉两个支部，党员增加到40多人。

1935年4月，在中共思果中心县委的帮助下，中共东兰县委在西山水峒重建，黄举平任书记，领导东兰革命人民，坚持革命斗争。根据革命形势发展的需要，为便于对右江上游的统一领导，把右江上游革命斗争推向新的高潮，同年5月，中共东兰县委改为中共东兰中心县委，黄举平仍任书记，张宪任副书记。中心县委下辖中共黔桂边委、凌凤边委、东兰西山区委、东山区委以及中心县委直属的6个支部，负责领导东兰、凤山、万冈、都安、河池、南丹、凌云、乐业、天峨及贵州的册亨、贞丰、紫云、罗甸等县的革命工作。这期间，他在东兰、万冈、凤山、都安、河池、南丹、凌云、乐业、天峨等县部分地区建立了秘密农民协会、青年革命同盟会等群众组织，开展游击活动。

为了便于领导在右江上游广大人民群众开展革命斗争，1936年2月10日，中共东兰中心县委在西山召开右江上游革命骨干大会，建立右江上游革命委员会，黄举平任主席。3月15日，右江上游革命委员会发布《敬告群众书》，号召群众觉醒起来，推翻国民党统治。4月17日，黄举平在西山召开各县代表会议，讨论通过了一系列的工作决议案。会后，黄举平签发了《右江上游各县革命代表大会决案》《少年先锋队暂行组织法》《革命青年会目前组织简章》《反对军阀抽丁传单》《告民团特种队、后备队、预备队的兄弟书》《右江上游革命委员会通告》。同时，按照大会决议，把上游各县革命武装统编为右江上游赤色游击队第一联队，黄明三（世新）任联队队长，黄举平任政委。这时，右江上游的革命组织在思想上、军事上、组织上大大加强了力量。

7月14日，右江下游党委领导人陆浩仁、滕国栋被叛徒谋害牺牲，下游党委遭到破坏，大部分委员转移西山。鉴于当时右江下游党委暂不存在，为便于领导，7月27日右江上游党员代表会议在西山弄岩召开，会议决定撤销中共东兰中心县委，建立中共右江上游中心县委，推举黄举平为书记。右江上游中心县委下辖东兰、凤山、万冈、南丹、都安、平治、凌云及贵州、贞丰、荔波、罗甸等县党的组织。这时，一个以西山为中心，东兰、凤山和黔桂边区广大地区的革命斗争又活跃起来了。这年底，革命武装发展到3个游击大队，游击区也随之扩大，东兰县8个区大部分建立了革命政权。8月间，黄举平、张宪等在东兰县太平乡弄切屯召开50多人的党员、干部会议，分析形势，研究加强政权建设，发展革命武装和建立地下交通线等问题。会议决定成立中山、东山革命委员会。黄举平还布置与会同志动员过去参加革命的同志，只要他们现在愿意和我们继续革命，都欢迎他们。

1937年1月，广西省工委派何云到右江，在恩隆（今田东）七里区禄朋召开右江党的工作会议，传达西安事变及中共中央关于国共合作、联合抗日的指示。会议成立了中共桂西区特委，黄桂南任书记，黄举平任委员。由于成立桂西区特委，2月，右江上游中心县委又复称为中共东兰中心县委，黄举平仍任书记。

作为右江党组织的领导人，黄举平不仅组织群众开展对敌斗争，还号召广大党员干部加强革命理论的学习。他结合自己的斗争实践，写了《关于政党研究提纲》的学习心得，许多党员干部看后，都认为他的学习心得写得实际，认识深刻，对大家进一步理解共产党的性质、任务和共产党员的义务、斗争策略帮助很大。

（四）

抗日战争全面爆发后，中共中央以民族利益为重，提出了国共两党合作抗日的主张。但是，在共产党内的右倾机会主义分子看不清国民党的反动本质，只讲团结，不要斗争。当时担任桂西特委书记的黄桂南对合谈的复杂性、曲折性认识不足，过于轻信“国共合谈成功”。

1937年8月，他从右江下游直奔东兰西山，召开党的骨干会议，传达中共中央关于国共合作的指示精神，主张同国民党百色区民团总指挥黄韬进行谈判，并把我党领导的桂西革命武装集中起来，拉出去交给国民党收编送往前方抗日。黄桂南的错误主张受到出席会议的黄举平、黄世新等的坚决抵制。9月下旬，黄桂南又到东兰动员中心县委把上游武装全部交出，以表示我方对谈判的诚意。以黄举平为首的东兰中心县委仍坚决顶住压力，并采取了紧急措施，派牙秀才到黔桂边的卡法向牙永平通风报信，提醒他们警惕黄桂南把那里的队伍拉出去。百色谈判后，黄桂南拉出去的桂西革命武装两个团1600多人枪全部被国民党吃掉了，而右江上游的革命武装1000多人，由于黄举平、赵世同、黄世新等人的坚决抵制，全部保存了下来。

1938年1月，中共广西省委先后派孔克、吴边（吴元）到东兰西山指导工作。3月，中共东兰中心县委在武篆召开第四次执委会议。孔克、吴边在会上作了报告，肯定和赞扬了中共东兰中心县委的工作，说“右江各同志在白色恐怖之下，坚决奋斗，不但不受敌人消灭，反而工作一天天的发展起来，这是右江党真正的布尔维克精神了”。同时也指出右江党组织在过去工作中存在的问题。黄举平诚恳、实事求是地总结、检查了过去工作的得与失，并布置今后工作任务。

1938年6月，广西省政府密电东兰县长葛维廷，称有“八路军间谍在右江各县活动，企图扰乱后方，其组织有东兰中委（赤东兰中心县委)、同盟会、革命会、青年会、妇女会、瑶族会、抗日后援会……应以严防查剿”。葛维廷接电后，即紧急召开乡长会议，决定成立县中队，各乡设乡警，并组织秘密警察，对我党工作人员严加防范。东兰中心县委针对这一情况，发出指示：“所有色彩的及一般同志，一切行动应特别小心谨慎，来往各地，善看技术，使敌人窥伺不出，尤其行动与语言，须视环境情形对症下药，不可笼统而论……”“党的组织应只有纵而不横的关系”“吸收新同志须严审查”“秘密工作与公开工作应分清楚”。

1938年9月，孔克、何云、黄举平带领西山地区的地下党同志到群众中去进行宣传工作，秘密发动和组织群众开展抗日救亡运动。12月27日，中共东兰中心县委在西山水峒召开第四次会议。黄举平在会上做工作报告，会议讨论和决议了开办党员训练班，组建右江上游东兰县瑶族抗日解放同盟会以及干部分工等问题。会后，黄举平身着瑶族服装，深入瑶寨紧张筹建瑶族解放同盟会。

1939年2月2日，万冈、东兰两县民团调集1000多人枪大举“进剿”西山根据地。为避免损失，中共东兰中心县委决定，除在西山的小弄累峒设立留守处外，地下工作人员大部向外转移，分散活动，进行单线联系，等待时机。黄举平、王士文等撤到东山、中山后，又受到敌人严密监视和封锁，在极端困难的情况下，他们仍秘密召集当地进步青年在弄基峒杀鸡饮血，建立了革命同盟会，立誓将革命进行到底。7月，右江地区及其他地区的党组织接连被敌人的催残破坏。一度与上级党组织失去联系，但黄举平仍然保持坚定的共产主义信念，毫不动摇，含辛茹苦，坚持领导东兰各族人民开展斗争。他与中心县委其他委员坚决贯彻执行“隐蔽精干、长期埋伏、积蓄力量、以待时机”的方针，分别率队转战于右江上游和黔桂边进行不懈的斗争。

1941 年 8 月 28 日，中共东兰中心县委西山留守处负责人韦荣柏在西山的弄览峒被叛徒杀害。为不使右江上下游和黔桂边的联系中断，黄举平将留守处迁到西山的巴纳好勒峒后山的一个岩洞办公，并召集王士文、杨正规等人在这里成立了中共西山特别支部，直接领导同乐、弄纳、果扑、弄竹、弄京等支部。西山特支的成立，西山地带的抗日救亡运动有了坚强的领导核心。

1942 年 3 月 16 日，黄举平在西山拉物村成立了抗日宣传小组，黄天亮为组长。随后深入西山地区 19 个村、13 所小学、70 多个屯进行抗日宣传。通过印发传单、口头宣传、开座谈会，举行文艺晚会等形式，开展抗日救国的宣传活动。过后，黄举平还深入旁莫村进行检查，并指示他们要继续努力工作，注意安全。

8 月，基于天峨县更新一带的革命斗争形势有了新的发展，黄举平批准成立中共更新支部，并指定黄唤民任支部书记。中共更新支部的成立，使右江上游与黔桂边区的革命斗争配合得更加密切。

1943 年春，黄举平和赵世同又一次到旁莫村检查工作，指示黄克要把握有利时机，将统战工作扩大到基层去，想办法打入国民党党政机关。根据黄举平的指示，是年秋，黄克利用与县长詹北辰的师生关系，打入万冈县政府，先后担任县优待征兵家属委员会、县参议会秘书，常任议员和副议长等职；并安排一批中共党员和进步青年到县府有关部门和 14 个乡村任职。这期间，由于广西各地又出现白色恐怖，黄举平指示他们既要注意做好隐蔽，又要不放松发动群众购买武器武装自己，对付反动派的突然袭击。

1944年，西山的革命斗争有了新的进展：在西山的弄纳、拉物、坡力等村举办了党员、进步青年学习班，提高了对党的统战政策和策略的认识；发动地下党组织扩建了同乐、林览、坡力、勤兰、福厚支部；发动群众购买枪支弹药，发展、壮大地下革命武装，建立起拥有200多人枪的西山抗日游击队第一中队和西山瑶族武装中队。

1945年2月，中共桂西南区特派员覃桂荣到右江上游与黄举平接应。经过一段时间的筹备，在好勒峒开办一期为期15天的党员、骨干学习班，学习党的有关文件，讨论党的建设、群众工作、统一战线等问题。随着成立中共东兰特别支部（亦称西山特支，取代中共东兰中心县委），黄举平任书记。至此，上级党委与右江上游党组织（中共东兰中心县委）的联系中断五年之后又得到了恢复。

（五）

抗日战争胜利了，饱经八年战争痛苦的中国人民希望能在和平的环境中休养生息，重建家园。可是国民党反动派却背信弃义，一手挑起内战，人民又处于水深火热之中。桂西区地下党组织在上级党组织的领导下，根据革命斗争的新形势，组织桂西地区人民开展了反内战斗争。

1946年7月，中共广西省工委派覃桂荣到右江，组成了以区镇为组长，赵世同、黄耿为副组长的中共右江领导小组。并决定在右江举行推翻国民党反动政府的武装起义。为便于领导武装斗争，决定成立中共万冈中心县委。10月，中共万冈中心县委在西山成立，黄宝山任书记，黄举平任副书记。1947年9月中旬起，国民党广西省保安总队纠集万冈、东兰、凤山、凌云、田阳等县民团兵员达8500多人次，先后13次对西山进行大扫荡。这期间，黄举平与黄宝山、黄克等领导人一起带领东兰、万冈和凤山三县交界地区的武装，开展游击战争，保卫了西山根据地。

1948年春，东、万、凤三县的革命形势有了新的发展，为了巩固和发展这一大好形势，次年春，西山县人民政府在西山弄里峒（今巴马县合乐村）成立，黄举平任县长。他带病率领桂西人民解放军留守西山的部分武装和民兵，先后解放了万冈县的乔圩、凤凰、那色，并东渡红水河，配合都安、平治两县的游击队，先后解放了都阳、六也、古河等广大地区。9月，中国人民解放军滇黔桂边纵队桂西指挥部西山办事处迁往凌云县罗楼，在西山设立留守处，黄举平任主任。他与留守处的其他领导带领广大军民积极做好支前工作，迎接解放大军南下，先后组织起民运工作队、运输队等支前队伍。同时，搞好乡村革命政权的建设，使东兰县革命委员会在新中国成立前夕就解放了11个大乡，建立了8个乡一级的临时人民政府。筹集的粮食达20万斤和大批柴草，以迎接解放大军的到来。11月29日，中国人民解放军第三十八军一五一师进军东兰，黄举平率领东兰县地方游击队，配合南下大军，攻占东兰县城，东兰县城宣告解放。

12月，黄举平带领西山、中山游击队，采取政治攻势与军事斗争相结合的策略，收缴了中和乡伪乡长、反动民团头子梁旭秋部、江平乡民团黄海龙、黄福朝部、三石民团陆海涛、黄义甫部、东兰县伪县长韦超群等的武装，在摧毁反动营垒的同时，还建立了中和、江平、三石等区、乡的革命政权。

（六）

1950年1月，新中国成立后的中共东兰县委、东兰县人民政府宣告成立，黄举平担任县委书记兼县长。

新中国成立初期，长期饱受国民党反动派残酷摧残的东兰大地，千疮万孔，百废待兴。新生的革命政权面临着异常繁重而艰巨的任务，黄举平一上任，便发扬革命战争年代同样的一股劲、革命热情以及拼命精神，带领全县共产党员、干部和群众艰苦创业，重建家园。当时，建立各级政权迫在眉睫，而干部却十分缺乏。黄举平多方召集各种人才到县城共谋建设大计。他告诫大家要“不忘记过去艰苦卓绝奋斗之精神”，搞好政权建设，建立农民协会，组织民兵队伍，搞好社会治安，恢复和发展农业生产和教育事业。为使自己的思想和工作适应社会主义建设的新形势，黄举平在繁忙的政务中，特别注意加强理论学习，以指导新的革命实践。

东兰解放后，局势还不稳定，反动派并不甘心于他们的失败，他们在蠢蠢欲动，伺机反攻倒算，推翻新生的红色政权。1950 年春末夏初，东兰境内的土匪、反革命分子聚众闹事。在复杂的环境里，他不顾个人安危，深入各区检查部署工作。他每到一个地方，就告诫区、乡干部，情况越复杂，任务越艰巨，就越要做好思想准备，骨头一定要硬。6 月，潜伏在东兰境内的土匪与美帝国主义侵略者相呼应。中国人民反共救国军“黔桂边第三、四、八、十、十四等五个纵队”和“中国民主自由联军”第一军等股匪共 2700 多人相继在各区、乡举行反革命同盟，煽动、拉拢民众，或暗杀干部，或攻打区人民政府机关。面对敌人的嚣张气焰，黄举平沉着冷静地指挥全县军民奋起反击。他指示各区：“对反动派的处理，当然根据上级法令，逐步的彻底干净处理。”东兰县主力大队、公安队和各区中队在县委、县人民政府的领导下，开展了剿匪斗争，捉拿了一批土匪，枪决了一批匪首和首恶分子，平息了这几股土匪的暴乱，巩固了新生的人民政权。

1951 年 1 月，河池、南丹、天峨、宜山等县的反动团队以潜伏下来的国民党残兵 3000 多人枪，企图兵分三路进攻东兰县城，以打通东兰至田阳的交通线，然后向西南逃窜。黄举平沉着地领导和指挥全县军民采取外线伏击，内线坚守，御敌于城外的战术，并成立了指挥部，亲自负责总指挥。30日早晨，敌人相继占领东兰县城外围几座山坡，不时向县城发射炮弹，情况十分危急。黄举平立即召开紧急会议，部署学校师生疏散，组织机关干部参战，并亲临战斗第一线指挥，多次打退敌人的进攻，最后在三石、兰木、泗孟、大同等中队的支援下，把土匪赶至河东，保护了县城。2月，按照上级的指示，黄举平指挥全县军民开展了声势浩大的剿匪斗争。3月下旬，黄举平指挥全县军民配合中国人民解放军第四野战军第二十一兵团五十三军二一七师在全县范围内开展清匪反霸、减租废债斗争。一时，全县参加搜山剿匪的群众达45000多人，共消灭潜伏于东兰境内的土匪、特务2000多名，缴获敌人各种枪械5200多支和其他军用物资一大批。至此，东兰境内的土匪基本消灭，社会局势得到稳定，人民群众得以安居乐业。

1953年1月，黄举平调任百色专署民族事务委员会副主任。1954年4月，调任广西省民族事务委员会副主任。同年6月，被选为中共广西省第一次代表大会代表。1956年8月，担任广西少数民族参观团团长，率团到北京、华北、华东、东北等地参观学习。在北京期间，曾受到毛主席、周恩来总理的接见。1962年6月，黄举平调任广西壮族自治区民族事务委员会主任。任职期间，他认真贯彻执行党的民族政策，实行民族区域自治，促进各民族团结，为少数民族地区的经济文化建设倾尽心血，赢得了党内外的信任，1959年1月和1964年11月，先后被选为第二、第三届全国人民代表大会代表。在“文化大革命”中，黄举平被扣上“叛徒”“走资派”的帽子，长期蒙受“叛徒”罪名的不白之冤，直到党的十一届三中全会以后才得以公开平反。尽管如此，在“文革”十年期间，黄举平始终立场坚定，旗帜鲜明，努力去干自己应做的工作。1977年7月16日，黄举平因长年积劳成疾，医治无效，与世长辞，终年73岁。7月20日，广西区党委、区革委在南宁为黄举平举行了追悼会。国家民委、自治区党委、自治区革命委员会、广西军区和韦国清、欧致富、钟夫翔、莫文骅、陈漫远、吴西、乔晓光、覃应机等送了花圈。追悼会对黄举平的一生作了公正的评价：黄举平在党的长期培养教育下，忠于党、忠于人民，五十年如一日，为党的事业贡献了自己的一生。在新民主主义革命时期，他坚持武装斗争。在白色恐怖的环境中，他不畏艰险，英勇斗争，继续在右江根据地开展革命活动，直至解放。在社会主义革命和社会建设时期，他兢兢业业，任劳任怨，积极工作；在我党的历次斗争中，立场坚定，旗帜鲜明；他谦虚谨慎，严于律己，宽以待人，团结同志，作风民主，平易近人，密切联系群众，生活艰苦朴素，勤勤恳恳地为人民服务，为伟大的共产主义事业奋斗终身。

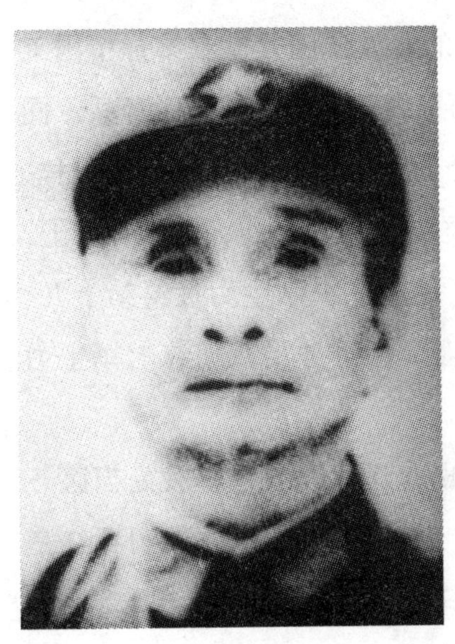

覃　波

（1916～2006）

他没有什么惊天动地、轰轰烈烈的壮举；也没有什么震撼人心的豪言壮语。但他用自己对党、对人民的无比忠诚和无私奉献，默默书写人生，留下其崇高风范在人间。他，就是原红七军老干部、原广西壮族自治区卫生厅顾问、享受自治区人民政府副主席级医疗待遇的覃波。

覃波，曾用名覃志英，壮族。1916年出生于广西东兰县大同乡板坡村河西屯一个贫苦农民家庭。少年时，覃波就受到右江农民运动领袖韦拔群革命思想的影响。1930年5月，年仅14岁的覃波便随其堂叔参加中国工农红军第七军，被编入韦拔群任纵队长的第三纵队，在纵部当勤务兵。同年11月，红七军集中河池整编，准备北上，实行中央攻打柳州、桂林、广州等大城市，完成南方革命的指令；前委决定，第十九、二十师北上，第二十一师由韦拔群、陈洪涛回右江组建，原第三纵队主力拨给第十九、二十师北上，覃波被编入第十九师，在经理部任勤务员，随红七军主力北上。

1931年7月红七军到达中央苏区，覃波被调到红七军军医处当医务员。同年8月，加入中国共产主义青年团。1932年春，覃波被调到红三军团军医训练班学习一年。结业后调到红三军团卫生部材料科，负责保管药品等工作。1933年5月，年仅17岁的覃波由共青团员转为中共正式党员。同年6月，红三军团奉命在大湖坪进行整编，取消军队番号。覃波调任五师十三团卫生队药司。随部参加中央苏区第三、四、五次反“围剿”战斗，在战斗中，他积极抢救、收容、护理伤病员。1934年10月，参加举世闻名的二万五千里长征。在惨烈的湘江战役中，为掩护中央军委纵队顺利通过湘江，覃波所在的红五师十三团在广西灌阳县新圩艰苦阻击国民党军两个师的猛烈进攻，该团伤亡极为惨重，覃波冒着敌人的枪林弹雨抢救伤病员。1936年，部队到达陕北后，他担负师部卫生部药师工作。

抗日战争时期，覃波先后在八路军卫生队、分区卫生队担任医生、卫生队队长、卫生处处长等工作。解放战争时期，任冀察军区十三分区独立四旅卫生处处长。1948年7月，被送入华北医科大学学习深造，1949年转入中国医科大学公共卫生系学习。他原来只有初中文化程度，对大学课程的学习难度较大。但他坚持刻苦学习钻研，虚心请教。经过四年学习，于1952年获得大学本科毕业文凭。毕业后，被分配在中国医药公司东北区担任副经理。其间，他干一行，爱一行，兢兢业业，把在大学里学到的专业理论知识，运用于工作实践，取得显著业绩。

1953年春，覃波回到阔别20多年的家乡广西工作，先后担任广西壮族自治区卫生局局长，广西省卫生厅副厅长。1957年底，申请辞去广西省卫生厅副厅长职务，主动到新成立的广西省中医药研究所工作，先后担任该所所长、党支部书记、党总支书记职务。1962年11月后，历任广西中医专科学校校长、广西壮族自治区卫生厅副厅长，广西中医学院革命委员会副主任、广西卫生服务站核心小组副组长，广西壮族自治区卫生局副局长兼党组副书记、顾问等职。曾是全国人民代表大会第一、二、三届代表。

早在红军担任卫生员期间，覃波就深知中草药治疗病人的作用，与中草药结下了不解之缘。他调到广西工作后，主要担负医疗卫生和民族医药工作，对中草药怀有特别的感情。为发展广西医药事业，他呕心沥血，忘我工作，鞠躬尽瘁，作出了突出贡献。

1959年，他亲手创建了广西药用植物园。他从该园的选点、规划、深入壮乡瑶寨调查引种到每一盆药物标本的栽培，他都倾注了大量的心血。先后采集、保存了4000多种药用植物，比李时珍的《本草纲目》记载的1094种还多2000多种。如国家重点保护的中药蔓荆子，平时常用的消炎药黄连素是其提炼的，还有国家一级保护植物，世界第一株野生变家栽的珍稀植物金花茶，等等。其规模、数量、药用植物种类，目前在国内和亚太地区都属最大、最多、最全、最珍贵，被医药界称为当代立体的《本草纲目》。

为了保护丰富的天然药物资源，他几乎踏遍了广西的山山岭岭，足迹遍及大青山、大明山、大平山、元宝山、九万山、十万大山、岑王老山、大容山、天堂山等名山。亲自创办了龙虎山（隆安）、弄岗（龙州）和大平山（桂平）等自然保护区，通过自然保护区，使天然药物得以保护。

1978年夏，覃波带领有关技术人员来到隆安县底隘村附近石山进行调查，见到那里石山上都是次生林，大树多被砍伐，适于林下环境生长的植物药用动物药大为减少，有的濒临灭绝，他回到南宁便亲自起草《关于保护野生药物资源，协助隆安县卫生局办好底隘天然药物保护区的汇报》，他的建议得到隆安县、南宁地区和自治区卫生厅的支持。1981年，区卫生厅批准拨出专款建立底隘保护区，初时定名为底隘天然药物保护区，后经覃波调查考证，更名为龙虎山自然保护区，沿用至今。

为了创建和办好保护区，覃波先后下到龙虎山不下百次，有时一下就是一个多月，去时还常常从家里带去粮食、肉类和蔬菜，与筹建保护区的同志同吃、同住、同劳动。2006年7月1日，九十高龄的覃波不顾患病在身和医生劝阻，出席在龙虎山举行的《龙虎山自然保护区历史碑记》揭幕仪式。当他见到保护区一派生机勃勃，心里很高兴。现在，该保护区各种植物达155科559属1200多种，其中药物占713种，包括枧木、金木丝李，毛辩金花茶等国家一级保护植物。有野生动物215种，已被开发成观赏项目的稀有动物猕猴，属国家二级重点保护动物，这些都凝结了覃波的辛勤汗水和心血。

1983年8月，覃波离休后，仍然十分关心广西改革开放和广西医疗卫生事业的发展，仍担任广西老年卫生工作协会、广西抗衰老科学技术协会、中国医药学会广西分会、广西革命老区建设促进会名誉会长、顾问，积极参加各种社会活动。

2003年，87岁高龄的覃波与黄荣、韦纯束等老同志联名给自治区党委写了关于加强东兰、巴马、凤山革命老区基础设施的建议书，引起自治区党委、政府的高度重视，立即作出开展东巴凤基础设施建设大会战的决定，并拨出一大笔专款。经两年奋战，东巴凤老区的面貌发生了巨大变化。

覃波一生襟怀坦荡，谦虚谨慎，严于律己，宽以待人，淡泊名利，从不计较个人名利，地位、待遇，廉洁奉公，艰苦朴素，永葆革命本色。

他刚从中国药物公司东北区公司调到广西时，其工资标准较高，比担任广西壮族自治区主席的覃应机还高，他便主动提出降低二级，在他病故前，他领取的仍是1955年开始担任副厅级的工资级别待遇。

覃波对子女要求严格，从不允许他们搞特殊化，更不为他们谋取私利。他家里三个弟弟都是在家乡务农。后有一个弟弟参军，复员时，原组织安排他在覃波任所长的广西中医药研究所工作，他知道后，坚决不同意，并劝其弟回乡务农，一直到其病故。其大女儿下肢瘫痪，也是她依靠自己找到谋生工作。2006年下半年，覃波因病住院时，经常叫其爱人去住院部收费处查他的医药费情况，担心医院为他治病多花钱。临终前，他还特别嘱咐爱人李素芳：今后不要向组织提出任何要求，后事从简，骨灰也不留，并嘱咐将自己家藏的中药书籍无偿捐赠给广西药用植物园。

覃恩忠

（1913～1985）

覃恩忠，原名覃易阳，壮族，1913 年出生于广西东兰县三石区那往村（今属三石镇纳合村）一个农民家庭。

1930 年春，红七军第二纵队三六八团第二营，正转战在东兰纳合与巴马凤凰交界一带。一天，战士们突然发现一个面黄肌瘦，约莫十四五岁的小孩子跟在部队后面，大家开始还以为他是当地苏维埃政府派来支援部队的民工，细问，才知道他叫覃易阳，是来当红军的。这事很快就被营长冯达飞知道了。他来到孩子面前问道："小朋友，你为什么老是跟着我们走?"小孩回答:"我要当红军!"

冯达飞被这位迫切要求参军的少年的行动所感动，在旁的老班长也说道:"营长，收下他吧！我们炊事班还缺人哪!"冯营长点了点头。从此，覃易阳成为红七军第二纵队第三六八团第二营的一名炊事兵。覃易阳，忠厚老实，办事认真，工作卖力且机智灵活。不久，营长又把他调到身边当通讯员。为了铭记红军的救命之恩，永远忠于这支人民军队，从此他改名为覃恩忠。

1930年2月，覃恩忠加入中国共产主义青年团。同年11月随红七军主力北上，仍任二营通讯员。次年2月，红七军到达中央苏区后，覃恩忠又被调到红七军军医处任卫生员，从此，开始了他的军医生涯。同年4月，他由共青团员转为中国共产党党员。随后任中央军委卫生所司药。参加了中央苏区第二、第三、第四、第五次反"围剿"的斗争。一批批伤员接连不断地从战场上送进了军部卫生所。从未上过学，连红汞、碘酒都未见过的覃恩忠，也走上了抢救伤员的第一线。卫生所设在一户农家，这是一座约200平方米的土墙屋。由于伤员多，屋里屋外都住得满满的，有的伤员被打断了手脚，有的被打穿了肚腹，有的奄奄一息，有的已失去了知觉。伤病员的呻吟呼唤，催人泪下。而地上、床上、身上的斑斑血迹，更使人惨不忍睹。那一张张痛苦的面孔，那一声声揪心的呻吟，使覃恩忠亲身感受到敌人的凶狠，战争的残酷，更感到自己责任的重大。

覃恩忠日夜不停地给伤员端水送饭，送药换药，倒屎倒尿，翻身擦背；他陪那些轻伤员到室外散步；他给那些思乡想家的伤员讲故事。尤其是夜晚，那是伤员最难熬的时光，覃恩忠常常陪他们到半夜，直到他们昏昏入睡才悄悄离开。为了伤病员的治疗和康复，他常常饿一餐饱一餐，不分白昼地工作着。他就是这样，用一颗火热的心温暖了伤病员的心伤，病员们遇到大事小事都喜欢找他，因此，覃恩忠成了大家的知心朋友。

最残酷的第五次反“围剿”开始后，成千上万的伤员被抬进了各个卫生所。这时，任中央军委卫生所司药的覃恩忠，比过去更忙了。由于军委卫生所没有一个正式医师，也没有几件像样的医疗器械，药品更为缺乏，眼看伤病员伤势一天天恶化，有的悄悄地死去。覃恩忠的心里真比刀割火烧还难受。他背着药包到其他卫生所求援。一天深夜，一位右江籍的战友用无力的双手拉着覃恩忠的手说：“阿忠，我……我不行了！我死后，请你不……不要告诉我家里，免得他们伤……心，你要救活……同志们需要你。”说完便慢慢松开了双手，覃恩忠的泪水滴滴落在他冰冷的手上。

覃恩忠为不能治好战友而悲痛过，他想起了小时乡亲们用中草药能治刀伤和疾病，于是他带着几名卫生员进山采药，什么消炎解毒的金芥草，化瘀活血的青天地红，治伤用的七叶一枝花，还有利尿的车前草、白茅根……披着夕阳的余晖，他们把药挑回驻地，又忙着制药，有的熬成药水供应伤员洗身，有的熬成了汤供伤员服用，有的捣成粉末供伤员敷伤口，有的晒干备用。这些中草药真是管用，好些伤员经他治疗恢复了健康。他这位小药司的名字慢慢响起来了。

1934 年 10 月，第五次反“围剿”失利后，中央红军被迫实行战略转移——长征。覃恩忠所在的中央军委卫生所被编入军委“红星”纵队，随中央机关一道长征。军委卫生所担负着为中央和军委领导的保健任务。覃恩忠是司药，负责全所药品的携带与保管使用。同年底，中央红军在广西北部的湘江两岸与湘桂军阀展开了湘江战役决战。战斗非常惨烈，我军伤亡达千余人。为了救治伤员，覃恩忠穿行于队伍之中，安置伤员，组织担架，救治伤员，整天忙得不可开交。在他的救护下，不少伤员脱离了险境。红军突破湘江后，进入天然屏障越城岭的西通山脉，部队严重缺医少药，覃恩忠顾不得长征的疲劳，和所里的同志们一边行军一边采药，部队一住下又抓紧熬药制药，使这些中草药在长征路上起了重要作用。

1935 年 5 月，覃恩忠被调到红军总医院当司药主任。这时，中央红军在毛泽东同志指挥下，出黔入川，向陕北挺进。频繁的战斗，恶劣的环境，使不少指战员负伤患病，总医院的包袱也越来越重，在那人烟稀少的大山里，成药特别短缺，而草药却遍地皆有。医院领导决定抓住这一有利时机，一方面对部队进行战地救护培训和常见病的防治；一方面发动卫生人员利用行军空隙上山采药。覃恩忠带着一个采药队深入老林采药，然后又将草药切细晒干，分成小包让大家带走。

红一、四方面军会合后，覃恩忠又被调回中央军委卫生所工作。继续为中央领导的健康服务。大概是有了“天然药库”的原因吧，他觉得很踏实。平时行军，他总是紧紧地跟在中央领导后面，以便随叫随到；部队宿营时，他和战士们一道挖厕所，检验饮水和食物。一天傍晚，周恩来副主席的警卫员来找覃恩忠，笑眯眯地说：“卫生员，走，跟我挑大炮（泡）去！”“大炮，是从哪里缴来的?”覃恩忠睁大双眼，不解地问道，不等覃恩忠问个明白，警卫员便背起他的药箱拉着他走了。一进门，只见周恩来副主席在微弱的灯光下看文件。一见面周副主席便亲切地问道：“今天的伤员多不多?”“不多，只有少数气候不适应的病号。”覃恩忠答道。“不多就好。气候病是可以逐步适应消除的。药品还有吧?”周副主席问道。“有，我们进四川后买了一些成药，主要是我们自制的中草药。”覃恩忠说。

“这个办法好，省钱省时，又很适用，值得在红军中推广!”

周副主席一边说一边伸出打泡的左脚，指着脚趾缝中的两颗大泡，风趣地说：“今天缴获的这两门炮不大吧!”覃恩忠这时才明白，警卫员说的大炮原来就是这玩意儿，躲在周副主席身后的警卫员偷偷地笑了起来。覃恩忠打开药箱，拿出自制的竹签在灯下为周副主席挑脚泡，挑破后又用自制的中草药消毒擦洗，说："周副主席，明天你必须骑马，不能再走路了。这样只要一、两天就会好的。"周副主席微笑着点了点头。这期间，覃恩忠还先后为毛泽东、朱德等中央领导同志打过针，送过药；还为刘伯承洗过眼伤。在川滇交界的征途上，覃恩忠进入中央红军卫生学校第九期训练班学习。这是他从事卫生工作五年来的第一次正规学习，训练班一边行军打仗，一边听课学习，他亲自聆听和观看了红军卫生部长贺诚、著名医生傅连璋的讲课和示范，他第一次听到了许多新鲜的医学名词，学到了一些常用拉丁药名。卫生学校领导还在课堂上表扬他在中央苏区和长征路上用草药治病取得了明显疗效，还请他讲了一课中草药的采制方法。

1936 年 10 月，红军三大主力在甘肃省会宁城会师后，覃恩忠被编入徐向前指挥的西路军，任三十军卫生部司药长。当他到军部报到时，主力已出发。交给他的是不多的药品和几位伤病员。他带着伤病员直到天黑时才赶上正待渡河的大部队。随着西进的深入，战斗的消耗，部队伤亡也日日增多。12 月底，当部队进入甘肃腹地的武威（凉州）、张掖（甘州）一带时，与胡宗南的部队和马家军西北军阀马步芳部展开了欲血奋战。敌人采取包围、穿插、分割等战术，将我三个军割断，而后各个击破。经过古浪、高台血战，部队基本上被打散了，幸存的部队被迫分散游击。覃恩忠与几位战友组成一个游击小组，毫无目标地朝西走去。他们有路不敢走，一直沿着荆棘丛生的山沟日躲夜行。面临着弹尽粮绝，他们只好徒手爬行，看到有家的村子也不敢进去，只好潜伏下来仔细观察，确实弄清没有敌人后才悄悄进村讨食，更多的是靠沿途采摘野果维生。他们就是这样不分白天黑夜地躲躲行行。一天，来到一条荒凉的山梁上，这时一位战友警觉地发现四五个人从山下往山梁上走来，其中一个人还骑着毛驴。他们只见几个高大个子手拄拐杖，一边走一边扶着那个骑驴的人。"那不是徐向前总指挥吗?"覃恩忠惊嘘地喊起来。

覃恩忠和战友们一跃而起，奋力向徐向前总指挥跑去。然而此时，远处传来急促的枪声，徐向前与大家一一握手，含泪而别。直到消失在茫茫的风雪中。

告别徐向前，覃恩忠和战友们继续西行。几天后，他们被马家军俘虏。凶残的敌人在他们的脸上用红药水画上两道杠，说什么画了红杠的人死了才能升天，而后把他们倒拖在马背驮上去集体活埋。正当国民党反动派即将把他们活埋时，国共实现了第二次合作，覃恩忠和战友们才免予一死，但却被关进了敌人的“新兵营”。次年 4 月，陈云、滕代远代表党中央，从苏联绕道来到了新疆与甘肃交界的星星峡，将这些被软禁在敌营中的幸存者接回延安。覃恩忠和所有的战友一样，含着激动的热泪，又回到了母亲的怀抱。

到达延安后，覃恩忠任抗大卫生所长。1939 年，他被选入晋察冀白求恩卫生学校学习，在这里，他第一次见到了伟大的国际主义战士白求恩大夫。他更加刻苦学习，很快学习到了不少医疗行政管理和先进医学知识。1941 年毕业后，覃恩忠被分配到晋察冀北方局医院任卫生处长兼主治医生，参加了百团大战。抗战胜利后，覃恩忠被调往华北地区，先后任张北军分区卫生处长、冀北野战医院院长、平北军分区卫生处长等职，开始了他解放战争时期的医疗战斗。

张北、翼北和平北一带是我党新开辟的革命根据地，这里地处北方边陲，气候恶劣，生活艰苦，敌人猖狂。覃恩忠面临的任务是十分艰巨的，当他初到张北分区卫生处任处长时，迎接他的是一百多名重伤员。他来不及解开转战的背包，便逐一看望伤员，并按伤情、病情轻重及时给予治疗。当时，卫生处刚建立，缺人、缺药，更缺器械和技术，覃恩忠办起了卫生短训班，把那些跟随他转战南北的资料给大家传授，听课后又进行野外战地救护练习。他上任不久，就把一个白手起家的卫生处搞得井井有条。平日的伤病员护理任务已够繁重了，但频繁的战地救护任务更为艰巨。当时，一些同志常被敌人的冷枪打伤、打死。而激烈战役后，伤员更多了。覃恩忠新婚蜜月也是在那日日夜夜的救死扶伤的战斗中渡过的。

1947 年，覃恩忠调任冀察军区独立第七师卫生处长，救护任务更加艰巨。在那艰苦转战的日子里，覃恩忠忘了生命，忘了新婚的妻子和刚出生的孩子，他日夜奔波在战火中、病房里。在一次战斗中，为保护伤员，他指挥救护队员们英勇阻击。敌人的一颗子弹打穿了他的右腿，顿时血流满地，但他强忍剧痛，一边包扎，一边指挥阻击敌人，保护了伤员的安全。

新中国成立后，覃恩忠先后担任长沙军分区卫生处长、中南军区工程部队卫生部副部长、广州军区罗浮山疗养院院长、广州军区后勤部卫生部副部长等职，享受副军职待遇。1985 年 12 月 1 日，这位久经考验的红军战士，在桂林病逝、享年 72 岁。党和人民在他的悼词中写道："覃恩忠同志的一生是革命的一生，战斗的一生。他的逝世是我党我军的一个损失。"

谭庆荣

（1908～1991）

谭庆荣是壮族人民的优秀儿子，中国共产党的优秀党员，他大革命时期投身于韦拔群领导的农民运动，经历了第二次革命战争、抗日战争、解放战争和抗美援朝战争，他两次长征，三过草地，在烈火中奋斗了三十五个春秋。他的一生是戎马的一生，革命的一生，战斗的一生，奉献的一生。

（一）

谭庆荣，曾用名谭桂林，壮族。1908 年农历 9 月 15 日出生于广西东兰县城厢区板界村板界屯一个贫苦农民家庭。父亲谭忠儒，母亲谭乜才，夫妻俩共生有两男一女。谭庆荣为长子，胞弟谭安文，年轻时被疯狗咬伤不治身亡。胞妹谭庆莲，成年后出嫁在本村。谭庆荣一家五口，挤住在一间茅屋里，只有一亩半山地，为了一家生活，只好再耕种地主的田地，因为山地贫脊，田租沉重，收成不敷交租，屡遭地主逼债欺凌。少儿时，谭庆荣曾在村私塾读了两年书。到了第三年，家里再也供不起他上学了。谭庆荣小小年纪就辛勤地帮助父母亲挑起了家庭生活的重担。到了青年时期，随着年龄的增长，谭庆荣知道了许多青年男女暗地里参加农军的秘密，而有的则在韦拔群开办的农讲所学习和宣传革命道理，跟土豪劣绅和贪官污吏作斗争，为农民谋利益。在他们的影响下，谭庆荣曾几次向本村农民协会表示要求参加农军的愿望。

1927 年初夏，正当蒋介石向共产党人举起屠刀，大革命归于失败的时候，谭庆荣毅然投身于韦拔群领导的农民运动。10 月的一天，在村农会工作的婶婶覃乜定带着谭庆荣去见农军队长韦日春，从此，19 岁的谭庆荣终于当上了一名农军战士，踏上了革命的生涯。当农军总指挥韦拔群得知谭庆荣是东院区板界村人时，就找他谈话，教育他如何当好农军，安排他当农军联络员，专门往返于武篆至河池都邑之间。谭庆荣双手接过了拔哥亲手发给他的老套筒，在他家乡城厢区板界村一带的农村参加游击斗争，从此，他常常头戴斗笠，将信件藏在斗笠竹叶中间，为韦拔群和覃孔贤传递信息，机智勇敢而出色地完成了韦拔群交给的任务。

（二）

1929 年 9 月，谭庆荣随农军攻占武篆、太平和东兰县城。12 月 11 日，他与农军战友们一道，转战在东兰途经百色的山道上，策应邓小平、李明瑞、张云逸、韦拔群领导的百色起义，以便阻击逃窜东兰之敌。百色起义后，谭庆荣被编入红七军第三纵队，成为第三纵队直属部的一名战士。在那战火纷飞的日子里，他与许多右江儿女一样，扫顽敌、斗群魔、风餐露宿，日夜征战，为建立和巩固苏维埃政权作出了积极的贡献。

1930年11月，红七军在河池整编为十九、二十、二十一3个师，谭庆荣被编入第十九师五十五团三营八连七班，任副班长。随主力北上，踏上了从广西到江西的七千里远征。一路打天河、战长安、攻武冈，血战梅花，攻崇义、占安福。用刀枪杀开一条血路，到达江西中央苏区与中央红军会合。

1931年5月，在湘赣边苏区，谭庆荣经连指导员李月和团政委许卓介绍加入了中国共产党。同年夏，他参加了湘赣边的第二次反“围剿”作战。到达江西中央苏区后，红七军被编入红三军团，谭庆荣随部参加了中央苏区的第三、四、五次反“围剿”作战。在东固、方石岭、水口、泉上、广昌、赣州等血战中，谭庆荣英勇杀敌，战功突出，连升为排长、连长、营长。1934年6月，谭庆荣被组织保送进瑞金红军大学学习。同年9月毕业后被分配到红八军团六十七团第三营任营长。

由于敌军集中兵力进攻中央苏区北部广昌，在王明“左倾”冒险主义错误的指导下，红军经过18天血战，遭受重大伤亡，广昌失守，敌军主力进占中央苏区腹地。同年10月，中共中央机关和中央红军共8.6万多人，被迫实行战略转移。1934年10月，谭庆荣带着累累身伤随军踏上了艰辛的二万五千里长征。在长征途中，他率领的三营，是红八军团的主力之一，一路斩关守隘，杀敌除恶，护卫着中央纵队前进。在湘南通过敌人第三道封锁线时，他在率部强攻嘉禾县城的战斗中再负重伤，手、脚两处中弹，被抬上收容部队的担架随军前进。医务人员原想将他留在老乡家养伤，后被军团长彭德怀发现后，亲自给他派担架，让他继续随军前进。他是在卧着担架，拄着拐杖通过了敌人的第四道封锁线，翻过了五岭最高峰——老山界。部队进入贵州时，红五、红八军团合编为五军团，谭庆荣担任五军团侦察参谋。他不辞辛苦，率队钻敌营、侦敌情，为部队西进提供情报。

1935年1月，在具有历史转折意义的遵义会议召开后，谭庆荣与战友们为部队攻打娄山关、四渡赤水河、突破乌江天险、过雪山草地等重大战役，进行出生入死的侦察，为这些战役的胜利建立了功绩。1935年6月，部队到达四川省西部懋功县时，谭庆荣调任第三十七团三营营长。不久，先头部队要在懋功县两河口开会，谭庆荣奉命和全团一起阻击尾追之敌于宝兴县，将敌打退30余里，毙敌百余，俘敌200多，并占领宝兴县城。7月中旬，谭庆荣营随第五军团从懋功县达维出发，经一天半时间，翻过大雪山——空卡山。接着又走了一个星期的草地，到达中阿坝地带，在此休整一个月左右。此时，张国焘自恃掌握的兵力多（约8万人，而一方面军只有3万多人），个人野心膨胀起来，竟然不同中央继续北上，置朱德总司令和刘伯承总参谋长的劝阻于不顾，于9月17日，擅自下令要部队南下。谭庆荣和其他团营干部一样，开始时并不了解张国焘个人的真实意图，“既然前面并无敌人，为何不继续北上?”对此也产生质疑和不满，但又要服从命令，只好随大军南下，第二次爬雪山过草地。后来，中共中央多次致电张国焘，要他立即率部北上，张国焘仍置之不理。10月5日，张国焘公然宣布另立“中央”自任主席。部队南下后又与敌军作战，伤亡惨重，部队由8万多人减少到4万人。朱德、刘伯承等领导一直坚持同张国焘进行坚决斗争，使他的分裂活动在四方面军很不得人心。在这种情况下，张国焘不得不于1936年6月6日宣布取消另立“中央”，回头北上。谭庆荣率领全营又第三次爬雪山过草地。

1936年10月，红军之三大主力终于到达甘肃会宁会师，此时，谭庆荣奉命率部队在会宁城外的花家岭阻击敌人，掩护部队会师。

（三）

1937年1月，第五军占领甘肃临泽县城后，军长董振堂带两个团去进攻高台县，三十七团奉命坚守县城。此时城内驻有五军教导队、军直机关、总部妇女团和第九军后勤部等。军长董振堂在进攻高台时牺牲，高台之战失利。这时，敌人集中3个骑兵旅、1个步兵旅和炮兵猛烈进攻临泽城。城内红军虽然英勇抵抗，但因敌众我寡，处境相当危险。在这万分危急的情况下，军部命令谭庆荣营不惜一切代价，阻击敌军，让城内红军撤出两小时后，才撤出战斗。谭庆荣在城西外的指挥所，指挥全营战士一次又一次打退敌人的进攻，但自己的战友也一个接一个地倒在战场上。等到最后撤出战斗时，全营仅乘下30多人。当谭庆荣率领余下的30多战友在沙河堡山脚下追上前头部队时，三十七团团长和参谋长问谭庆荣："你们部队都回来了吗?"他含着眼泪回答道："活着的都回来了。"几十年后，谭庆荣每每回忆起这场战斗，总是情不自禁地掉泪，那深沉激动的泪水，是对每一位牺牲的战友最真挚的怀念啊！

1937年3月间，为了摆脱敌军追击，总部决定分东西两路行军。谭庆荣所在部队编入西路军随徐向前、李先念沿着祁连山西行。曲折婉蜒的祁连山雄峙西北，这里是春风不度的古代丝绸之路，又是历代兵家的征战之地。漫漫黄沙，累累白骨，风刀雪剑，凶残的胡兵（指马步芳等为头子的西北军阀）正等着西路军的英雄们去征服。在徐向前、李先念的指挥下，谭庆荣先后率部在白湾、一条山、凉州、山丹、临岭、李家、沙河、拉马石、石窝山、红柳园等战斗中与敌浴血拼杀。在多少次饥寒交迫的日日夜夜，多少次血火交融的生死搏斗中，谭庆荣率领战士们把敌人杀得鬼哭狼嚎，尸横遍野，然而多少战士却长眠在茫茫荒漠，谭庆荣也多次负伤。

1938 年初，当中央派陈云、邓华、滕代远等将这支在河西走廊拼杀一年多的部队接到甘肃与新疆交界的星星峡时，出发时将近 3 万人的西路军，此时仅剩下 400 百多人了。谭庆荣与战友们见到党中央派来的亲人时，他们一个个像久别母亲的小孩子一样，放声大哭起来。这支几乎全军覆没的红军部队又回到了党的怀抱。

陈云等同志把这支衣衫褴褛、饥病交加的部队接到了新疆迪化（今乌鲁木齐）。当时我党正在与新疆军阀盛世才进行统战工作，盛表示愿与中共和苏共合作，才允许这支共产党的军队在新疆驻留休整。谭庆荣等一批骨干被党派到盛世才军中工作，他当了骑兵连长。后来，盛世才翻了脸，公开反对共产党，谭庆荣被当作“共匪”投进了监狱。原来，盛世才亲苏容共的目的，是企图利用共产党的力量来巩固其统治地位。他派出大批特务监视共产党人的一举一动，仅谭庆荣连就插进 4 个特务。盛世才通过特务发现共产党人做的事都是为了抗日，并不是为他的统治服务。于是，他逐渐仇视共产党人，以各种手段把共产党人先软禁起来，而后投入监狱，妄图强迫共产党人声明宣布脱党。1943 年 2 月初，谭庆荣和林基路、李云扬等 18 人被软禁后押送新疆监狱。

在狱中，谭庆荣和战友一起坚持顽强的斗争。在这四年的狱中生活，狱中党的负责人联络各位战友，建立党的组织，作出“永不叛变”的决议。此后，无论受到怎样严酷的审讯、引诱和毒打，都动摇不了谭庆荣对共产党信念和坚强的革命意志。由于谭庆荣在被审讯时，据理驳倒敌人之慌言，被怀疑是狱中中共党负责人之一，被关入单人监舍。1943 年 9 月 27 日，新疆反动军阀盛世才下令杀害中共中央派驻新疆的重要领导人毛泽民、陈潭秋、林基路等 10 多名共产党员，更激起了狱中共产党员的愤怒，谭庆荣和战友们一起，先后两次绝食斗争。因那时是国共合作时期，狱方害怕事情闹大，不得不用注射器把食物从绝食者的口中强迫注入。最后党组织决定，为了保存革命力量，允许复食。

时任国民党中央青年干部军校教育校长的蒋经国，知道狱中的这些情况后，来到监狱视察时，对狱中的共产党人说："各位先生在这里受委屈了，党国派鄙人来看望诸位……"这时，共产党代表高登榜向蒋经国递上分别给蒋介石、吴忠信（新疆省长）、朱绍良（第八战区司令官）的抗议书。并质问蒋经国："我们都是抗日的战士，为什么同室操戈，关押我们。既然允许信仰自由，为什么要强迫我们声明脱离共产党？"蒋经国被问得哑口无言，慌忙溜走。

1946年4月的一天，迪化市市长屈武突然来监狱说："张治中将军已被任命为军事委员会西北行营主席兼新疆省主席，今天兄弟来慰问大家，再发一些生活费，关于送你们回延安的事正在安排。"5月下旬，张治中的机要秘书余湛邦到监狱对谭庆荣等共产党人宣布："你们被释放了，将派人派车送你们回延安，请你们现在就收拾行李。"谭庆荣和狱中100多名共产党员，顿时觉得看到了一线曙光，但高兴之余又感到疑虑："真的送回延安吗？"于是大家提出要求释放后登报声明才走。张治中知道后，便派代表到狱中与杨云华（张治中在上海大学时的同学）等人面谈。张治中对杨云华说："释放除汉奸以外的一切政治犯，是毛泽东和蒋介石在重庆谈判商定的，并写入《双十协定》。毛泽东、周恩来当面同蒋介石和我说，要按照《双十协定》释放你们。目前多事多变，事不宜迟，你们越早回延安越好。"杨云华回到狱中转达了张治中的话，大家才打消顾虑。

6月10日，一个灿烂的早晨，被关押了四年的谭庆荣与130多名战友离开迪化踏上了6000多里征程。当他们到达西安时，胡宗南宣布：从新疆来的"这批共产党人不能走，政治部要审查"（实为关押）。刘亚哲多次与胡宗南交涉未果。西安八路军办事处急电请中央营救。朱德以十八集团军总司令的身份接二连三向蒋介石和胡宗南打电报要求放行，同时在南京的周恩来又与蒋介石交涉。最后蒋介石才下令胡宗南让步。这样，谭庆荣与战友们又得以从西安向延安进发。

不料，当队伍到达洛川县城时，又遇到胡宗南的封锁。原来，随军的所谓10个照料人员全是一批军统特务。到此，他们不听从刘亚哲的指挥，拒绝进入解放区。刘亚哲急电张治中。第三天，刘亚哲收到张治中急令新疆军统特务头目刘汉东的电报，命令10名照料人员："听从刘亚哲指挥，违者纪律制裁。"于是，车队才又得向解放区急驶，迅速通过封锁线，到达鸡加村与朱德派来的车队交接，至此，谭庆荣等130多名共产党人终于回到了党的怀抱。

不久，谭庆荣进入中央党校学习。未等结业，他又奉命进军东北，先后担任南满军区骑兵纵队参谋处副处长、教导大队大队长、东北军区骑兵团副团长、团长、安乐第三军分区团长等职，率部在林海雪原与大大小小的"座山雕"进行殊死的斗争。1948年9月，我军发起了辽沈战役，谭庆荣率部打本溪、援沈阳，与蒋经国的青年军开展决战，切断了青年军驰援沈阳之敌的通道，为确保辽沈战役的胜利作出了贡献。

新中国成立后，谭庆荣还来不及拍掉身上的征尘，便于1950年10月首批率部赴朝作战，并任中国人民志愿军团长。在定州、花林里等地，他率部狠狠地打击了美国伪军。1951年6月4日，回国休整几个月后，谭庆荣又第二次率部赴朝，参加了保卫新岛，解放水银岛等战斗。直到1952年底才回国。回国后先后担任辽东军区参谋科科长兼军区机关党总支书记，沈阳市兵役局副局长、局长，沈阳军分区副司令员等职。

告别了战火纷飞的战争年代，这位英勇善战的老红军逐步转入了地方人民武装的岗位。1954年，他任沈阳市人民武装部部长，次年，被授予上校军衔，并被选为沈阳市党委委员和市人民代表大会代表。1966年3

月，58 岁的谭庆荣方从沈阳市人民武装部部长的岗位上退下来，回到广西桂林军分区干休所休养，享受副军级待遇。离休后，他仍坚持认真学习马列主义、毛泽东思想和邓小平理论，关心党和国家大事，坚持拥护党的十一届三中全会以来的路线、方针、政策。他关心家乡建设，多次回到家乡参观考察，向干部群众作革命教育报告。

人们常用身经百战来形容一个革命者的勇敢和坚强，而经历了第二次国内革命战争、抗日战争、解放战争和抗美援朝战争的谭庆荣，何止身经百战？在烈火中奋战了三十五个春秋，身上多次多处负伤，真可谓九死一生。但这个右江人民的忠实儿子，从参加革命的那一天起，就把自己的一切交给了党和人民。他像一只搏击长空的雄鹰，不怕暴雨骤雨，不怕雷鸣电闪，党指向哪里就奔向哪里，哪里有敌人他就杀向那里。为建立新中国而贡献了他的青春年华。他曾荣获中央军委授予二级八一勋章和二级红星荣誉勋章。

1991 年 1 月 29 日，谭庆荣因病医治无效在桂林逝世，享年 82 岁。遵照谭庆荣生前遗嘱，他的骨灰分别撒在东兰的土地上和当年他当农军交通员为拔哥送信的红水河中。

县团级人物

王仕文

（1905～1952）

王仕文，别名王文生，壮族，1905年生于广西东兰县武篆区弄蕊乡（今弄竹村）一个贫苦农民家庭，少年时进过私塾。

1925年，参加韦拔群领导的东兰农民运动，任乡农民协会执行委员。1926年11月武区第二届农民协会成立。王仕文任武篆区弄蕊乡农民协会会长，1929年加入中国共产党。1929年9月底，中共广西特委委员严敏到东兰筹备建立中共东兰县委员会。严敏到东兰后，于1929年10月中旬在武篆区那论村召开中共东兰县第一次代表大会，选举产生中共东兰县委员会。12月11日，参加百色起义后不久，武篆区苏维埃政府成立，王仕文任武篆区苏维埃政府（革命委员会）组织委员。1930年至

1932年先后任中共西江支部书记、武篆区委书记。1932年5月，随黄举平从西山跳出敌人包围到黔桂边开辟新的革命根据地。1934年春，王仕文随黄举平回到西山，协助黄举平整顿西山党组织，准备重建中共东兰县委。其间，王仕文奉派到燕洞、那仁乡一带发展党组织，成立那仁支部，整顿中山支部，并任中山支部书记。1935年4月，中共东兰县委重建，黄举平任书记，王仕文任常委。同年5月，改建中共东兰中心县委，黄举平为书记，王仕文仍任常委。同时被派到平乐协助黄伯尧整顿党组织，成立凌凤边革命委员会。8月，又到黔桂边组建中共丰（贞丰）业（乐业）支部并任支部书记。1936年7月中共东兰中心县委改为右江上游中心县委，黄举平任书记，王仕文为农运委员。1937年1月任中一（东兰中山上游一段）支部书记。同年2月，撤销右江上游中心县委，恢复东兰中心县委（赤称东凤中心县委），黄举平任书记，王仕文等5人为委员，奉派到恩隆、燕洞一带，整顿发展党组织和建立地下交通站。7月，王仕文在燕洞那仁做党的组织工作，发展了覃明彦、覃盛昌、覃明经、覃明亮等为中共党员、并成立了中共那仁支部。

1938年3月，中共东兰中心县委在武篆区弄竹乡召开第四次执委会议，王仕文参加这次会议，会后，与会人员坚决贯彻执行上级的指示、坚持我党在统一战线中独立自主的原则，坚持西山革命根据地的抗日革命斗争。1941年后，王仕文协助黄举平组建中共西山特支和东兰特支并到介莫、赐福、长干一带去整顿发展党组织和建立地下交通站，发动群众购买枪支弹药，为发动武装起义作准备。1945年2月，中共东兰中心县委改建为中共东兰特支、黄举平为特支书记、王仕文等为委员。1946年10月兼任中共中山支部书记。1947年，王仕文参加东万凤革命委员会工作，奉派到中山、东山（即江平、中和、三石、凤凰、荫圩、那色、那蕊、巴岩、天吉、介莫、赐福）一带组织发动群众反“三征”和组建地下革命武装。万冈起义受挫后，奉命巩固和发展中山、东山游击区、组建东山民兵游击队，抗击国民党东兰末任县长韦超群对东山弄美的“进剿”。

1948 年春，西山县临时人民政府成立，黄举平任县长，王仕文任组织委员。1949 年 9 月撤销中共东兰特支，建立中共东兰县工作委员会（简称东兰县工委），牙义权为代理书记，王仕文等为工委委员，仍兼任中共中山支部书记。1950 年 1 月撤销东兰县工委，建立中共东兰县委员会，黄举平为书记，王仕文为委员，同年 4 月，任中共东兰县委组织部部长。他积极协助黄举平整顿和发展各级党组织，建立革命政权。1952 年 5 月病故，时年 46 岁，1958 年经中央人民政府批准，追认为革命烈士。

王仕霄

（1902～1978）

王仕霄，壮族，1902 年生于广西东兰县武篆区拉乐村一个贫苦农民家庭。1925 年秋参加韦拔群领导的东兰农民运动，先后任乡农民协会执行委员、县农民自卫军战士。同年 9 月，进入广西东兰第一届农民运动讲习所学习。1926 春跟随韦拔群进行反抗国民党右派勾结土豪劣绅团局势力镇压农民运动的斗争。同年秋，随农军主力攻占东兰县城。1927 年 8 月，参加韦拔群领导的农民暴动。围攻凤山县城，反抗国民党桂系军阀的反共“清党”屠杀，坚持农村游击斗争。1929 年 12 月，参加邓小平、张云逸、李明瑞和韦拔群领导的百色起义，编入中国工农红军第七军第三纵队任班长。同月加入中国共产党，参加了创建右江革命根据地的斗争。1930 年 11 月，随红军主力北上，转战黔桂湘粤赣边。1931 年夏参加湘赣边第三次反“围剿”作战。到达中央苏区与中央红军会合后，参加中央苏区第三、四、五次反“围剿”斗争，曾任排长、连长。第五次反“围剿”失利后，随中央红军进行二万五千里长征。历经第一次国内革命战争、第二次国内革命战争和抗日战争、解放战争。在抗日战争时期，先后任八路军侦察队长，抗日游击大队长；解放战争时期任中国人民解放军营长、股长、经理。新中国成立后，历任广西省人民政府招待所所长、广西省委招待所所长、政协广西壮族自治区第三、四届委员会委员等职。1978 年 8 月因病在南宁逝世，享年 76 岁。1978 年追认为革命烈士。

王廷标

（1892～1949）

王廷标，壮族，1892年出生于东兰县武篆区林乐村一个农民家庭，中国共产党党员，少年时代，曾就读于武篆育才小学。1922年参加韦拔群领导的东兰农民运动，任农民自卫军战士。

1923年参加东兰农军三打东兰县城的战斗。大革命时期曾先后任农军小队长、中队长等职。1926年参加韦拔群在武篆育才小学举办的广西第二届农民运动讲习所学习。毕业后，回本乡继续从事农民运动。1927年，蒋介石发动“四·一二”反革命政变后，仍坚持在农村进行游击战争。1929年12月11日，参加邓小平、张云逸、李明瑞、韦拔群等组织和领导的百色起义。同日，红七军成立，王廷标任红七军第三纵队特务连副连长，随后调红七军军部教导大队工作。1930 年 11 月，红七军河池整编后，随红七军主力北上江西中央苏区；1931 年 7 月，红七军会合中央红军后编入红三军团，王廷标参加中央苏区第三、四、五次反“围剿”作战；1934 年 10 月随中央红军进行二万五千里长征。1935 年 1 月遵义会议后，被编入红三军团第五师第十三团，多次随队担当中央红军前卫、后卫的抢关夺险任务，为红军长征扫除障碍。1936 年 10 月，红军三大主力会师后随队参加抗日战争和解放战争，任中国人民解放军某部团长。1949 年率部南下，在强渡长江战役中光荣牺牲，时年 57 岁。

韦汉超

（1901～1938）

韦汉超，原名韦展书，壮族。1901年8月出生于广西东兰县都邑区板坡村板合屯一个贫苦农民家庭。他从小跟随父母下地干活，上山砍柴，具有吃苦耐劳的品质。13岁那年，他已很懂事。父亲见他聪明，便把他送到村中的私塾读书。他勤奋学习，成绩优良。到1919年仅读6年书的韦汉超便被推荐当私塾教师。就在这一年，北京爆发了“五四”爱国运动，反帝反封建的爱国主义思想迅速在全国各地传播。受其影响，韦汉超开始萌发了民主革命思想。

1921 年，韦拔群在东兰领导农民革命运动后，韦汉超受到极大的影响和教育，毅然投身革命。他把积攒下的 400 块东毫买了两支步枪，但因此招来横祸。一天，板合屯地主韦家隆、韦家玉带一帮人无端把他抓起来，逼他要枪，韦汉超强烈地反抗，他们便吊打他。晚上，又把他捆在韦家玉家的牛栏柱上，然后这帮家伙便去猜拳划码，饮酒作乐。韦家玉家的一位老长工知道这帮坏蛋要谋害韦汉超，很是同情。当坏蛋们喝得酩酊大醉时，偷偷溜进牛栏，放了韦汉超，使韦汉超免遭一劫。从此，他恨透了地主豪劣，决心与这帮害人虫斗争到底。1923 年，韦拔群指挥农军三打东兰城，赶走了县知事，东兰农民革命武装斗争蓬勃发展。韦汉超非常敬佩韦拔群的胆略。

1925 年夏，在韦拔群的领导下，东兰县各区乡农民协会纷纷成立，韦汉超积极参加农协会的工作，并被选为都邑区义勇军（后改为自卫军）队长。他经常深入瑶族同胞居住的果棉乡组织、发动青年参加自卫军，组建了一支以瑶族青年为主，有 100 多人枪的马枪队，并兼任队长。9 月中旬，韦拔群在东兰武篆区北帝岩（今列宁岩）开办广西东兰第一届农民运动讲习所，韦汉超闻讯立即前往参加学习。韦汉超聪明伶俐，接受知识能力强，理论水平提高快，且能说会道，机智勇敢，因此受到韦拔群的赏识。学习结业后，学员哪里来回到哪里去，韦汉超却被留在韦拔群身边工作。在韦汉超的影响下，他的弟妹也先后参加了革命。

1927 年，蒋介石发动“四·一二”反革命政变，新桂系军阀追随蒋介石反共，在广西疯狂追捕、屠杀中共党员和革命群众。桂军龚寿仪团疯狂“进剿”东兰农军。11 月，敌人进攻大同区板坡村。韦汉超的妻子、弟、妹及母亲都惨死在敌人的屠刀下。韦汉超同所有的坚定的共产党人一样，没有被反动派的嚣张气焰所吓倒。他化悲痛为力量，掩没好亲人的尸体，又继续战斗。为了保存力量，他率领农军避强击弱，对敌人进行各个击破。在重伤敌人后，率领农军主动退入瑶族居住的大石山区果棉、内达等地，坚持游击战争。

1929年夏，张云逸率部进驻右江后，东兰农民运动得到进一步发展。6月，韦汉超奉命带领覃培芬等几个人以经商作掩护到河池县九圩、保平、光隆一带进行革命活动，点燃了河池县西南山区的革命之火。同年10月，韦汉超率大同区100多名农民自卫军到武篆，与其他区农军会合，参加了攻占武篆、三石民团，解放了武篆、三石两区。11月1日，在韦拔群的统一领导下，韦汉超率领大同区农军参加解放东兰县城等战斗。同月，加入中国共产党。不久，担任大同区都邑党支部书记。

百色起义的当天，东兰县第一届工农兵代表大会在县城召开，会议成立东兰县苏维埃政府，韦汉超出席大会并当选苏维埃政府土地委员会主席。从此，他更加废寝忘食地工作。

1930年4月，韦汉超在武篆参加了由邓小平主办的右江地区党员领导干部训练班，他认真地学习党的理论知识和土地革命的方针政策，政治思想水平和理论政策水平有了很大提高，更加树立了为共产主义奋斗到底的决心。11月，红七军在河池整编为第十九、二十、二十一师。第十九、二十师奉命北上。韦拔群主动把二十一师的2000多人拨给十九、二十师，自己带留下不足百人的官兵回右江坚持根据地的斗争。韦汉超被留下协助韦拔群重组二十一师。率领六十一团第三营转战于东兰、河池、都安三县交界地区。在其极困难的情况下，他紧紧依靠当地群众配合，先后歼灭了窜入该地区的反动土豪劣绅韦家玉、吕耀荣、付显阳、付显荣的反动武装，有力地保护了人民的生命财产和苏维埃政权。

1931年2月，桂系军阀廖磊乘红七军主力北上，右江根据地兵力不足之际，指挥桂军、粤军、黔军以及地方民团武装共万余人，分三路大举

"进剿"东凤革命根据地。庆远民团司令石化龙率领的民团2000余人武装，首先进犯韦汉超营驻防的东兰河东地区。韦汉超率第三营充分利用有利地形地物，机动灵活地与敌周旋，他们避敌锋芒，抄敌后路，攻其不备，晚上，他们3至5人一组，以光身为标记，摸入敌人驻地，趁敌人酣睡之际，用马刀大砍大杀，使敌人防不胜防，有枪也使不上。经过18个昼夜的激战，毙敌百余人，活捉敌连长一名，石化龙只好带领残兵败将退回河池。8月，根据中央的指示，红七军二十一师改为中国红军独立第三师（亦称右江独立师），领导成员以及直属部队番号不变。韦汉超被任命为新组建的独立第三师都邑瑶族独立营营长。9月，韦汉超率队攻打板坡，消灭反动民团20余人。在一个多月的时间里，韦汉超营在河东地区频繁出击，沉重地打击了敌人"进剿"。反动县长韦耀祖率领数百民团进犯河东地区，均被韦汉超营打得焦头烂额，只好败退坡豪。11月，桂系军阀第二次大规模进剿东凤根据地。罗活团进犯河东地区的果棉、那平、那歪等红军据点。韦汉超命令杨素灵带领20多名红军和赤卫军驻守那平据点，与敌周旋一天一夜，歼敌15人。在韦汉超的指挥下，都邑红军瑶族独立营坚持与敌开展斗争，为巩固东凤根据地作出了贡献。

1932年春，红二十一师缩编，组成10个"杀奸团"和4个独立营。韦汉超仍任都邑瑶族独立营营长。不久，右江革命根据地被敌人分割，处境十分困难，各独立营只能根据当地情况作战，灵活机动地打击敌人。同年8月，桂系军阀向东凤革命根据地发动第三次大"围剿"。敌第七军军长廖磊亲自坐镇东兰，韦汉超率部在河东地区频频出击，沉重地打击了敌人的"进剿"。西山根据地大小弄京被敌占领。9月，百色民团副总指挥谢宗铿和东兰县长兼民团司令徐家豫率领民团3000余名，进攻韦汉超营驻守的果棉峒据点，历时10多天，敌人多次进攻均被韦汉超营击退。然而，敌人并不甘心于自己的失败，徐家豫又通过廖磊从河池的保平、都安的下坳两个团局调来援兵配合再次进攻。在敌人炮火的猛烈攻击下，石壁崩塌，洞口开裂，红军牺牲严重，加上我军弹尽粮绝，韦汉超率队突围，率领部分红军坚守在东兰、都安、河池三县交界山区开展游击活动。10月下旬，韦汉超得知韦拔群被叛徒杀害，右江革命根据地已基本丧失的消息，悲痛万分。他对身边的同志说："大家要化悲痛为力量，要坚持发动群众，重整旗鼓，坚持革命到底，最后胜利是属于我们的。"

1933年初，韦汉超带领一支小分队从东兰突围到河池、南丹和贵州的独山、荔波等地坚持游击斗争。1934年，韦汉超到荔波领导开展革命斗争。同年5月，黔桂边革命委员会成立，韦汉超任主席，谭国联、何希贤任副主席。1935年9月，韦汉超又转到南丹拉索一带活动，次年在南丹拉索一带先后成立了工人革命联盟和中共拉索支部。

1937年7月，全国抗日战争爆发后，9月，韦汉超得到国共合作，建立抗日民族统一战线，全国一致抗日的消息，欣喜若狂。不久，他与中共东兰中心县委取得联系，并到东兰西山参加抗日干部学习班学习，学习了中共中央制定的抗日民族统一战线政策和抗日救国十大纲领，以及中共广西省工委关于国共合作，一致抗日的有关具体政策和工作部署，明确了在新的历史时期的方针、任务。为了领导和推进黔桂边的抗日救亡运动的开展，8月，根据右江上游革命委员会的指示，韦汉超到南丹、河池边境组建成立了丹池边革命委员会，并任主席，谭国联任副主席，负责发展南丹、河池、宜北（今环江）、荔波等县的斗争。同时成立中共丹池特别支部，韦汉超并任书记。丹池特支和丹池革命委员会的成立，有力地推动了南丹、河池、荔波、天峨等县边界地区抗日救亡工作的开展。

根据中共东兰中心县委书记黄举平的指示，丹池边革命委员会召开会议，作出决定：今后一切活动都围绕抗日这个中心开展，广泛发动群众，组织抗日同盟和地方抗日武装，积极巩固和发展党组织，党员要参加到各种抗日组织中去，发挥领导作用，但不能公开自己的政治身份。会议分工韦汉超负责思恩（环江）、河池、宜北等地；谭国联负责荔波、榕江、天河（今罗城）等地；覃桂芬负责都安、东兰、南丹等地；韦仕英、韦灵定负责长老、三旺一带。不久，各地都建立了几百人枪的抗日武装。

1937 年底，为组织和宣传群众，扩大工作区域，韦汉超从贵州荔波来到宜北县（今环江县）驯乐乡板要村进行革命活动，被敌人抓捕关押，半夜，韦汉超趁看守不注意，逃离虎口，但在众多敌人的追捕中，终于倒在敌人的枪口之下，为革命献出了宝贵生命，牺牲时年仅 36 岁。

韦仲生

（1905～1935）

韦仲生，壮族，1905 年生于广西东兰县武篆区那烈村。1926 年投身于韦拔群领导的东兰农民协会和农民自卫军。“东兰农案”后，随韦拔群领导的农军退入西山，参加农军游击小分队，分散各地开展游击活动。1929 年 9 月随部参加攻占东兰县城的战斗。1927 年 8 月随部参加攻打凤山县城的战斗。是役后坚持在武篆和西山地区进行反“清剿”斗争。1929 年 11 月随部参加再次攻打东兰县城的战斗。同年 12 月 11 日参加邓小平、张云逸、李明瑞、韦拔群领导的百色起义，编入红七军第三纵队（后称二十一师）任基层干部。1931 年冬，任红军右江独立师杀奸团团长。在东凤地区三次反“围剿”斗争中，坚持斗争。1932 年 10 月至 12

月，韦拔群、陈洪涛相继牺牲，东凤革命根据地失守，右江革命遭到严重挫折。在这种严峻形势下，韦仲生仍在党组织的领导下，坚持在东凤革命根据地的腹心地带武篆和西山开展秘密武装斗争。1935 年，在那烈村东里屯被敌谋害英勇牺牲，时年 30 岁。

韦旭华

（1898～1930）

韦旭华，壮族，1898 年出生于广西东兰县东院区钦能乡（今泗孟乡）板良屯一个贫苦农民家庭。

1923 年，25 岁的韦旭华就怀着救国救民的心情参加了韦拔群组织领导的东兰公民会和农军团，并参加三打东兰县城的战斗。大革命时期，韦旭华担任钦能乡农民协会执行委员。1927 年 8 月，他在右江第一路农军第一团参加暴动，围攻凤山县城敌军。尔后坚持农村游击战争。

1929 年 12 月，在百色起义中，韦旭华担任东兰县农民赤卫军大队长，率部打击东兰、凤山、都安、恩隆、百色数县的土豪团局武装。1930 年 2 月，在东兰县西山（今属巴马县）作战中英勇牺牲。时年 32 岁。

韦经益

（1906～1960）

韦经益，壮族，1906 年出生于广西东兰县三石区新烟村（今属东兰镇）一个贫苦农民家庭。

1929 年参加革命，任三石区农民赤卫军战士，1930 年参加红七军，编在红七军第十九师五十五团任战士，同年 11 月，红七军河池整编后，随红七军主力北上。1934 年 10 月随军参加红军二万五千里长征，历任十九师五十五团班长、排长。1935 年 10 月红军长征到达陕甘宁边区后，进入中央军事侦察训练班学习。1937 年在甘肃步兵学校学习。1938 年在一一五师六十团历任排长、连长、营长等职。同年在陕北作战负伤进入延安医院治伤。1941 年至 1944 年在抗日军政大学学习军事，毕业后调任延安经济建设部管理员和延安军事工业局工作员。1949 年后历任热河二十一军分区管理科科长、第四野战军十六医院科长。新中国成立后，1950 年任中共玉林地委管理科长。1952 年起历任百色专署民政科科长、百色专区人民医院院长。1954 年 9 月任东兰县人民委员会副县长，1956 年 12 月后历任东兰县人民委员会县长、中共东兰县委员会书记处书记。1960 年 11 月因病在南宁逝世，终年 54 岁。1963 年追认为革命烈士。

韦荣柏

（1900 ~ 1941）

韦荣柏，又名韦顶山，1900 年出生于广西东兰县东院区弄吉乡卡桥峒（今属东兰镇）一个壮族农民家庭。1925 年投身于革命，参加农运组织，任弄吉乡农民协会会长、东院区第一届农民协会委员；1926 年编入东兰县农民自卫军，任队长，同年 11 月，进入广西东兰第二届农民运动讲习所学习，任东院区第二届农民协会委员；1929 年 12 月，东院区苏维埃政府成立，韦荣柏任主席；1930 年加入中国共产党。1931 年参加右江革命根据地第一、二次反“围剿”斗争。

1932 年 4 月，韦荣柏随右江革命委员会主席、中共东兰县委书记黄举平跳出敌人的包围圈，从西山到凌云县城治乡及贵州的贞丰县一带进行革命活动，开辟黔桂边新赤区。1934年春，又随黄举平秘密回到西山，协助黄举平整顿东兰党组织。1935年4月，中共东兰县委在西山重建，韦荣柏任县委委员。同年5月，中共东兰县委改为中共东兰中心县委，韦荣柏任常务委员。1936年2月，右江上游革命委员会、东兰县革命委员会在西山建立，韦荣柏均任委员。其间，他多次到中山、东山、兰木、泗孟等地宣传贯彻右江上游革命委员会印发的《敬告群众书》、《右江上游各县革命代表大会决案》等五个文告，组织革命同盟，建立乡村政权和地下交通站、线。1939年任东凤中心县委西山留守处负责人，为右江上、下游、黔桂边、凌凤边、丹池边和省工委来往西山工作的同志提供方便，做出了积极贡献。

1934年春，韦荣柏回到西山后，经常得到在西山坚持革命活动的女共产党员黄春兰的关心和支持，韦荣柏不仅学会木工技术，还会阉猪、阉牛、编草鞋、纺纱、织布。黄春兰是一位农民歌手，拔哥编的武篆民瑶，没有一首她不会唱的，她用革命山歌宣传、组织、教育群众。1929年12月以后，她先后任东兰县妇女联合会代主席、主席、1938年3月被增选为中共东凤中心县委委员。革命，使韦荣伯和黄春兰走到了一起，并结为终身伴侣。两口子相亲相爱，共同在弄累峒开荒种植玉米、黄豆、南瓜等作物，用来接待到西山进行革命活动的同志，他们的家是地下交通联络站，是个革命的大家庭。

1941年10月28日，叛徒、特务黄家康（原红军连长）探知韦荣柏夫妇还在进行革命活动，就勾结叛徒黄贵邦（那地人）、覃日右（弄揽附近人）等在弄览峒把韦荣柏杀害了。韦荣柏牺牲时年仅41岁。

韦鼎新

（1902～1990）

韦鼎新，又名韦钟琚，1902年出生于广西东兰县兰木区那核乡一个壮族农民家庭。1920年毕业于东兰县立高等小学堂。1924年参加韦拔群领导的东兰农民运动。1926年11月进入广西东兰第二届农民运动讲习所学习。1929年12月，东兰县苏维埃政府成立后，任苏维埃政府工作员，被派到兰木区参加组建区、乡苏维埃政府工作。经过短短一个月的时间，先后帮助弄辉、弄台、央佑、关佑、弄峰、仁里、弄雄、同仕、那核、定桃、丘拔等11个乡建立了乡苏维埃政权。随后，在红七军第二纵队第二营第八连任连部文书。入伍不久，由八连指导员陈毓祥和连长周顺介绍加入中国共产党。

1930年初，韦鼎新随军到黔桂边开辟新区，参加攻打贵州榕江，收复百色城，截击滇军，上天等打土豪等战斗。1930年11月初，红七军河池整编时，编入第二十师五十八团二营八连，仍任连部文书。后随军北上，抵达中央苏区后，随部参加第二次、第三次反“围剿”斗争。后由连指导员莫文骅介绍，和黄荣一同进入江西瑞金中央无线电学校学习，结业后又一同分配到红军第三军团无线电台工作，先后任报务员、通讯连副指导员。不久，在抚州里西桥和敌军第九十师吴奇伟部打仗时右手受伤，送到第三后方医院治疗。此时红军开始长征，因伤未愈，未能随军长征。伤愈后随红军独立第二十三师打游击。1935年2月，游击到湖南兰山县境时，部队被敌伏击打散。经一年长途跋涉，他从湖南边境进入广西贺县，经鹿寨、柳州、宜山、河池，于1936年3月回到东兰西山，会见了黄举平和黄世新。

韦鼎新回到西山后，积极协助中共东兰中心县委工作，不久被增选为东兰中心县委常委。1936年7月，中共东兰中心县委改为中共右江上游中心县委，韦鼎新仍任县委常委。1937年2月又改为中共东兰中心县委（亦称东凤中心县委），韦鼎新仍任常委，负责宣传工作。在恶劣的环境下，韦鼎新能够克服各种困难，起草刻写印刷各种文件。1937年七七卢沟桥事变后，中共桂西区特委书记黄桂南与国民党进行“右江国共合作抗日谈判”前，到东兰西山召开东兰中心县委会议，擅自主张把右江地下党的游击队全部交给国民党整编。韦鼎新和黄举平等都坚决反对黄桂南的错误主张。黄桂南回到右江下游后，仍固执己见，召开各地主要干部扩大会，研究决定有关“百色谈判”等事项。韦鼎新受中共东兰中心县委的委派，参加了这个扩大会，他代表东兰中心县委在会上作了发言，公开反对百色谈判，并得到与会者的支持。但黄桂南仍一意孤行，会后以他为首组成3人谈判代表去百色谈判。不久，百色民团司令黄韬突然抱病身亡。谈判停顿，黄桂南又利用谈判停顿这一空隙时间窜到东兰西山，动员东兰中心县委把右江上游的地下游击队全部拉出去。以显示右江游击队的力量，使谈判更有把握。又遭到韦鼎新和黄举平等所有东兰中心县委委员的坚决抵制，从而使右江上游的地下武装没有损失一枪一卒。黄桂南的“百色谈判”，将我党领导的滇黔桂边区和右江下游地下武装1600多人交给国民党广西当局改编为两个团，开往安徽后被瓦解。

1939年7、8月间，由于国民党地方武装进剿西山，搜捕共产党员，抗日救亡工作难于进行，东兰中心县委黄举平、韦鼎新、陈国团和黔桂边委赵世同等4人在西山弄纳村的好而峒开会，决定派韦鼎新去南宁找上级党组织请示汇报工作。韦鼎新到南宁找到上级党组织，在听取上级党组织指示后，立即返回到西山向黄举平汇报，中心县委能够及时根据上级指示开展工作。

1939年9月以后，上级党组织中断了与东兰中心县委的联系（只有那武特支与东兰中心县委仍有联系）。当时，由于敌人加紧进剿西山，县委委员分散到中山、东山、黔桂边等地坚持斗争，韦鼎新利用与本地乡、村政权实力派人物的宗族关系于1940年下半年回家务农，1941年至1942年任本村小学教师，并以教师身份宣传抗日救亡政策。1947年至1948年上半年任本村乡民代表，利用乡民代表身份搞两面政权，组织革命同盟，建立革命武装，攻打国民党兰木乡公所，缴获公枪48支，建立了革命政权。

1949年11月29日，东兰县解放。1950年韦鼎新任东兰县司法科科长。1952年“三反”运动中因受冤屈被判刑两年。1953年秋提前释放回家生产。韦鼎新身心受到摧残，积劳成疾，双目失明。1980年7月29日获得平反昭雪，恢复公职，享受副县级离休待遇。

1990年1月5日病故。终年89岁。

牙秀才

（1906～1941）

牙秀才，号介平，中国共产党党员。1906 年出生于广西东兰县坡拉乡百建村一个壮族贫苦农民家庭。1923 年投身韦拔群领导的东兰农民运动，先后担任坡拉乡农民自卫军排长、连长，1925 年秋，牙秀才与其哥牙秀凡、弟牙秀兰一同加入坡拉乡农民协会，为委员，先后率领农军参加攻打东兰、凤山县城等战斗。

1929 年 12 月，牙秀才参加了邓小平、张云逸、韦拔群等领导的百色起义，历任红七军班长、排长、连长等职，历经右江苏区第一、二、三次反“围剿”斗争。1932 年，牙秀才随黄举平到黔桂边开辟新区。1934 年春节前夕，牙秀才率 11 个暗杀队员到隘洞香河暗杀东兰剿共司令陈儒谨（子怀）。1935

年初，中央红军长征到达贵州。4月，牙秀才受黄举平、黄世新的委派与黄唤民、黄伯尧上贵州找中央红军，不遇后，转到板陈做地方实力派人物王海平的统战工作。经过多方观察了解，认为争取王海平的时机已经成熟，最后决定登门拜访他，双方进行友好的谈话。王海平最终同意我党团结抗日的正确主张，并将渡邑渡口上下往来船只的税费和“交龙”一带的公粮交由牙永平连征收，以充军饷，并且每月还拿出二、三百块大洋由牙永平转交右江上游革命委员会作为活动经费。对王海平统战工作的成功，使我党在黔桂边开展革命活动有了可靠的基础。1936年9月，根据上级指示，右江上游武装力量统编为右江上游赤色游击第一联队，联队长黄世新，政治委员黄举平。第一联队下辖三个大队，牙永平担任右江上游赤色游击队（后改称抗日义勇军）第一联队第二大队大队长，政治委员黄伯尧，主要活动在黔桂边。同年10月，被增选为中共黔桂边委委员，率队在黔桂边杀奸肃特，消除匪霸，宣传抗日救亡政策。还为右江上游革委筹集到2万多元大洋的革命活动经费。1938年率队回坡拉除掉反动民团干将韦述忠、韦述荣等人。还顺利完成护送前来边区指导工作的广西省工委吴边（又名吴元）等同志。

1941年6月，牙秀才奉命离黔回东兰西山向东兰中心县委汇报工作，途经长江区板加达拉渡口时，不幸被敌伏击，光荣牺牲。时年35岁。

牙美元

（1903～2005）

牙美元，又名黄茂芳，壮族，1903年9月出生于广西东兰县长江乡周赖村一个贫苦的壮族农民家庭。1923年至1926年，曾先后在东兰武篆育才小学、东兰县立高等小学读书。受韦拔群领导的农民运动的影响，参加陈洪涛组织的“青年救国团”，积极开展反帝反封斗争。

1926年8月，开始从事农民革命运动，先后任东兰县农民协会干事、长江区农民协会主席、县农军总部秘书。1929年8月加入中国共产党。同年12月11日，百色起义的当天，东兰县苏维埃政府成立，牙美元任苏维埃政府财粮委员兼财政委员会主席。

1930年3月调入红七军政治部任宣传员，随红七军主力北上黔桂边开展游击战争。红军到达贵州省荔波县时，牙美元奉军部派遣到翁昂村做地方实力派何老夭的统战工作，经过晓之以大义，促使何老夭同情革命，并同意20多名红军伤员留在他的辖区内治疗。从而解除了红七军攻打榕江前的后顾之忧。4月，牙美元又受军部派遣回右江根据地与留守右江的第三纵队司令韦拔群联系工作，此时，红七、红八军政委邓小平得知张云逸率红七军主力凯旋河池，于是决定前往河池与军部会合。为了找到一个可靠的人护送邓小平去河池，韦拔群苦思冥想，决定派牙美元护送。

那是1930年初，邓小平到上海向党中央汇报广西左右江革命斗争情况后，于4月初赶回右江东兰，准备向红七军传达中央对左右江工作的指示。此时，红七军主力部队已转移到黔桂边一带游击去了。邓小平便决定前往河池寻找军部。当他们到河池长老得知部队已远去贵州荔波一带，邓小平只得返回东兰，与雷经天、韦拔群一起研究土地革命问题。5月初，得知红七军主力部队从贵州凯旋归来，邓小平决定再次前往河池与军部会合。

为了找到一个可靠的人护送邓小平去河池，韦拔群苦思冥想，想起前几天军部派牙美元从黔桂边回来与三纵队联系工作，可能还没有返回黔桂边。于是，他派警卫员去通知牙美元。

这天傍晚，刚刚吃完晚饭的牙美元，突然接到韦拔群的通知，要他马上到他那里去，有要事商量。牙美元心里琢磨，有什么要事呢？于是他同黄正文、黄明凯、牙有仕等亲密同志一同去见韦拔群。韦拔群热情地招呼他们坐下。大家纷纷坐在床沿边和木椅上，热切地望着韦拔群，期待着他的指示，心里不免还有点紧张。

韦拔群炯炯有神的目光望着牙美元，心想：护送邓政委是一件大事，绝对不能出半点差错，他能完成吗？权衡了许久，才说："邓政委从上海回来，闻讯我们主力部队已经从黔桂边回到河池，他要去把主力部队调回右江，决定让你参加护送，你意见如何？"

牙美元高兴得不知说些什么，他听说过邓政委的名字，但从来没有见过他。突如其来的消息，要他护送邓政委，怎不令他激动万分？他霍地站起来坚定地回答："请拔哥放心，我保证完成任务！"

为了确保安全，做到万无一失，韦拔群即刻与牙美元等一起研究护送邓政委的有关事项。在选择行军线路时，牙美元想：沿大路走，必须经过隘洞、同乐、香河一带，而这一带是东兰大恶霸韦祖荣和民团副司令陈子怀（陈儒谨）的老巢，他们的反动武装经常在这一带出没。走这一条路显然不安全。于是，他建议先北上长江，再绕道南丹那地，经大厂前往河池。他说："长江是我的家乡，这边的线路我比较熟悉，也比较安全。"

拔群听后，觉得这样安全可靠，便点头道："好！就走长江方向。"

这天早晨，天气晴朗，红日从东方冉冉升起。牙美元等几个战友来到邓小平的住处。邓小平和警卫班早在院子里等着他们，见牙美元他们来了，亲切地向他们问候。当时年仅25岁的邓小平，身着一套深灰色军装，头戴一顶红军帽，脚穿一对粗布凉鞋，显得英姿勃勃。

过了一会儿，韦拔群笑呵呵地牵来一匹大黑马，说道："邓政委请上马。"

邓小平与韦拔群握手道别："拔群同志，再见！"

当天下午到达长江区那夭圩住宿。第二天翻山越岭，到达金谷的板丁。第三天早上，他们来到了板丁的拉圩红水河边准备渡河。邓小平站在岸边，眺望滔滔的河水，还有两岸那巍巍的青山，满怀豪情，感慨万分。这渡口才有一艘木船。牙美元他们准备先牵马上船渡过对岸。可是，邓小平的大黑马昂起头来，咴咴鸣叫，怎么也不肯上船，大家都着急了，又是推又是拉，大黑马就是不动。邓小平见状微笑道："用黑布蒙住它的眼睛。"

在这地方去哪要黑布？这时，邓小平用手指指自己的衣服，牙美元明白了，当即脱下他那件黑色土布唐装，遮盖马的眼睛，用衣服的袖子绕着马头，把它的眼睛和脑袋裹成一团。一拍马屁，大黑马即提起前腿跨入船板。牙美元他们方松了一口气。

当队伍快到南丹边境的拉潭村时，牙美元考虑到这一带地处偏僻，是土匪经常出没的地方，便对邓小平说："这地方情况比较复杂，请邓政委叫警卫班注意，枪握在手，以防万一。"

邓小平微笑着说："不要紧，用不着半分钟，枪就可以拿出来了。"说完又驱马向前。

下午6时，到那地住宿。晚饭后，邓小平和牙美元拉起家常。牙美元说："有人讲我们右江土地革命太激烈了。"邓小平说："不镇压豪绅地主，农民哪里得土地呢？"考虑到第二天行程沿途地势险要，又有恶霸罗松等反动武装布防，为保证邓小平的绝对安全，牙美元便同那地县革命委员会主席韦国英商量加强护送力度。韦国英决定派一个排的赤卫军协助护送邓小平到大厂。

第四天清晨，牙美元等和邓小平等从那地启程，翻过黄花岭到扬州，休息片刻后又继续向翁罗进发。途中休息时，牙美元惋惜地对邓小平说："国民党蒋介石实行清党反共，杀害了我们党的许多领导同志，不然，我们的革命就发展得更快了。"邓小平诙谐地说："他们不清党，我们哪里有朱毛？"下午5时左右，他们到了大厂。这里离河池还有一天路程。于是，队伍便进一家旅店住下。

邓小平想与河池方面联系后再前往，便对牙美元说："老牙，我现在写封信，明天由你带去找红七军，我在这里等待。”说着，邓小平便从军挂包里掏出一支灰色铅笔开始写信。牙美元从旁边看过去，只见他以流利的笔法，在信首写了豪人、裕生（即李明瑞总指挥的号）、云逸、李谦、胡斌等名字。信写好后，邓小平说：“明早来我这里要了信出发。”

吃罢晚饭，邓小平与换了装的两名警卫人员自由自在地漫步街头。他们听到街边的街民议论说：前两天有大军到河池，打着铁锤镰刀的大红旗。邓小平又亲自访问了许多街民，说法都一样。邓小平便对牙美元说：“老牙，红七军可能已到河池，明天就不用带信去了，我们一起去看。”

翌日，天刚蒙蒙亮，邓小平等便离店上路。黄昏时候，他们赶到了河池县城。果然，李明瑞、张云逸等军部领导回来了。邓小平当晚就会见了军部领导。

1930 年 11 月，红七军河池整编后，主力北上，牙美元随红二十一师留守右江根据地，任红七军二十一师特务连连长兼政治指导员。1931 年 2 月，桂系军阀趁红七军主力北上之际，调兵遣将，穷凶极恶地对东凤革命根据地进行第一次大“围剿”，牙美元奉命率部到南丹那地的先堂、德足等地与敌周旋。随后，又率队到凤山的康里、先里、长瑞峒与桂军杨一峰、龙显才等部决战。12 月下旬，中共右江特委、右江独立师党委在西山朝马峒召开扩大会议，总结东渡红水河游击的经验教训，并决定缩编东凤革命根据地武装队伍，取消团营连编制，将部队中精干人员组成 10 个杀奸团和 3 个独立营，牙美元被任命为杀奸团团长之一，率队在西山革命根据地内杀奸肃特、伏击和袭击敌人。

1932 年春，中共右江特委、独立师党委决定跳出敌人的包围圈，到黔桂边开辟新的根据地。牙美元奉命从西山带领 40 多名干部和武装人员到凌云县城治乡的林佑屯，与韦国英、牙永平的队伍会合，一起开辟黔桂边革命根据地。6 月，黄举平来到凌云。在黄举平的主持下，中共黔桂边委员会在凌云县城治乡林佑屯成立，黄举平任书记，牙美元等为委员。同时成立黔桂边革命委员会，黄举平兼任主席，牙美元任副主席。边区党委和革委成立后，牙美元奉命到平雅、那亭、赖亭等地开展革命活动，做地方绅士田连宽、赖绍良等人的统战工作。12月，又奉派到乐业县的鞋布、甘田和罗沙等地活动。1933年初，以教书为名进行地下活动，先后选择班述盛等11人为入党积极分子进行培养。同年秋，到地方实力派罗川源的家乡陇纳村三纳小学任校长。其间，利用工作之便做罗川源的统战工作，使他同意我地下武装在他的家乡开展革命活动。1934年初，在幼朗小学任校长期间，到红水河对岸贵州省罗甸县的渡邑、福街、若李树村做地方实力派王玉山、陈秀卿等人的统战工作。1936年在雅长乡炉灵村成立中共丰业支部、王仕文为支部书记，牙美元为组织委员，随后在乐业、天峨、贞丰、那亨、罗甸等地做组织工作，先后发展岑永发等6人加入中国共产党。此间，牙美元还负责长隘地下交通站工作，为广西省工委负责人刘敦安等对黔桂边委的领导及做地方实力派王海平的统战工作做好联系。1938年夏，中共黔桂边委改选，赵世同任书记，牙美元等任委员。1940年夏，黔桂边革命工作遭到挫折，牙美元回到东兰，以自家为联络点，联络共产党员韦芳、苏民、罗启超继续进行革命活动，并奉派到东兰简易师范与共产党员罗祺康联系，开展城乡革命工作。

为了便于领导东兰人民开展游击战争，1948年11月，中共万冈中心县委又在东兰县长江区成立东兰县革命委员会，罗启超任主席，牙美元任副主席。1949年2月，参加指挥在长江那夭圩武装围攻国民党县长黄开秀的战斗。8月，国民党东兰末任县长韦超群率反动武装围攻长江游击区，牙美元等指挥游击武装将其击退。10月，牙美元与游击武装负责同志积极做好迎接南下解放大军工作。11月参加截击国民党败军杜晁部的战斗。

1950年，牙美元任东兰县人民政府民政局局长兼税务局局长。10月，当选为广西省第一届人民代表大会代表。1951年7月因冤假案回原籍务农。1980年冬，中共东兰县委，县人民政府为牙美元平反，恢复他的党籍、公职，安排他在中国人民政治协商会议东兰县委员会工作，并当选为第一、第二届政协委员。1984年后按副厅级离职休养。2005年2月11日因病逝世，享年102岁。

白汉云

（1904～1932）

白汉云，化名以定，壮族。祖籍广西宾阳县新桥乡白岩村，1904年11月8日出生于广西东兰县兰木乡一个半商世家里，有兄妹3人，他排行老大。父亲白三（又名绍能）先是流落到兰木圩搞牛帮生意，日积月累攒了些小钱后，置了田产，娶了妻子，落户立业。白汉云幼时天资聪敏，秉性诚实，酷爱读书。饱受当地劣绅官宦欺凌的父亲，对这个独子视若掌上明珠，尤其钟爱，给他取名白汉云，意在要他像蓝天白云无瑕的云朵一样，当个洁身自好的人。

白汉云上学之后，不辜负父母之望，刻苦用功，成绩出类拔萃，常受先生赞扬。他在15岁时，以优异的成绩考入武篆育才小学。在学校，他常与陈洪涛、黄昉日、黄书祥等秘密阅读韦拔群从外地寄回的《新青年》等进步刊物，积极参加群众集会，接受进步思想。1922年8月，韦拔群等人率领武篆区各乡村民众代表和育才小学师生代表共百余人去清算当时武篆大土豪杜瑶甫，勒令其退回贪污的建校款。白汉云作为一名学生代表积极参加清算斗争。这一斗争的胜利，使白汉云第一次看到了革命群众团结的力量，经受一次锻炼和考验。

1924年秋，白汉云考入百色省立第五中学。在校期间，他学习勤奋，成绩优良，与同学团结友爱，自己节衣缩食，接济贫困同学，深得学生敬重。1925年间，陈洪涛、黄松坚在学校筹备成立“东凤留邕色学会百色分会”，白汉云加入了这一进步组织，积极开展革命宣传，以实际行动声援东兰农民运动。1926年春，“东兰农民惨案”发生，为拯救身处水深火热之中的东兰广大劳苦大众，白汉云毅然离校回乡，投入农民革命运动，主要负责兰木区农民协会文书和宣传工作。1927年2月，他与到兰木搞妇女工作的县农民协会妇女部部长黄正秀在相互了解、沟通感情的基础上结为伉俪。3月，被委任为东兰县兰木区农民协会文化部长。

1927年8月，参加农民暴动，随农军进攻凤山县城。10月，新桂系军阀龚寿仪团进犯东凤根据地，镇压农运，屠杀人民。广西省政府还悬赏通缉韦拔群等农民运动领导人。驻东兰桂系军阀和团丁随之倾巢出动，逐峒逐山严密搜剿农军。白汉云与妻子不顾个人安危，随韦拔群转入西山坚持革命斗争。同年冬，白汉云受韦拔群派遣到恩隆、果德协助黄大权领导发动农民运动。他深入节湾、巴品等地活动，节湾当地官家聘他为私塾教师，他白天教书，晚上登门访贫问苦，秘密发动群众。1928年夏，因敌探告密被捕，解回东兰关押。在狱中，敌人对他软硬兼施，企图从他口中得到黄大权、陈伯民、黄书祥等的去向，他始终坚贞不屈，守口如瓶，没有暴露，表现了一个革命者崇高的革命气慨。由于敌人无法从他身上找到“罪”证，加上组织的多方营救和双亲的奔走，1929 年 8 月出狱。出狱后，经一段时间的调养，白汉云又投入了革命的洪流之中，并在同年秋光荣加入了中国共产党。从此，他以无产阶级先锋队战士的姿态积极从事人民的解放事业。

1929 年 10 月中旬，白汉云出席了在武篆区那论村召开的中共东兰县第一次代表大会。会后，白汉云和其他同志一起贯彻大会精神，组织农军参加解放武篆、太平和东兰县城的战斗。随即迅速解放其他区乡，把东兰农民运动推向高潮。1929 年 12 月 11 日百色起义的当天，东兰县苏维埃政府成立。随后，县苏维埃政府决定成立东兰县劳动小学，任白汉云为校长。聘请当地开明人士覃瑞五、陈伯华、张明珠、陈敏南等为教员，招收县内各区、乡选送的 150 名贫苦子女为学员。学校设置了政治、军事、文化、劳动等四门课程。当时，学校缺乏正规的教材，白汉云和教员们即自己精心编写教材，并在办学过程中十分重视政治思想教育，关心革命后代的成长。开学的第一天，白汉云专门找来自坡豪区儿童团团长覃士冕谈话，勉励他好好学习。县委书记黄举平在百忙中，每周抽空到学校了解学生的思想状况，并亲自上政治课。白汉云也经常深入课堂和宿舍与学生促膝谈心，用简明的道理启发学生的思想。白汉云不仅注重做到言教，更注重身教。当时校长和教员都不拿工资，白汉云和学员们一样吃玉米粥，穿草鞋，使学员们深受教育。白汉云还按照县委的指示，积极慎重地在学生中发展党团员，以壮大党团组织力量。他先后培养吸收了黄正文、马秀明、王凤芝（女）、韦明生、韦云川、韦庆锦、班统桀等 10 多位学员入党，覃士冕、覃应机等 8 名学员加入共青团。

白汉云还十分注重引导学员到社会实践中锻炼摔打。他成立了校宣传队，组织学员下乡开展革命宣传，发动群众。白汉云还亲自与学员们排练节目，亲自拉二胡、吹笛子、洋号，敲锣鼓伴奏。

百色起义不久，红七军教导队卢绍武等12位同志到东兰招兵，白汉云首先做好学生骨干的思想动员工作，使他们带头响应。在覃士冕、覃应机等团员的带动下，几十个学生争着报了名。后来，这些学生有些成为智勇双全的革命将领。1930年8月，根据工作需要，白汉云被增补为中共东兰县委委员。参加了领导右江革命根据地的斗争。11月，红七军主力离开右江苏区。1931年3月21日，国民党军廖磊进占东兰县城。敌军占领县城前夕，劳动小学随县委、县苏维埃政府疏散转移。白汉云转入部队，在红七军二十一师政治部工作，并任师部秘书。3月24日，廖磊部由民团充当向导，分几路向驻西山、东山、中山的红军、赤卫军发起进攻。白汉云和师部的战友一直跟随韦拔群、陈洪涛等领导人转战西山、东山、都安一带，与敌周旋，坚持武装斗争。这时，黄正秀分娩刚满一个月，但不得不抱着襁褓中的婴儿，带着半聋半瞎的家公、家婆和幼小的姑姑们辗转兰木、西山一带峒场避难，过着颠沛流离的生活。这些峒场与师部相距不远，但白汉云顾不得前去看望身处危境中的妻儿老小，把全部身心投入了反“围剿”斗争。1931年7月，中共右江特委、红七军二十一师党委在东兰县泗孟区丘拔屯召开党委扩大会议，将右江苏维埃政府、红七军二十一师分别改为右江革命委员会，右江独立师。白汉云当选为师党委委员和革命委员会委员。9月，红七军右江独立第三师和右特委创办《红旗报》，白汉云任主编，并担任右江革命委员会秘书。

1932年春，桂系军阀在第二次“围剿”破产后，仍派一定兵力对西山实行军事包围和经济封锁，妄图将红军困死在山上。为保存实力，4月，中共右江特委在西山弄索召开紧急会议，决定将部队化整为零，派干部向外开辟新的根据地。白汉云仍跟随韦拔群、陈洪涛留守西山坚持斗争。这时期，中共东兰县委除白汉云一名委员留守东兰外，其他委员都到外线开辟新区。5 月，西山根据地与上级失去了联系。17 日，广西省政府悬赏 1 万元购缉韦拔群，并派兵逐峒逐山严密搜剿。韦拔群、陈洪涛经过郑重考虑，决定派久经考验的白汉云率韦述宗（拔群次子）、特务连连长黄金尤秘密前往香港，寻找上级党委汇报、请示工作。白汉云深知此行事关右江革命根据地和右江红军的生死存亡，毅然服从组织的安排，着手进行启程前的准备工作。6 月，白汉云等告别了身处险境的首长和战友，踏上艰难的征程。他们到香港向上级党组织汇报、请示工作之后，星夜兼程赶回西山。

8 月，广西桂系军阀精心组织了对东凤根据地的第三次“围剿”。9 月 1 日，敌军分五路进剿西山，实行惨无人道的“三光”政策，不少农民妻离子散，“门绝户清”。10 月，白崇禧亲临东兰督战，面授“围剿”机宜。这时，东凤革命根据地革命与反革命的斗争达到了白热化程度。白汉云等人途经宾阳县白岩村时，根据临行前师党委给他“相机开辟新区”的指示，便利用社会关系在此隐蔽下来，化名为“白以定”应邀到白岩村香山小学当教师，韦述宗化名“阿醒”为该校学生。当时，白汉云得知东兰形势危急，便派黄金尤回东兰探察情况。

白汉云在香山小学教学期间，他白天教书，晚上登门串户进行家访，搞社会调查，秘密宣传革命道理，启发民众觉醒。他还教学生唱进步歌曲，以此来培养学生兴趣，陶冶学生情操，启迪学生向往革命和进步。

10 月 19 日，由于叛徒韦昂的出卖使韦拔群英勇牺牲。韦拔群牺牲后，敌军加紧了对革命队伍的诱降和分化。黄金尤从宾阳返回东兰后，向驻兰木敌军团部自首，成为可耻的叛徒。随后，他又引敌兵把韦拔群布置埋藏的 20 多支枪挖出来拱手交给国民党反动派，并亲自带兵到宾阳白岩村搜捕白汉云和韦述宗。

1932 年 11 月间的一天拂晓，浓黑的天幕尚笼罩着大地，一百多名敌兵团丁由黄金尤带路。到白岩村将毫无准备的白汉云、韦述宗绑押至南宁。

白汉云在被关押期间，敌人千方百计对他进行引诱，要他“自新”供出革命秘密，被白汉云严正拒绝。敌人见软的不行，就严予酷刑，用杀头来威胁他。白汉云经受了各种考验，挫败了敌人的种种阴谋。韦述宗牢记父亲的临别嘱咐，在狱中也表现得异常坚强勇敢。反动派捞不到任何油水，于12 月间将他们押赴刑场。临刑前，白汉云和韦述宗齐声高呼“打倒国民党反动派!”“红军万岁!”的口号，英勇就义，时年仅 28 岁。

陈鼓涛

（1904～1932）

陈鼓涛，是壮族人民的优秀儿子，右江地区早期共产党员和右江农民运动的领导者之一，土地革命时期曾任中共向都县委书记和中共思林县委书记。

陈鼓涛，原名陈守箴，壮族。1904 年 10 月 10 日出生于广西东兰县武篆区上圩乡旧州屯一个贫苦农民家庭。早年就有忧国忧民的思想，渴求探求新知识和革命道理。1923 年考入广西省立第三师范就读。与黄鸿富是同乡同班同学。1925 年夏间，他与黄鸿富到南宁游玩，恰巧碰见陈伯民。那时陈伯民和韦拔群也到了南宁。陈伯民带陈鼓涛和黄鸿富去见韦拔群。当时正值滇桂军阀混战，学校停课，韦拔群邀请陈鼓涛、黄鸿富一起回东兰干革命。于是，他们离开学校，跟韦拔群一起回东兰。在韦拔群的组织下，他们以夺取伪警的 10 支“十大响”为基础，然后到坡豪、大同宣传农运，组织农会。同年 8 月，陈鼓涛和黄鸿富接到三师回校复课的通知，经韦拔群同意，他们回校继续读书。这段插曲当是陈鼓涛革命生涯的开始。

1926 年 3 月，正在三师学习的陈鼓涛和黄鸿富见到广西省农民部在报上登载广州中央农民运动讲习所招考学员的消息，便和黄鸿富一起去农民部报名，参加考试。过了两天，双双被录取。不久，陈鼓涛和黄鸿富（时改名为黄润生）从南宁乘船到梧州，住了两天，再乘船到广州，十天后才到广州第六届农讲所学习。本届农讲所所长是毛泽东。5 月 3 日，农讲所正式开学。在农讲所里，陈鼓涛聆听了毛泽东介绍湖南农民运动的情况以及有关阶级分析、国内形势的报告，还听取了其他中共党员恽代英、萧楚女等人的讲课，学习了《向导》周刊等许多革命书刊，操练了军事，并前往海陆丰参观学习彭湃领导的农民运动。在讲习所，陈鼓涛加入了中国共产党。

同年 9 月，陈鼓涛在讲习所学习结业，先回广西农民部报到，省农民部分配他回原籍东兰县从事农民运动。同年 11 月 5 日，东兰县第二届农民代表大会在县城召开，大会选举产生东兰县第二届农民协会，陈鼓涛当选第二届农民协会委员兼宣传部长，协助韦拔群开办广西东兰第二、第三届农民运动讲习所，负责教学工作。

1927 年 7 月下旬，右江党组织负责人余少杰在恩隆县成立广西临时军政委员会（俗称“三南”总部），以领导“三南”（镇南道、南宁道、田南道）地区的革命斗争。不久，陈鼓涛奉派到向都县领导革命斗争。

陈鼓涛到达向都后，最早是在北区那板一带，依靠黄金光领导的农民自卫军中队开展活动。黄金光是雇农出身，因饥寒交迫，逼上梁山，曾被国民党向都当局通缉，对反动当局十分痛恨，革命非常坚决。陈鼓涛对黄金光很信任，两人密切配合。之后，他又和黄绍谦等人共同担负起领导向都农民武装斗争的重任。

1928 年 1 月 8 日，陈鼓涛和黄绍谦统领 500 多农军，在北区巴麻屯举行武装暴动，攻进向都县城，活捉敌县财政科长黄清琪，缴获枪支 30 多支，并释放被无辜关押的群众 30 多人，焚烧了反动县当局部分文书档案。从而揭开了中国共产党领导的向都县革命武装斗争的序幕。

随着革命战争的深入发展，陈鼓涛肩上的担子越来越重。1929 年 9 月下旬，共产党员林柏就任向都县县长。与此同时，中共向都特支正式成立，陈鼓涛任书记。1929 年 10 月，邓小平和张云逸率领广西警备第四大队及教导总队学员开进恩隆县平马镇后，陈鼓涛两次派黄金光带人到平马取武器弹药。共领回步枪 20 多支，子弹 10 多箱，从而加强了向都的农军战斗力。

在严酷的敌对斗争中，陈鼓涛一直保持高度警觉，一旦发观险情，便灵活处置，尽量避免损失。1929 年 12 月上旬的一天，他带农军黄金光连 100 多人枪从向都县城返回北区，路过洞平街时，已是掌灯时分。从各方面情况分析，连队内有 30 多名队员有动摇、变节的迹象。陈鼓涛预感事态严重，为防患于未然，他当机立断，连夜收缴了这 30 名队员所掌握的 20 多支枪。次日早上将他们遣散回家，避免了一起可能发生的叛变事件。

陈鼓涛健谈，善演讲，且颇有鼓动性和幽默感。他有文化、见多识广，善于利用各种场合、机会宣传党的主张和苏维埃政府的政策，扩大革命影响。1930 年 1 月初，向都县苏维埃政府成立，陈鼓涛当选政府委员。这时，中共向都特支改为中共向都县委，陈鼓涛任书记。这期间，陈鼓涛积极而慎重地从农民运动骨干中发展了黄庆金、农春荣、黄彪、黄怀贞、黄金光、黄恩荣等先进分子加入中国共产党，壮大了党员队伍，加强了党的力量。3月，陈鼓涛还兼任中共思果县委书记，两副重担一起挑。他经常给赤卫队员和农友们讲国际国内形势，讲彭湃领导海陆丰人民斗恶霸地主的故事。他还创办夜学班，教唱革命歌曲："谁是革命主力军，我们工农兵……"这些歌曲当地人民至今仍记忆犹新。他号召妇女们行动起来，反对封建伦理道德，砸碎精神枷锁，提倡男女平等，婚姻自由。他组织妇女为革命站岗放哨，吸收新建村赵玉娟做秘密交通员，让她往返于思林，向都巴麻之间，送情报、传信息。

他还动员青年报名参加红军和赤卫军。一次，黄锦荣等十几名青年到县苏维埃政府报名参加赤卫军，陈鼓涛在百忙中抽出时间来接见他们，同他们促膝谈心，问他们"为什么要参加赤卫军?""参加赤卫军怕不怕死?"当大家回答"保卫苏维埃!""怕死不革命!"后，陈鼓涛高兴地对大家说："你们回答得很好。懂得这个道理就去革土豪劣绅的命，不懂得就被土豪劣绅革自己的命"。说完又带领大家振臂高呼："苏维埃万岁"!"打倒土豪劣绅!""不交租，不还债!"还代表苏维埃政府给报名参军的青年每人发一块光洋。这些富有的哲理的对话和慷慨激昂的口号声，使在场的青年人异常振奋，欢欣鼓舞，更加坚定了参加革命的信心和信念。陈鼓涛爱讲故事，兴奋中，东兰壮话、广东白话、桂林官话夹杂着讲，使听者在不知不觉中受到启发，提高阶级觉悟。

1930年3月7日，红八军第一纵队围攻靖西县城之际，陈鼓涛到靖西，向邓小平报告，右江沿岸的果化还掌握在我们手里，可以过江。10日夜，由陈鼓涛带路，邓小平在红八军一纵队八连护送下，离开靖西县城，穿过湖润、雷平（今大新县）与天保县（今德保）交界的山岳丛林，于14日安全到达向都北区巴麻屯。随后，陈鼓涛、林柏、黄绍谦等向都县党、政、军领导向邓小平详细汇报了工作情况，听取了邓小平的指示。

1930 年 10 月，红七军离开右江革命根据地，到河池集中整编，准备北上实行中央指令。11 月初，红七军主力北上后，留守右江苏区的军民同敌人展开了异常艰苦而激烈的斗争。1932 年 2 月，驻向都的桂系军阀部队换防，陈鼓涛和黄绍谦决定利用这个机会，调集全县赤卫军于那板区准备围攻该地民团。2 月 28 日晚，陈鼓涛召集赤卫军队指战员到录内屯开会整顿，作思想动员。会后，他命令一部分赤卫队员疏散到那板屯住宿，一部分留在录内屯待命。不幸的是，赤卫军的行踪被崖村土豪阮道行探知，密报县反动当局，驻龙州的桂军第十师师长黄龄得到报告，急令驻向都的杨露营一个连兵力将录内屯后山团团围住。第二天天刚亮，山上的敌人见有人出村，即开枪乱射。陈鼓涛听到枪声后，翻身跳将起来，挥起驳壳枪即冲出去，带领赤卫军向村外冲，打算抢占有利地形组织反击。然而，埋伏在山上的敌人居高临下，严密封锁了出村的道路，赤卫军冒着枪林弹雨，边打边冲，陈鼓涛跑出几十米路，被敌人击中，子弹从他右肩膀射入，从左胸肋下穿出，血流如注，染红了全身。他捂住伤口，踉踉跄跄地往前走，他的堂兄弟陈阿七紧随其后，扶他走了十几步。他知道自己的伤情，快不行了，敌人又从山下压下来，命陈阿七快走。陈阿七执意背着他艰难地向山脚奔去，又走了几十步，陈鼓涛便光荣牺牲了，时年 28 岁。

陆鸣平

（1904～1933）

陆鸣平，原名陆树人，1904年出生于广西东兰县太平乡玩石村（今三石镇纳合村）巴纳屯一个壮族农家。1925年，陆鸣平高小毕业后，受聘于本村小学教师，他免收学生薪金，义务从教，深得父老乡亲的赞扬。在韦拔群领导的东兰农民革命运动的感召下，他毅然弃笔操戈，跟随韦拔群从事农民运动，任太平区农民协会执委。1927年7月，进入东兰县第三届农民运动讲习所学习。同年，被任命为右江革命委员会特派员，参加了东兰、凌云、凤山农军抗击国民党新桂系军阀镇压农民的武装斗争。1929年冬，任右江苏维埃政府特派员，同年秋加入中国共产党。1930年春，邓小平到上海向党中央汇报工作后返回右江，并在东兰武篆召开右江根据地党和政府的领导干部大会，决定按照党的“六大”关于“没收地主阶级的土地分给贫苦农民”的指示，迅速开展土地革命。随后，邓小平、雷经天、韦拔群等在武篆旧州开办党员培训班，为右江根据地全面开展土地革命培训骨干。陆鸣平参加了第一期学习班学习。学习结业后，奉命到百色果德、思林等县工作。1930 年 11 月红七军主力北上，他在右江地区坚持武装斗争。1931 年春至 1932 年冬，任红七军二十一师（后为右江独立师）师部特派员，协助韦拔群、陈洪涛领导右江军民反“围剿”作战。

1933 年春，陆鸣平奉广西特委之命，调到南宁，改名陆刚，打进国民党广西省政府任科员，以合法的身份从事党的秘密活动。同年秋，因奸细告密被捕，英勇就义。时年 29 岁。

陆瑞灵

（1911～1931）

陆瑞灵，壮族，1911 年 4 月出生于广西东兰县太平区（今三石镇）纳合村丘坡屯一个贫苦农民家庭，中国共产党党员。1929 年参加了韦拔群领导的东兰农民自卫军，先后随主力攻打太平镇和东兰县城。同年 12 月 11 日，参加邓小平、张云逸、韦拔群等领导的百色起义，后被编入中国工农红军第七军，历任战士、班长、排长、连长等职，随部队转战桂黔湘粤赣边。1931 年春夏，他调任河西红军总指挥部副官，参加了湘赣苏区的第二次反“围剿”作战。同年秋冬，在湖南省茶陵县的一次战斗中牺牲。时年仅 20 岁。

李朝纲

（1906～1986）

李朝纲，1906年出生于广西东兰县武篆区江平乡一个贫苦农民家庭。1925年参加韦拔群领导的东兰农民运动。6月，任乡农军通信员，副队长。1929年12月11日百色起义，同时成立中国工农红军第七军，李朝纲被编入红七军第二纵队第三营第十连任战士，并加入中国共产党。1930年10月下旬，红七军各纵队奉命从右江各地汇集到河池县整编。11月7日中共红七军前委在河池召开第一次党员代表大会，李朝纲以士兵党员代表的身份出席了这次代表大会，并被选为前委委员，成为前委9名正式委员中唯一的士兵委员。党代会一结束，李朝纲就跟随邓小平下到各个连队召开士兵会，贯彻会议精神，做战士的思想工作。部队北上

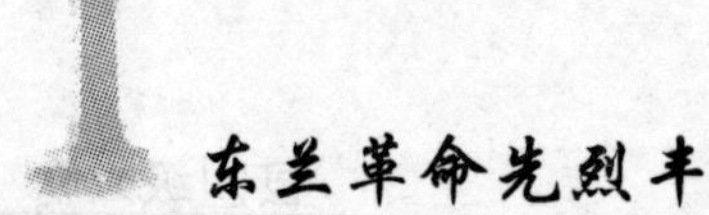

中央苏区途中，李朝纲历任军政治部宣传员、军总指挥部特务队战士、五十五团一连连长。1931 年 1 月至 1936 年 2 月历任五十五团班长、排长、军政治部训练队学员、五十八团第一连指导员、粤赣军区连指导员。在福建战场上受伤后，调到福建军区任四都医院二所指导员、福建四都部队医院政委和福建军区龙岩、永安、代英三县独立营政治委员等职。1936 年在福建一次战斗中负伤，即与党组织失去联系。返回家乡后，他以任私塾教师为掩护、继续坚持革命活动。

新中国成立后，李朝纲历任东兰县江平乡农民协会副主席，那论乡人民政府文书、上圩乡人民政府乡长，政协东兰县委员会专职委员，1980 年 12 月，在东兰县第七届人民代表大会第一次会议上当选为东兰县人民代表大会常务委员会副主任。1986 年 12 月 6 日因病在那论村逝世，享年 80 岁。

侯年寿

（1905～1990）

侯年寿，汉族，1905 年 1 月出生于广西东兰县弄辉村弄牙屯一个贫苦农民家庭，是长期坚持西山地区革命活动的老赤卫队队员之一。1925 年参加东兰农军，任战士；1929 年任兰木乡苏维埃政府赤卫队战士，1930 年 6 月加入中国共产党。在历次战斗中曾三次负伤。1932 年，敌人重兵进攻西山，红七军化整为零，乡赤卫队组成杀奸团，侯年寿任杀奸团小队长。是年冬，右江地区土地革命挫折后，侯年寿仍坚持在西山地区进行十分艰难曲折的革命活动，负责弄辉地下交通站工作，从 1934 年至 1949 年一直在弄辉交通站负责西山总部与兰木、泗孟、长江等区乡的地下交通联络工作。1935 年、1948 年先后任弄辉支部书记。1959 年后任武篆区副区长、县人民政府副科长、县政协常委等职。1982 年离休，享受副厅级待遇。1990 年 1 月因病逝世，享年 85 岁。

黄 清

（1904～1977）

黄清，壮族，1904年出生于广西东兰县三石区纳合村弄凡屯一个贫苦农民家庭。1926年，参加本乡农民协会和农民自卫军。1929年12月参加红七军。1930年11月红七军河池整编时，编入第二十师，后随红七军主力北上途中，历经四把、长安、武冈、全州、连州、梅花岭等战斗，后到达中央革命根据地与中央红军会合。1932年5月加入中国共产党。1934年10月参加二万五千里长征，1935年参加强渡大渡河时，身先士卒，战斗勇猛，荣立大功；中央红军到达陕北后不久，参加抗日战争。历任班长、排长、连长、营长、团长、卫生处长、军留守处长。1941 年至 1942 年，抗日战争进入空前残酷的阶段时，率部挺进敌后，发动敌占区群众开展反对敌人的“清乡”、“蚕食”、“扫荡”斗争，出色完成战斗任务，两次荣立战功。全国解放后任中国人民银行南宁地区分行行长，桂西壮族自治州分行秘书，分行行长，南宁地委监察处处长，监委副书记、监察组副组长等职。1977 年因病在南宁逝世。享年 73 岁。1978 年追认为革命烈士。

黄正规

（1898～1930）

黄正规，壮族，1898年出生于广西东兰县武篆区巴学屯一个贫苦农民家庭。他从小就受韦拔群革命思想的影响。1922年10月，韦拔群、陈洪涛等在东兰武篆区的银海洲举行革命同盟会。时年24岁的黄正规怀着一颗救国救民的热切心情，参加了银海洲同盟会。会上，黄正规与许多同盟会成员一起，慷慨陈词，痛饮鸡血酒，举刀对天发誓，立志与拔哥同生死，共患难，斗争到底不变心，以拯救人民于水深火热之中。1923年4月，黄正规参加了韦拔群领导的三打东兰县城战斗。1925年冬，进入广西东兰第一届农民运动讲习所学习，毕业后被派回武篆从事农运工作，参加了反击军阀龚寿仪围剿武篆农民运动的武装战斗。同年，奉命率队到百色一都、二都、三都等区发动农民，组织农民协会。1929 年 8 月，经韦拔群、韦命周介绍，加入中国共产党。

1930 年 4 月，中共百色临时县委在三都区（今巴马甲篆乡）坡月乡成立（后迁所略办公），黄唤民任书记，黄正规任副书记兼组织部长。临时县委成立后，在极其复杂的斗争环境中，黄正规与其他领导成员一起，不畏艰难，深入发动群众，发展扩大农民的武装。参加指挥了攻打大恶霸罗肇修、罗肇高等战斗，并取得了胜利。

同年，由于革命转入低潮，百色县属各区大部被敌占据，形势严峻，中共百色临时县委管辖只有二都、三都各半个区域。据此情况，10 月，韦拔群和黄举平决定，撤销中共百色临时县委，黄正规随之奉命调回武篆工作。

为了加强六十二团和独立团的领导，1930 年 11 月，韦拔群派黄大权、黄书祥等人率领 80 多名武装由武篆前往右江下游活动，队伍行进到思林县那海乡的龙滩弄场时，遭遇叛徒黄承权、黄玉臣等匪兵伏击。经过一天的激战，由于红军地处劣势，寡不敌众，连长容德全等数十人英勇牺牲。黄正规、黄大权、李海奇、黄中孟（女）等 16 人在撤退中不幸被俘。不久，黄正规惨遭敌人杀害。时年 32 岁。

黄世新

（1904～1941）

在广西革命烈士陵园陈列馆的抗日战争时期展厅里，悬挂着一幅英俊、威武的烈士遗照和感人的烈士事迹说明，使人看后难以忘怀。这位烈士就是抗日战争时期战斗在黔桂边区，并英勇献身的原中共右江上游中心县委常委，右江上游革命委员会主席、右江赤色游击队第一联队联队长黄世新。

（一）

黄世新，奶名黄日顿，参加革命后又名黄明三。1904 年 4 月出生于广西东兰县武篆区东里屯一个贫苦的壮族农民家庭。父亲黄应才是劳动能手，母亲是一位虽目不识丁而心地善良的农村妇女。东里村是广西农民运动的先躯、人民军队的杰出将领韦拔群的故乡。黄世新从小就耳闻目睹韦拔群扶助贫苦农民的动人事迹，深受韦拔群救国救民思想的影响，并受到良好的家庭教育，因此他特别通情达理，被父母视为掌上明珠。他长到七岁时，望子成龙的父母迫不及待地送他到武篆育才小学堂读书。黄世新走进学堂后，便决心刻苦读书，学好本领，报答父母的养育之恩。

从东里到学校要走七八里路，途中还要趟过一条小溪。这对一个七八岁的孩子来说，困难是不少的。但黄世新非常珍惜这来之不易的读书机会，风雨无阻、早出晚归，发奋读书。因此，学习成绩一直名列前茅。深受师生赏识，被称为东里“小秀才”。

黄世新的青少年时代，正是国家内外忧患，军阀混战的年代。“兵灾匪患、饥荒死人、到处皆是”，这就是当时社会现状的真实写照。哪里有压迫，哪里就有反抗。与黄世新同住一个村庄的韦拔群率先在东兰树起了反帝反封建的旗帜。在韦拔群的领导下，东兰农民运动蓬勃发展起来。农民运动的兴起，给黄世新极大的鼓舞。1925 年黄世新不顾父母的劝说和阻挠，弃笔从戎，参加了韦拔群领导的东兰农民自卫军。从此，黄世新以百折不挠的毅力和勇往直前的精神，走上了艰苦的军旅生涯。

（二）

20 岁出头的黄世新，五官端正，口齿伶俐，个子高大，浑身是劲，是一个武将的好苗子。为了培养革命军事人才，1925 年韦拔群推荐他入国共合作下的广西当局举办的南宁军校学习。结业后，回到东兰担任县农民自卫连长。

1926 年 2 月，东兰县的贪官污吏、土豪劣绅与桂系军阀相互勾结，残酷镇压农民运动，制造了震惊省内外的“东兰农运惨案”。东兰处于白色恐怖之中。面对家乡一片片被敌人蹂躏的土地和一群群无家可归的父兄姐妹，黄世新的革命信念更加坚定，他积极协助韦拔群组建东兰县革命委员会，发动群众，组成杀奸团，反抗敌人的镇压。1927 年 7 月，黄世新参加了韦拔群举办的第三届农民运动讲习所学习。8 月，桂系军阀黄明远营进犯凤山，镇压农民运动，妄图消灭共产党。第三届农讲所学习被迫中断，黄世新被任命为右江农民自卫军第一路军第三团副指导员，率农民自卫军赴凤山参加对敌作战。在韦拔群的亲自指挥下，东兰、凤山以及百色、凌云等县农军密切配合，浴血奋战，打退了敌人妄图占领凤山，进攻东兰的阴谋。

1929 年春，经过战斗考验的黄世新光荣地加入了中国共产党。同年 8 月，他受命带领 300 余东凤农军赴南宁领枪受训。在南宁受训期间，东凤农军改编为三个连，黄世新被任命为第一连连长。经过一个多月的训练，于 10 月中旬率队回到东兰农军总部。接着他又率部到武篆区那论村参加整编。10 月 17 日，黄世新出席了中共东兰县第一次代表大会，这时，东兰农军的武器装备得到了充实，战斗力有了提高，革命青年纷纷报名参加农军，队伍不断扩大，扩编为四个连，黄世新任第二连连长。在攻打武篆区团防局的战斗中，黄世新率二连奉韦拔群“通过鸾里，务必于明日拂晓到达板丘屯，从该路进攻中和东面”之命令，迅速到达了预定地点，为胜利攻占武篆团防局赢得了时间。攻下武篆圩后，黄世新被任命为右江农军第一路军第二团副指挥员，率部赴凤山投入解放凤山县城的战斗。11 月，东兰、凤山两县县城相继解放，为百色起义的胜利奠定了基础。

1929 年 12 月 11 日，百色起义，邓小平、张云逸、韦拔群领导，创建了红七军，黄世新被编入红七军第三纵队，任第二营营长。第二营是红七军第三纵队的主力营。为使东兰至恩隆的苏区连成一片，黄世新在纵队司令员韦拔群的直接指挥下，率队转战于东兰、凤山、百色、恩隆等县，歼灭了大土豪谭典章、黄梅春以及罗肇修、罗肇高的反动武装，保护了人民群众的生命财产安全，捍卫了新生的苏维埃政权，为巩固和发展革命根据地作出了贡献。

（三）

1930 年 3 月，红七军前委在凤山县盘阳圩召开会议，决定一、二纵队向外游击，三纵队留守右江，保卫根据地。此时，黄世新遵照前委的决定，调任第二纵队第三营营长，随一、二纵队向桂黔边区游击、参加了著名的攻占贵州古城榕江的战斗。6 月，红七军一、二纵队回师右江，黄世新率队参加了收复百色、伏击滇军的战斗。同年 10 月，红七军主力奉命离开右江到河池整编，黄世新被编入第二十师任营长，随军北上。12 月中旬，红七军攻打长安（今融安）时，黄世新身先士卒，勇敢战斗，在奉命向北撤退时，孤军作战，最后与部队失去了联系。在部队去向不明的情况下，黄世新即转回东兰寻找革命队伍。

1931 年 1 月，红七军二十一师刚组建不久，黄世新终于找到了韦拔群。韦拔群见到了久别重逢的战友，非常高兴。此时，他决定把师部直属特务连改为特务营，由黄世新任营长。受命后，黄世新率部向坡月、平乐、天峨等地活动，组织发动群众，巩固和发展苏维埃政权。3 月，桂系军阀第七军军长廖磊指挥桂军、粤军、黔军等正规部队和地方民团一万余兵力，分三路向东凤革命根据地“围剿”。黄世新根据师领导制定的“化整为零，避强攻弱，依靠群众，各个击破”的战术，率队向外作战，专门袭击敌人的运粮队。一次，黄世新率队埋伏在江平至那论之间的弄有峒，当敌人运粮队过来时，就遭到红军伏击，打死敌军十余人，截获从田州运来的粮食和蔬菜数十担。不久，黄世新又奉命率队到都邑区板合村，配合韦汉超营打击土豪韦道隆。在我军的强大攻势下，迫使韦道隆向我军缴械投降。8 月，中共广东省委派陈道生到西山，传达中央关于纠正立三错误路线和整顿红军、改组地方政权等重要指示。接着，中共右江特委、红二十一师党委在东兰泗孟乡丘拔屯召开会议。黄世新参加了这次会议。遵照中央指示，红七军第二十一师改编为中国工农红军独立第三师（即称右江独立师），黄世新被任命为师司令部参谋。后独立第三师开赴双苏整编，黄世新兼任六十一团第二营营长。双苏整编后，黄世新率队向三都、坡月、平乐等地游击。

1932 年 5 月，敌人对东凤革命根据地的“围剿”更加残酷，红军面临的困难更大。为解决部队给养困难，黄世新冒着生命危险，智取敌人花红钱 2000 元，并果断处决了叛徒陈守先。暂时解决了部队生活的困难和红军内部的隐患。是年冬，右江革命根据地主要领导人韦拔群和陈洪涛相继牺牲，右江革命根据地丧失，黄世新率一支小队伍，坚持在西山同敌人开展斗争。为了保存革命力量，黄世新率领最后一批人员从西山突围，奔赴黔桂边区，在中共黔桂边委书记黄举平的领导下，开辟革命新区，继续进行革命活动。

（四）

1933 年初，黄世新受中共黔桂边委书记黄举平的派遣，到凌云县平乐地区秘密组织发动群众，建立革命武装。坚持与国民党作斗争，并负责与西山的同志联系。他在平乐工作有了相当的群众基础，同时也了解到西山的情况。为了恢复西山革命活动，5 月，黄举平即派黄世新秘密回到西山，召集黄唤民、周继忠、陈仕读、牙文明、覃卜仁、陈卜胞等党员骨干开会，认真分析西山的革命形势，研究敌人的活动规律以及对敌斗争的策略和方法，重新点燃了西山的革命烈火。不久，黄世新转回黔桂边委，向黄举平汇报西山方面的情况。8月，根据黄举平的指示，黄世新再次秘密回到西山，传达黔桂边委的指示，建立革命武装组织，开展惩治叛徒，打击反革命分子活动，并组织成立了三个暗杀队，先后处决了周同甫及陈恒珍、陈继良等叛徒、特务和反革命分子，严厉打击了敌人的反革命气焰，重新鼓舞了人民的革命志气，为后来东兰继续开展革命斗争打下了基础。从此，西山的革命活动又开始恢复。

1934年春，黄举平和黄世新从黔桂边回到西山。黄世新积极协助黄举平进行基层党组织的整顿、恢复基层党组织及重建中共东兰县委的工作。1935年4月，经右江下游党委批准，中共东兰县委在西山重建，黄举平任书记，黄世新任常委。同年5月，右江下游党委决定撤销东兰县委，成立中共东兰中心县委，黄世新仍任常委。

为了便于领导广大人民群众开展革命斗争，1936年2月，中共东兰中心县委在西山召开右江上游革命骨干代表大会，建立右江上游革命委员会，黄举平任主席，黄世新任委员。6月，黄世新接任右江上游革命委员会主席兼右江赤色游击队第一联队队长。由于思果中心县委受到破坏，根据形势发展的趋势，7月下旬，召开右江党的代表会议，决定撤销中共东兰中心县委，成立中共右江上游中心县委，担负领导右江地区革命斗争的重任，黄举平任书记、黄世新任委员，负责军事工作。

1937年1月，根据中共广西省工委的指示精神，右江上游赤色游击队第一联队改称为右江抗日义勇军第一联队，黄世新仍任队长。2月，中共右江上游中心县委在西山召开党的负责人会议，根据中共桂西区特委的指示，将中共右江上游中心县委改为中共东兰（亦称东凤）中心县委，黄世新任中心县委委员和黔桂边委委员。在抗日战争时期，黄世新认真贯彻中共中央关于民族统一战线政策，注重宣传和发动群众，组织抗日组织开展抗日救亡运动。9 月，黄世新和赵世同、黄举平一道，坚决抵制桂西区特委书记黄桂南的右倾投降路线，为保存右江上游的革命武装力量作出重要贡献。

1939 年春，黄世新率领一支抗日义勇军赴黔桂边开展抗日宣传活动，由于积劳成疾，不幸于 1941 年 5 月 5 日病逝于贵州省罗甸县板陵村，享年 37 岁。

黄明强

（1905～1936）

黄明强，号堂皇，壮族。1905 年出生于广西东兰县武篆区坤王村更桑屯一个农民家庭。其父黄瑞华，为人正直忠厚，勤俭持家立业，育有四儿二女，家庭经济略充裕。黄明强在兄弟姐妹中排行第三。他幼年天资聪敏，倍受父母酷爱，8 岁时就读于村上私塾，15 岁毕业于东兰高等小学堂。由于平时勤奋好学，成绩出类拔萃，且练就一手好毛笔字。加上性格刚直，好打抱不平，被村上人誉为“堂皇”。

1921 年，其父好友北洋军阀陆军少将旅长黄云（东兰武篆巴学人）到家做客，见黄明强聪明伶俐，手脚勤快，执意带他去当贴身勤务兵。一年多后，因难以忍受给人当奴仆这口气，旋归故里。

1923年夏秋，黄明强受大哥黄明刚的影响，投身农民运动，参加了韦拔群领导的三打东兰县城的战斗。1925年秋，韦拔群从广州农民运动讲习所学习归来，领导农民运动，黄明强深受影响和鼓舞，正式投身于革命洪流。在他的带动下，同村的黄明瑞、黄明珠等十余名青年也投身了农民运动，他所在屯也就成为农军来往的落脚点和联络点。为此，被当地土豪劣绅视为“眼中钉”。是年，江平大土豪龙显云带兵进剿，一把火将黄明强和黄明瑞等4名农军战士的家烧了。

1926年11月，韦拔群在武篆育才小学开办广西东兰第二届农民运动讲习所，传播革命真理，培养农运骨干。黄明强进入此届农讲所学习。在农讲所，他亲耳聆听了韦拔群、陈洪涛等农运领导人的讲课。结业后，他留在武篆区从事农民运动宣传工作。1928年，黄明强调任武篆区革命委员会组织部长。1929年7月，经韦拔群介绍，黄明强在武篆区善学乡坡善屯加入中国共产党。

1929年9月底，中共广西特委派严敏到东兰筹备建立中共东兰县委会。严敏到东兰后，于1929年10月中旬，在武篆区那论村召开中共东兰县第一次代表大会，大会选举产生了中共东兰县委员会，严敏为书记，黄举平为副书记，黄明强、韦菁等为委员，黄明强负责青年工作。随后黄明强同韦菁、韦界规接受组织派遣，到天峨县开展地下活动，发展新党员，建立党组织。在百色起义和右江苏维埃政权诞生的当天，东兰县苏维埃政府成立，黄明强当选为苏维埃政府委员。

1930年秋，黄明强和韦拔群、黄举平出席中共右江党委在平马召开的党委扩大会，听取了红七军前委书记邓小平的政治报告，会后，他带领其他委员深入基层发动群众突击秋收，做出征北上红七军战士家属的思想政治工作，健全党组织、赤卫队、肃清敌特等工作。是年11月，中共东兰县委书记韦菁调任中共凤山县委书记，黄明强代理东兰县委书记。他在代理县委书记的几个月里，认真执行县委决议，开办党员训练班，发展了革命大好形势。

1931 年 2 月，桂系军阀廖磊匪军乘红军北上之际，派重兵大举进攻东兰，“围剿”革命根据地。中共右江特委派黄明强到恩隆的林逢、百定、朔良等地领导反“围剿”斗争。4 月又奉调回到东兰武篆，协助韦拔群开展反“围剿”斗争。9 月，黄明强奉命前往滇桂边区协助谭统南做韦高振的统战工作，在靖西、德保和富宁从事地下活动，曾任滇桂边劳农游击大队队长等职。1936 年，在滇桂边区活动时被敌人杀害。时年 31 岁。

黄美伦

（1901～2004）

黄美伦，女，1901年生于广西东兰县武篆区上圩一个壮族贫苦农民家庭。1923年在韦拔群的“穷人闹革命求翻身”的革命思想的直接影响下参加革命，积极在贫苦农村妇女中宣传男女平等、妇女求自由解放的道理。韦拔群组织公民会、农民自卫军三打东兰、清算大土豪韦龙甫时，积极组织妇女在后方筹粮和做好宣传工作。1926年11月参加广西东兰县第二届农民运动讲习所学习。同年11月5日，东兰县革命委员会在县城召开全县农民代表大会，选举产生东兰县第二届农民协会，黄美伦当选妇女部副部长。下旬，在广西省妇女干部黄若姗的主持下，县农民协会妇女部在东兰县城召开第一届妇女代表大会，选举产生东兰县妇女解放协会，黄正秀为主任，黄美伦等6人为委员。1929年9月，加入中国共产党。1929年12月11日，中共东兰县委在县城召开东兰县第一次工农兵代表大会、宣布成立东兰县苏维埃政府，黄美伦等10人为妇女委员。她在负责妇女工作期间，组织发动妇女为红军做鞋袜、军服、筹备粮食、动员亲人参军，为红军送情报，向群众进行革命宣传，了解土豪劣绅的反动言行、为红军运送病伤员、慰问伤病员，护理红军伤病员等，有力地支援前方工作。1930年3月，黄美伦补选为中共东兰县委员会委员，负责妇女工作。7月，调到平马镇中共右江特委机关搞政治宣传工作。1931年春，敌军重兵"围剿"革命根据地，黄美伦随右江特委机关转入东兰西山，坚持革命根据地斗争。1932年10月，西山根据地弹尽粮绝，她因饥饿过度无法走动被敌俘于西山，后被押解到东兰、柳州、南宁等地监狱关押，历尽严刑逼讯，始终坚贞不屈。最后被人押到陆川县平乐区六寨村强行卖给他人为妻，但她革命之心不灭，对革命充满必胜的信心，千方百计寻找地下革命组织，直到广西解放前夕，她终于找到在当地搞地下革命活动的同志，继续参加革命活动。1950年参加陆川县平乐区的清匪反霸和土地改革工作，任区妇女联合会主任，1953年调任东兰县妇联主任。1980年重新加入中国共产党。1980年12月在东兰县第七届人民代表大会上被选为人大常务委员会副主任。是广西省第一、二届人民代表大会的代表，曾任自治区第四、五届政协委员，1986年离职休养，2004年病故。

黄冕伦

（1904～1935）

黄冕伦，壮族，1904 年出生于广西东兰县太平乡（今三石镇）泗乙村（后随父迁至公平村）一个农民家庭。1924 年，黄冕伦开始参加韦拔群领导的农民运动，在太平区一带积极发动、宣传群众参加斗争，组织农民协会和农民自卫军，先后担任太平区农军队长和区农会执委，是太平区主要的农民运动骨干之一。

“四·一二”反革命政变后，黄冕伦撤到山上，与其他农军一起利用千山万弄的有利地形，与敌人周旋斗争。经过艰苦斗争的严峻考验，他逐步走向成熟，成为农军的一名得力干将。

1929 年 10 月，黄冕伦出席了中共东兰县第一次党代会，会后带领农军攻打东兰县城。同年参加了百色起义的筹备工作，后他和黄唤民被韦拔群委以重任，带领东凤农军1000多人前往恩隆交由张云逸领导，成为红七军第一、二纵队的基础力量之一，对百色起义的顺利进行起了很大的作用。

1929年12月11日，百色起义顺利举行后，东凤农军被编入红七军，黄冕伦、黄昉日领导的太平区农军被编为第三纵队第三营，黄冕伦先后担任营指导员、营长等职。按照红七军前委的指示，他和黄唤民连续数月转战于东兰、凤山、恩隆等右江广大地区，向残存的反动势力和散匪武装开展激烈斗争，为巩固和发展革命根据地作出了积极贡献。1930年，黄冕伦光荣地加入了中国共产党。同年11月，红七军主力奉命北上，黄冕伦任五十六团三营七连指导员。部队北上途中进入军部军官训练所学习。1931年2月，红军到达江西永新县后，又进入军部教导队学习。1934年参加举世瞩目的二万五千里长征，任中国工农红军第三军团第五师团政委。

1935年下半年，在云南省境内与敌作战中壮烈牺牲，时年31岁。

覃桂芬

（1907～1988）

覃桂芬，曾用名覃秀昌，壮族。1907年8月出生于广西东兰县坡峨乡和平村廷锐屯一个贫苦农民家庭。1925年投身于韦拔群领导的农民革命运动，在大同区农民协会工作。1930年2月加入中国共产党。大革命时期，历任区农民协会通讯员、大同区农军第一中队战士。第二次国内革命战争时期，曾任大同区赤卫队中队长、红军班长、副排长、排长。土地革命时期，从1931年1月至1942年1月在黔桂边坚持地下革命活动。1937年当选为东兰县革命委员会委员、丹池边革命委员会宣传员，并坚持在东兰、河池、南丹等县边界进行革命活动。解放战争后期，任滇桂边区纵队桂西区指挥部第十支队大同独立中队政工员。新中国成立后，先后任大同区农民协会主任、大同区生产助理、县革命陵园管理员、县政协委员、常委等职。1984年离职休养，享受副厅级待遇。1988年2月逝世，享年81岁。

覃联魁

（1890～1968）

覃联魁，壮族，1890年出生于广西东兰县太平乡玩石村（今三石镇纳合村）。15岁开始先后就读于东兰高等小学堂、南宁中学、桂林岭南政法学堂。1917年至1925年先后在东兰三石那往小学、都邑板布小学，凤山县立高等小学任小学教师、校长等职。1925年春，覃联魁和陆树桢任凤凰权法小学教师时，受韦拔群革命宣传的影响和感召，除在课堂向学生进行革命思想教育外，还利用圩日带领学生外出宣传，在社会上贴标语，散发传单，号召农民组织起来与土豪劣绅作斗争。这年4月，凤凰农民自卫军打倒水峒土豪杨秀福，覃联魁和陆树桢派年纪比较大的学生参加农民自卫军，年纪小的做警戒放哨。事后，土豪劣绅关闭权法小学，辞退覃联魁和陆树桢。1925年冬反动军警派兵镇压东兰农民运动，覃联魁被东兰伪县府逮捕入狱长达7个月，后被罚白银1500元后获释，出狱后又投入农民运动。1927年2月，又到恩隆（今田东）县那定小学任教，继续宣传革命思想。1928年，覃联魁回乡参加打倒土豪管腾榜、管腾芳兄弟俩的斗争，取得了胜利。

1929年9月，农军攻克巴造、三石民团局，太平区农民协会成立，覃联魁任协会委员。同年12月，担任太平区苏维埃政府土地委员，同月由黄举平介绍加入中国共产党。1930年，他接替韦汉超任东兰县苏维埃政府土地委员。1931年1月，接替黄举平出任东兰县苏维埃政府主席，8月，他辞去主席职务，仍任县苏维埃政府土地委员。在苏维埃任职期间，积极开展土地革命和政权建设。红七军主力北上后，桂系派部队“围剿”东凤革命根据地，覃联魁处境十分险恶，隐藏在深山野岭，以山薯、野菜充饥，积极协助黄举平领导东兰、东山、中山地区的反“围剿”斗争。1932年冬，革命遭受挫折后，他从事教育、农业生产，掩护游击队的活动。1933年秋，到恩隆（今田东县）切弯小学任教。1934年辞职回乡。新中国成立后，历任县粮食局保管员、区公所财粮助理、县人委卫生科副科长、县政协副主席、自治区政协委员等职。1968年8月27日病逝，享年78岁。

谭国联

（1904～1938）

谭国联，壮族。1904 年出生于广西东兰县大同区板坡村一个贫苦农民家庭。1921 年入东兰县立高等小学读书。1925 年，受日渐高涨的农民运动的影响，谭国联开始参加革命活动，1926 年参加东兰农民自卫军，任农军宣传员。1927 年 8 月，参加农军暴动，后坚持农村游击斗争。

1929 年，右江农民运动蓬勃兴起，作为革命群众普通一员的谭国联，积极进行工作。12 月 11 日，百色起义胜利后。谭国联加入东兰县赤卫军，任文化委员，参加建设和保卫右江革命根据地的斗争，政治思想觉悟不断提高。1930 年，加入中国共产党。同年 11 月，红七军主力北上后，谭国联随韦拔群留守右江地区任二十一师六十一团第三营政治指导员，和营长韦汉超一道领导第三营所在的东兰、都安、河池三县边界的武装斗争，先后多次打击了当地土豪劣绅韦家玉、吕荣耀、付显阳、付显荣率领的反动武装。1931 年春，他又率队在东兰河东地区狠狠打击了民团司令石化龙率领的庆远各属民团，有力地配合了右江苏区各兄弟部队反击桂系军阀对根据地的第一次军事“围剿”。

1931 年 8 月，根据中共中央指示，红七军二十一师改称为中国工农红军独立第三师（亦称右江独立师），谭国联改任都邑瑶族独立营指导员，和其他同志一起领导都邑及其周围邻近地区的革命斗争，率领都邑区军民多次打击了围攻果棉、纳平、纳滚、弄肖等革命据点的桂系军阀及民团武装。1932 年 8 月，广西军阀对右江地区根据地发动了空前规模的第三次军事“围剿”，谭国联等在都邑一带奋勇反击，多次重伤敌军，最后因寡不敌众，河东地区的革命据点全部被敌人占领，谭国联等少数骨干突围脱险。同年冬，韦拔群、陈洪涛相继牺牲后，右江地区革命转入低潮。在残酷的斗争环境中，谭国联突围到河池、南丹和黔桂边继续坚持进行革命活动。经多方查访，他和突围出来的韦汉超、覃桂芬等取得了联系，为进一步开展革命活动创建了条件。

1935 年间，谭国联派覃桂芬前往东兰西山与右江上游革命委员会取得了联系，并听取了上级党委的指示。不久，谭国联在西山参加了右江下游革命委员成立大会，会后即按照会议决定和黄举平关于筹建丹池边革命委员会的指示，和韦挺生一起返回南丹。经过一段时间的紧张筹备，1937 年 9 月，谭国联与在黔桂边坚持斗争的革命积极分子 20 多人在南丹拉索召开会议，宣布成立丹池边革命委员会，韦汉超任革命委员会主席，谭国联任副主席。丹池边革命委员为领导当时南丹、河池边界人民的革命斗争起了很大作用。

1938 年 2 月，谭国联到南丹县太平屯进行革命活动，不幸被捕入狱，同年 4 月在南丹英勇就义，时年 35 岁。

谭统南

（1900～1947）

谭统南，原名谭彩金，又名覃统南、苏平、覃秋平，壮族，1900年出生于广西东兰县大同区永安村可乐屯一个贫苦农民家庭。

早在1919年，谭统南还在东兰县立高等小学就读时，就受到青年教师韦青云进步思想的影响，参加学生联合会的反帝反封建活动。毕业后先后在干来、坡豪等地任教，利用课堂对学生进行爱国主义思想教育。1923年，韦拔群先后率领东兰农军三打东兰县城，谭统南和覃孔贤带领第二路农军参加了攻城战斗，在战斗中，他非常勇敢，受到韦拔群的称赞。

1925年9月，谭统南作为农民运动骨干进入韦拔群创办的第一届农民运动讲习所学习。结业后，回到大同区继续从事农运工作。1926 年 2 月，国民党桂系军阀派龚寿仪团镇压东兰农民运动，制造了震惊省内外的“东兰农运惨案”。1927 年蒋介石发动“四·一二”反革命政变，到处腥风血雨。谭统南毫无畏惧，带领农军跟随韦拔群坚持公开的武装斗争。1929 年冬，谭统南参加了邓小平、张云逸、韦拔群等组织领导的百色起义并加入中国共产党。1930 年 1 月，谭统南担任中共大同区委书记；8 月，他又兼任大同区苏维埃政府主席。红七军北上中央苏区后，谭统南被调到二十一师师部做政治宣传工作。

1931 年 2 月，桂系军阀第七军军长廖磊率部“围剿”右江革命根据地腹心地东兰县，同时命令活动于中越边境靖西、镇边一带的绿林武装韦高振“游击支队”四个连一同到东兰镇压农民运动。5 月，粤桂军阀联合反蒋，廖部撤回田州待命入湘，韦高振带着他的人马脱离桂系军阀部队逃回靖西。中共右江特委和红七军二十一师党委根据获悉的情报，决定对韦高振部和活动于滇桂边的绿林武装梁振标部进行统战工作。遂派谭统南和向都县赤卫军副总指挥黄庆金等前往靖西、镇边一带，改造绿林武装韦高振部队。谭统南到靖西后，多次与韦高振面谈，阐述中国共产党的宗旨，揭露国民党当局的腐败统治。继之又以个别谈心及结交朋友等方式，对其韦的部下人员开展工作。经过一段时间的整顿、改造、感化，逐渐把这支队伍引上了革命道路。1931 年冬，谭统南、黄庆金又进入云南富宁县九弄地区，发动组织群众革命，并对桂滇边最大的一股绿林武装头目梁振标进行统战工作。1932 年 7 月，右江下游临时党委将转移到靖西县境的天（天保）向（向都）赤卫军进行整编，组建“右江下游赤卫军第三团”，团长黄庆金、政委黄怀贞，政治部主任黄振（黄明强），谭统南任秘书，不久，随部队到中越边境活动。

1933 年 5 月，中越（边）革命委员会在靖西县坡豆乡福留村弄黎屯成立，谭统南被推选为革委会副主席，黄庆金任主席。7月，根据右江下游党委关于建立统一战线、组织抗日团体等工作的指示，谭统南和黄庆金将活动在中越边和滇桂边的两股绿林武装与右江下游赤卫军第三团及滇桂边新发展的游击队集中于靖西县龙邦，组建“抗日救国十八军”，组织发动了对靖西县反动民团的反“围剿”斗争。1934年11月，滇黔桂边区革命委员会劳农会、劳农游击队第三联队先后成立，抗日救国十八军编入第三联队，谭统南任联队宣传部长兼第五大队大队长，率部参加了粉碎滇桂两省军阀“围剿”作战，扩大了边区革命根据地。1935年冬，滇黔桂边区劳农游击队从七村九弄转移到靖西县安宁乡。为了加强党的建设，谭统南、黄德胜、黄振等先后介绍杨高堂、梁其明加入中国共产党。不久，成立了中共中越边区支部委员会，谭统南任支部书记。

1937年“七·七”事变后，中共中央发出《为日军进攻卢沟桥通电》，号召全国同胞、政府和军队团结起来，筑成民族统一战线的坚固长城，抵抗日本的侵略。是年10月，根据中共南方临时工委的指示，中共桂西区特委与国民党百色区民团指挥部举行合作抗日谈判。谈判中，桂西区特委书记黄桂南不坚持党的独立自主原则，与国民党百色地方当局签订了协议，将活动于中越边、滇桂边和右江下游的游击队集中接受国民党改编。在这至关重要的问题上，谭统南旗帜鲜明地反对将多年历尽艰辛创建起来的革命游击队拱手交给国民党的错误做法，与滕静夫、岑日新、傅少华等边区领导人毅然将队伍拉回靖西、德保一带疏散隐蔽活动，并在靖西县葛吞乡（今龙邦乡）组织革命同盟。1939年初，谭统南等16人又与越南革命者黎广波结为革命同盟。后来国民党当局派兵围剿我根据地，谭统南在越南同志的帮助下，转移到越南朔江一带参加越南革命活动。

1941年6月，担任中越边区支部书记的谭统南，与岑日新等在靖西县安宁乡那禀村建立了“中越边区抗日游击大队”（后又改为“越南革命救国军独立第二大队”）并担任大队长。为了扩充武器装备和解决游击队员的生活，他一面组织队员开荒生产，种植粮食和土特产；一面派人到越南高平省开设一个胜利公司，经营桐油生意。他还亲自与越南革命同盟领导人黎广波、胡志明等联系，商讨联合抗日大计。12 月 7 日，太平洋战争爆发后，日军加紧向中越边境推进，应越南独立同盟越北负责人黎广波的要求，谭统南选带一批骨干携带武器到高平协助越盟筹建抗日武装。到 1943 年初，游击大队由建队时的 40 余人发展到 300 多人，编为两个中队。4 月，“中越边区抗日游击大队”改称“中越华侨抗日义勇军大队”，谭统南仍任大队长。游击大队在谭统南和越盟领导黎广波等人的领导下，到 1945 年 6 月，先后在高平省茶岭县那旦、那威等地打过三次较大战役，有力地打击了日军对中国靖西、镇边地区的进犯。1945 年 9 月，抗日战争胜利后，谭统南率领第二大队中国籍的指战员从越南返回靖西县坚持革命武装斗争。

1947 年 2 月，北上抗日后叛变革命投入国民党怀抱的叛徒韦高振自安徽返抵靖西，惧怕谭统南发动人民群众起来清算其叛变革命、杀害共产党人的罪行，便指使其同伙农安精、赵权忠、农福保等人于同月 22 日窜入那廪街，突然包围袭击谭家，将其杀害，时年 47 岁。

廖　峰

（1911～1943）

廖峰，又名廖庆光，1911 年出生于广西东兰县三石区纳合村一个贫苦壮族农民家庭。受韦拔群领导的东兰农民运动的影响，1926 年毅然投身革命，1927 年 8 月参加东兰农军暴动，后坚持农村游击作战。1929 年 12 月参加百色起义，编入红七军第三纵队任战士，后任班长、排长。1930 年 11 月随红七军主力北上。途中，廖峰参加四把、长安、全州、连州、梅花村等战斗，胜利地到达中央苏区，与中央红军会合。1932 年加入了中国共产党，参加了中央苏区第三、四次反“围剿”作战和中央红军长征。1934 年 10 月，由于受王明错误路线的影响，第五次反“围剿”失利，红军被迫长征。廖峰随红三军团第五师十三团胜利到达陕北。1938 年 6 月，随八路军一二〇师雁北支队参加开辟冀东抗日根据地。在冀东党组织的领导下，积极发动广大工农群众，举行抗日武装暴动，为建立冀东根据地打下基础。1943 年春，任八路军冀东军分区十三团副政委，积极协助团长发动根据地军民开展艰苦的抗日斗争。同年冬，在河北省蓟县（现属天津市辖）田草岭与日本侵略军作战时，不幸受重伤被俘，受尽日军的各种酷刑，始终坚贞不屈，最后英勇就义，时年 32 岁。

区营级

人物

韦　坚

（1893～1932）

韦坚，壮族，1893年3月出生于广西东兰县东院区巴拉乡（今属东兰镇巴拉村）却内屯一个农民家庭。1925年，受韦拔群农民革命的思想影响，于同年的夏秋间毅然投身于东兰农民运动。他积极组织农民协会和农民自卫军，与当地贪官污吏、土豪劣绅进行坚决的斗争。为了掌握更多的革命斗争理论，提高思想、政治、军事水平，更有效地开展农民运动，1926年11月，韦坚参加了韦拔群在武篆育才小学举办的广西东兰第二届农民运动讲习所学习。结业后，历任乡、区农民协会执行委员。1927年8月，参加了东兰、凤山、凌云、百色四县的农军暴动，尔后，又转入山区开展游击活动。1929年12月，参加了邓小平、张云逸、韦拔

群等领导的百色起义。是年冬至1931年秋，他先后担任中共东院区委书记，东院区第一届苏维埃执委、第二届苏维埃政府主席，1931年，在第一次反“围剿”战斗中不幸被捕，不久，在东兰县城惨遭杀害，光荣牺牲，时年39岁。

韦 武

（1904～1930）

韦武，壮族，1904年9月出生于广西东兰县长江区安桃村龙么屯一个贫苦农民家庭。中国共产党党员，大革命时期就参加东兰农民运动。

1925年11月，韦拔群在武篆北帝岩举办广西东兰第一届农民运动讲习所，时年21岁的韦武怀着救国救民的迫切心情，毅然参加了农讲所学习。在讲习所里，韦武克服重重困难，如饥似渴地学习革命理论和军事知识，决心跟随韦拔群闹革命，为拯救民众于水深火热赴汤蹈火。1927年，韦武随农军抗击国民党右派军队龚寿仪团的进攻，在屡次战斗中，他机智灵活，作战勇敢。在坚持东凤地区的农村游击战争中也屡立战功。1929年12月，随东兰农军参加邓小平、张云逸、韦拔群等领导的百色起义，并担任红七军第三纵队的基层干部。

1930 年 11 月，红七军河池整编时，韦武编入红七军第十九师五十五团，任营长。随后，率部队离开右江苏区北上，历经怀远、四把、长安等多次战斗。同年 12 月上旬，在进攻长安镇的一次战斗中不幸英勇牺牲。时年 26 岁。

韦干权

（1904～1932）

韦干权，壮族，1904年出生于广西东兰县太平区（今三石镇）的纳腊村。中国共产党党员。1925年加入农民协会，任乡农会执委。1927年8月参加东兰、凤山农民暴动。1929年9月参加东兰农军作战。同年12月百色起义后，历任乡、区苏维埃政府执委。1930年春任中共纳腊支部书记。同年12月调任红七军二十一师六十一团部副官，参加了右江革命根据地第一、二次反“围剿”作战。1932年初，韦干权奉命返回太平地区开展游击斗争，同年4月在太平区弄牙峒牺牲，时年28岁。

韦文超

（1902～1932）

韦文超，1902 年 5 月出生于广西东兰县太平区公平村弄怀峒一个壮族贫苦农民家庭。中国共产党党员。青年时期受韦拔群从事农民运动影响，1924 年投身于韦拔群领导的东兰早期农民革命。1925 年起任块石区（今三石镇纳合村）公平乡农民协会会长，带领本乡农民开展打击当地土豪劣绅势力的斗争。1927 年 8 月组织本乡农会会员大力支援东兰农军攻打凤山县城，打击驻扎在县城内的桂系军阀旅长刘日福派驻凤山的黄明远营匪军。1929 年 12 月 11 日参加百色起义，后任中共太平区支部书记和太平区苏维埃政府主席，其间，带领农民进行土地革命和根据地建设。1932 年春，奉命带领区赤赤卫军转入山区，投入艰苦卓绝的反“围剿”斗争，在根据地处境日益恶化的形势下坚持斗争。1932 年 3 月，在太平区弄门峒的战斗中不幸牺牲。时年 30 岁。

韦日礼

（1906～1934）

韦日礼，壮族，1906年2月出生于广西东兰县太平区（今三石镇）纳合村丘拉屯。中国共产党党员。大革命时期就投身于东兰农民运动，1929年9月，韦日礼随东兰农军主力攻打太平区和东兰县城。同年12月11日，参加百色起义，被编入红七军第三纵队，先后任战士、班长、排长等职，曾奉命调入纵队教导队学习。1930年11月，红七军河池整编后，韦日礼随红军主力北上，从此转战于桂黔湘粤赣边。1931年夏参加了湘赣苏区的第二次反“围剿”作战。同年7月，红七军进入中央苏区后，韦日礼先后担任红七军连长、营长和红三军团第五师营长，参加了第三、四、五次反“围剿”作战。1934年10月，在江西省的一次战斗中不幸光荣牺牲，时年仅28岁。

韦日善

（1901 ~ ）

韦日善，壮族。1901 年出生于广西东兰县武篆区（今兰木乡）那核村一个农民家庭。大革命时期参加东兰农民运动。中国共产党党员。

1926 年，随农军抗击国民党右派军队龚寿仪团对东兰农民运动的镇压，同年 9 月，参加了韦拔群领导的攻打东兰县城的战斗，后坚持农村游击战争。1929 年 12 月 11 日，参加了邓小平、张云逸、韦拔群等领导的百色起义，后编入红七军第三纵队，曾先后担任红七军排长、连长等职，随部队保卫和发展了右江革命根据地。1930 年 11 月，红军河池整编时，任红七军二十一师五十八团连长，转战北上江西中央苏区，担任红七军五十八团营长，参加中央苏区反“围剿”作战，后在战斗中失踪。1966 年，人民政府追认他为革命烈士。

韦永科

（1904～1943）

韦永科，壮族。1904 年 6 月出生于广西东兰县长江区拉吉乡拉第屯一个贫苦农民家庭。中国共产党党员。

1926 年春参加韦拔群领导的东兰农民运动，历任乡、区苏维埃农民协会执行委员。同年 9 月，随农军攻打东兰县城。1927 年 8 月，参加东、凤、凌、色四县农军暴动，后在长江地区坚持革命活动。1929 年 12 月 11 日，参加由邓小平、张云逸、韦拔群组织领导的百色起义。后历任周赖乡和长江区苏维埃政府主席。带领本地区农民和赤卫队围攻豪匪据点，深入开展土地革命和革命根据地建设，动员赤卫队员参加红七军。1930 年 11 月红七军主力北上后，韦永科仍隐蔽进行地下活动。1943 年 7 月在长江区拉吉乡江坡屯牺牲，时年 39 岁。

韦介城

(1895～1924)

韦介城，壮族，1895年出生于广西东兰县武篆区那伦村。1912年进入东兰县高等小学读书，毕业后，任兰木乡核石小学教师。1922年参加韦拔群领导的东兰农民运动，担任农民自卫军宣传队队长。

1924年10月，韦介城遵照韦拔群在赴广州学习前的布置，和黄大权、牙苏民等到县城参与改组县参议会的工作，并当选为东兰县参议会议长，后由于遭到时任县长黄瑶琼的反对，无法上任。即带领兰木等地学生军到县城圩场演讲宣传，揭露黄瑶琼的反动罪行，号召各族人民团结起来，实行国民革命，被县长黄瑶琼拘捕入狱。在狱中，韦介城受尽敌人的拷打折磨，他始终坚贞不屈，与反动当局进行针锋相对的斗争。1924年，县高等小学学生自治会虽极力组织营救，但营救未果，惨遭敌人杀害，时年29岁。

韦仕英

（1905～1971）

韦仕英，又名韦展荣，壮族。1905年9月出生于广西东兰县太平区巴王村一个贫苦农民家庭。

1926年11月，受日益兴起的东兰农民运动的影响，韦仕英进入广西东兰第二届农民运动讲习所学习。结业后回到巴王村从事农民运动，任太平区农民协会干事。1927年，蒋介石发动“四·一二”反革命政变后，桂系军阀对东兰农民运动进行残酷镇压，韦仕英参加韦拔群组织领导的“杀奸团”，在东山一带和敌人展开艰苦的游击战。

1929年12月百色起义后，韦仕英被派到凤山县苏维埃政府工作。1930年经黄鸿腾介绍加入中国共产党。随后被派往凌云县平乐区、凤山县长里区工作，参加长里区赤卫军。1930年11月，红七军主力北上后，凤山县的赤卫军被编入红二十一师（后改为右江独立师）六十三团，韦仕英任第二营指导员，参加了保卫右江革命根据的斗争。

1932 年，鉴于右江革命根据地的斗争日渐艰难，独立师党委决定跳出敌人包围圈，创建革命新区。同年 4 月，韦仕英跟随黄举平等人前往黔桂边工作，以便为二十一师主力的转移创造条件。韦仕英先是在天峨、巴暮一带活动，然后转移到南丹和贵州的荔波，与韦汉超等人一道筹建丹池边革命委员会并任宣传委员。1936 年 7 月，韦仕英被选为中共右江上游中心县委候补委员，仍然留在丹池边一带进行地下革命活动。1940 年后，韦仕英与党组织失去联系。

新中国成立后，韦仕英重新参加工作，1958 年重新入党。1971 年 1 月因病在南宁逝世，享年 73 岁。

韦在纪

（1909～1934）

韦在纪，壮族，广西东兰县人。中国共产党党员。曾任红七军排长、连长。1931 年 7 月，随红七军千里转战到达江西中央苏区。1933 年 6 月任红三军团第五师第十三团第三营营长。参加了广西右江苏区的革命斗争和中央苏区第三、四、五次反“围剿”作战以及中央红军长征。1934 年 11 月在湘江战役中英勇牺牲。

韦仲生

（1905～1935）

韦仲生，壮族，1905年生于广西东兰县武篆区那烈村。1926年投身于韦拔群领导的东兰农民协会和农民自卫军。“东兰农案”后，随韦拔群领导的农军退入西山，参加农军游击小分队，分散各地开展游击活动。1929年9月随部参加攻占东兰县城的战斗。1927年8月随部参加攻打凤山县城的战斗。是役后坚持在武篆和西山地区进行反“清剿”斗争。1929年11月随部参加再次攻打东兰县城的战斗。同年12月11日参加邓小平、张云逸、李明瑞、韦拔群领导的百色起义，编入红七军第三纵队（后称二十一师）任基层干部。1931年冬，任红军右江独立师杀奸团团长。在东凤地区三次反“围剿”斗争中，坚持斗争。1932年10月至12

月，韦拔群、陈洪涛相继牺牲，东凤革命根据地失守，右江革命遭到严重挫折。在这种严峻形势下，韦仲生仍在党组织的领导下，坚持在东凤革命根据地的腹心地带武篆和西山开展秘密武装斗争。1935 年，在那烈村东里屯被敌谋害，英勇牺牲，时年 30 岁。

韦宗斌

（1901～1932）

韦宗斌，又名韦忠炳，壮族，1901年出生于广西东兰县东院区钦能乡（今泗孟乡）纳马屯一个贫苦农民家庭。中国共产党党员。1925年夏参加韦拔群领导的东兰农民运动。同年9月，进入东兰县第一届农民运动讲习所学习。1926年9月随东凤农军攻占东兰县城。1927年8月，韦宗斌参加了东兰、凤山、凌云、百色四县的农军暴动，尔后撤入西山开展反“清剿”游击活动。1929年12月百色起义以后，韦宗斌历任红七军第三纵队和红二十一师的基层干部。1931年8月任红军独立第三师六十一团副营长，在东凤地区的三次反“围剿”战斗中率部英勇杀敌。1932年在东兰县兰泗区的一次战斗中英勇牺牲，时年31岁。

韦保元

（1909～1936）

韦保元，1909年出生于广西东兰县长江区板大乡巴畴村拉坤屯一个贫苦壮族农民家庭。1929年与大哥韦保荣加入板大乡农会。积极协助乡农会会长开展革命宣传，与当地土豪劣绅开展斗争。同年3月，参加农民自卫军。

1929年12月11日，邓小平、张云逸、韦拔群等领导百色起义，韦保元被编入红七军第三纵队第一营第二连任战士。由于聪明能干、机智勇敢，深得排长的信任。1930年11月，红七军河池整编后调入军部特务连任排长，后随队北上江西，途中参加四把、长安、武冈、全州、连州、梅花岭等战斗。到广东渡乐昌河时红七军被敌截为两半，韦保元带特务排保护邓小平、李明瑞等军首长随55团安全渡河。过河后随队经仁化到崇义，在崇义休整期间随队帮助杰坝地方游击队扩大武装，建立政权。1932 年 3 月，五十五团与湘赣独立师会合后，参与攻打福城。在遂川与五十八团会合后参与攻打安福。3 月底，红七军到兴国县与中央红军会合后，被编入红三军团。6 月，参加中央苏区第三次反“围剿”后在五十八团任连长。中央苏区第四次反“围剿”后任营长。1933 年 10 月，中央苏区进行第五次反“围剿”，由于蒋介石“步步为营”的堡垒战术和我军的错误指挥，红军遭受重大损失，韦保元在战斗中负伤，与部队失去联系，后在当地老百姓家养伤，伤势好转时，部队已离开江西，韦保元只好长途跋涉。1934 年回到老家长江。1936 年因伤口复发感染，医治无效而去世。1951 年被追认为革命烈士。

韦挺生

(1907～1960)

韦挺生，又名韦钟权、韦钟殿、韦展芳，1907年出生于广西东兰县泗孟区钦能乡一个壮族农民家庭。1924年毕业于东兰县立高等小学，1926年经黄书祥介绍参加兰木革命青年团工作，任第三分队长，并任仁里乡农民协会贫民义学老师。1927年调到右江农民自卫军第一路军第二团搞宣传组织工作，随军到凌云平乐、巴川、谋爱、罗楼一带打击豪绅武装。

1929年11月9日，韦挺生加入中国共产党；是年冬，先后任农军政工员、中共兰泗区委会仁里支部书记、乡苏维埃政府文化委员；1930年1月，奉调兰木区苏维埃政府工作；2月，奉调红六十三团工作。先后到凌云县平乐区、金牙、谋爱等地搞宣传工作和组建苏维埃政权。7月，奉命到右江特委在田东平马举办的党政干部培训班学习，结业后仍回红六十三团工作。1931年1月，奉黄举平派遣，到长江区整顿党组织和领导赤卫队工作。同年秋收结束后，又和县委书记黄举平、黄明春（松坚）、白汉云等一同到西山工作。

1932年4月，桂系军阀重兵第三次“进剿”东凤根据地，红军化整为零，韦挺生被编入杀奸团，跟随黄举平跳出敌人的包围圈，从西山到凌云县城治乡一带开辟新赤区。同年8月，5个县的民团进剿巴暮苏区，韦挺生和韦仕英等转移到南丹、河池、荔波等地活动。1933年春回到西山弄辉乡与黄唤谦、黄正伦、侯年寿等同志取得联系，不久又与罗卜胞、黄唤民、韦荣柏联络，坚持地下革命活动。1934年春，黄举平从黔桂边回到西山，韦挺生积极协助黄举平整顿东兰党组织。是年夏秋间，黄举平派韦挺生和李艳芳到右江下游，与下游党委黄明春、陆浩仁、滕国栋取得联系。1935年初，韦挺生重建中共兰木支部，并任书记。同年4月，中共东兰县委重建，5月，改建为中共东兰中心县委，韦挺生任常委。1936年3月，受黄举平委派，韦挺生到南丹、河池、荔波等地活动，筹建丹池边革命委员会。受命后，他以南丹拉索为据点，然后到大厂和附近各地，积极宣传右江上游革命委员会印发的《敬告群众书》等文告，发动群众组织革命同盟。1936年7月，中共东兰县委改为中共右江上游中心县委。1937年2月，中共桂西区特委成立后，撤销右江上游中心县委，恢复中共东兰中心县委（亦称东凤中心县委），并另在西山成立中共东兰县委。韦挺生任候补委员。1937年8月，韦挺生参加中心县委在西山水峒召开的右江上游各县党政干部会议，会上由广西省工委林鹤逸传达中共中央解决西安事变的重大决策和建立抗日民族统一战线的政策。会后，韦挺生和黄世新、黄桂南及武装人员到那核、仁仕、屯长、弄平等地组织秘密农会。

1937年I1月，桂西区特委书记黄桂南去百色与国民党民团指挥部谈判时，丧失立场，没有执行中共南方临时工委1937年11月发出的停止谈判的指示，将我党领导的右江地下党游击武装1600余人交给国民党广西当局整编，还两次到西山召开东兰中心县委会议，擅自主张把右江地下党的武装交给国民党整编。韦挺生和东兰中心县委委员一起坚持共产党的独立自主的原则，共同抵制黄桂南的错误做法。

1938年1月，中共广西省工委派孔克到西山指导工作，在西山水峒召开右江上游各县党员骨干会议，到会100多人，韦挺生参加了会议。会后，他积极贯彻省委关于“要整顿发展党组织”的指示，积极开展抗日宣传工作。

1939年9月，上级党组织与东兰中心县委的关系中断。1940年1月，韦挺生在“国共合作，一致抗日，利用公开的群众组织开展抗日救亡活动”的思想指导下，利用任教师、村长职务宣传抗日政策。1947年至1949年，担任游击队联络员。1949年至1952年，先后任东兰县人民政府工作员、泗孟乡乡长、兰阳乡民政助理员、中和区副区长、钦能乡乡长等职。1959年12月蒙受冤案入狱，1960年2月病故，时年53岁。1986年12月获平反昭雪，宣告无罪，恢复名誉。

韦登科

（1911～1934）

韦登科，壮族。1911 年出生，广西东兰县人。1930 年参加红军，同年加入中国共产党。曾任红七军第十九师第五十五团连长。1931 年 7 月随红七军到达中央苏区。后任红三军团第七军第五十五团营长。参加了右江苏区的革命斗争和中央苏区第一、二、三、四、五次反“围剿”作战，1934 年 7 月在江西省广昌县高虎脑战斗中牺牲。

牙玉琢

（1899～1931）

牙玉琢，壮族，1899 年 9 月出生于广西东兰县长江区集祥乡（今属长江乡集祥村）集祥屯一个贫苦农民家庭。中国共产党党员。1925 年秋，26 岁的牙玉琢就投身于韦拔群同志领导的东兰农民运动，历任乡、区农会执委。1926 年 9 月率农军参加了攻占东兰县城的战斗。1927 年 8 月又投入东、凤、凌、色四县农军暴动，围攻凤山县城。尔后，他奉命撤回长江地区坚持农村游击斗争，反抗敌人的“清剿”。1929 年 12 月，牙玉琢参加了百色起义，同月领导成立长江区苏维埃政府并任主席，其间，他积极带领农军深入开展土地革命和根据地的建设，动员和组织数批赤卫队员参加红七军。1931 年，在东兰县长江区六龙红水河边遭敌伏击，英勇牺牲，时年 32 岁。

李顺妹

（1906～1931）

李顺妹，女，壮族。1906 年出生于广西东兰县东院区中山街（今东兰镇陵园街）一个贫苦半农半商家庭。祖籍宜山怀远镇西门，清末年间，其祖父为谋生流落到东兰做小生意，后在东兰县城置办田产，取妻立户。父亲李庆忠，以农为主，兼做些生意，为人诚实厚道，生活简朴。母亲韦氏，种菜纺纱，兼办小粉摊，纯朴勤勉，宽厚仁慈。李顺妹一家 6 口人，姐弟 4 人，她排行第二。她自小活泼好强，颇具天资。9 岁在东兰小学堂读书时，就常凭好强的个性，与男同志争高低，在学习上更是刻苦钻研，学习成绩在班上一直处于优良，深得同学们的敬重和老师的厚爱。1919 年下半年至 1920 年，韦青云、黄榜呈等进步青年先后到这所学校任职，组织学生自治会，宣传“五四”爱国思想，宣传孙中山的主张和俄国十月革命思想，使她受到启迪，参加了学生自治会的活动。

1921年7月，李顺妹高小毕业后，本欲报考高一级学校，但事不虞，连续两年的旱灾发生，她家里原有的耕作面积被迫卖掉大半，只剩下少许的边田坡地和后院三分左右的菜园，加上父亲因长期以树皮草根为餐，浮肿病逝了，她升学也就成了泡影。她只好辍学在家，以纳鞋底为业，间或上街摆卖布鞋与青菜。一次，县衙里一个穿黄衣短裤的兵痞，见李顺妹穿虽尽是补丁，但却长得俊秀动人，便拿走她一对布鞋、几把青菜不给钱，还嬉皮笑脸地要动手脚调戏她。她气得七窍生烟，扬起扁担进行了反抗。

1923年6月，以韦拔群为首的“东兰公民会”，进城清算作恶多端的东兰全属团务总局长、最大恶霸韦龙甫。接着，韦拔群又组织农军三次攻打县衙门。17岁的李顺妹虽然未能参加这些斗争，但由于她自幼饱受了官府衙门及豪绅恶霸凌辱的苦楚，早积恨于心。加上亲眼看到农军进城后对贫苦人民的友爱，她感到非常解恨，对于韦拔群及其领导的革命队伍打心眼里敬慕和向往。

1926年9月，韦拔群率农军第二次攻占东兰县城，赶走知县黄祖瑜。接着，县革命委员会从武篆迁到县城办公，并推选牙苏民代理县政。与此同时，黄正秀、黄金球等妇女干部也到县城进行革命活动。从这时起，李顺妹加入了革命的行列，成为县城妇女宣传队的队长。在县妇联的领导下，李顺妹与刘桃英把县城进步妇女青年组织起来，分成3个小组，深入街头巷尾唱革命山歌，发动妇女剪短头发。同年11月初，县农民协会妇女部在县城召开东兰县第一届妇女代表大会，李顺妹出席了这次会议，参与成立县妇女解放协会。会后她与刘桃英等到东院区筹备组建妇女解放协会，并被推选为协会委员。

1927年10月，桂系军阀重兵进犯东兰根据地，敌副师长朱为珍亲自指挥所部占领东兰县城。李顺妹把妇女宣传队的十多人分成若干个小组，用山歌进行革命宣传，发动群众团结起来抗击敌人，有力地配合了农军的反“围剿”斗争。当时她们编唱的革命山歌的一首是这样的：

告各界人民，不要怕敌人。
为珍虽破城，我们定还胜。
农军上高山，为坚持革命，
告各界人民，不要怕敌人。
匪兵暂得势，终究要葬命，
为珍虽破城，我们定还胜。

敌人听到这些山歌非常恼火，派兵到处搜捕。但她们在人民群众的掩护下，匪兵这边搜，她们那边唱，匪兵那边搜，她们这边唱，捉迷藏一样，弄得敌人日夜睡不着觉，吃不好饭。她们的这些宣传，安定了民心，有力地配合了根据地的反“围剿”斗争。

1929年12月11日。邓小平、张云逸、韦拔群领导百色起义。同一天，东兰县各区乡宣布建立苏维埃政府和赤卫队，李顺妹被大家公推为东院区女赤卫队队长。在赤卫队成立大会上，她纵情唱道：“如今革命出将来，妹死也要苏维埃……”表达了她对苏维埃政权的无比热爱和保卫苏维埃政权的决心。上任后，她一方面组织女队员进行军事操练，另一方面组织队员在县城及同拉、巴盆、大坡、达汉等城郊一带巡逻放哨，保卫红色政权，维护社会治安。李顺妹工作责任心很强，且胆大心细。在漆黑的雨夜里，也常常一人背着枪，披着蓑衣到各处去查岗。有一晚后半夜，刘桃英、莫必桃在同拉站岗，认为现已深夜了，雨又下这么大，天气这么冷，不会有什么坏人来活动了，就到一家屋檐下躲雨。恰在这时，有个人鬼鬼祟祟通过岗哨进城。不远李顺妹去查岗碰上此人。经盘问，这人吞吞吐吐，形情慌张，引起了李顺妹的注意，经她再三审讯，这人终于交代是进城搞偷盗，于是她狠狠地教训了这家伙一顿，在这个家伙的头顶上剪去一撮毛。这事一传十，十传百，从此这一带的小偷小摸一度绝迹了。12 月下旬，东兰县第二届妇女代表大会在县城召开，成立东兰县妇女联合会，李顺妹出席了这次会议，并被选为委员。从此，她工作更加带劲，联合各界妇女共同发挥了半天边作用。

1930 年 10 月，红七军奉命集中河池整编。李顺妹接到县苏维埃政府妇女部的通知，要她组织县城妇女赶在两天内缝制几百项军帽和几百条通袋，以支持整编北上的红军战士。她接到通知后，即刻组织县城妇女，毫不犹豫地放下孩子或手中的活儿，踊跃地拿起剪刀和针线，集中到指定地点。她深情地对大家说："如今红军哥们要外出打仗，我们要在针针线线上缝上自己的爱心和希望，决不能马虎从事。"为了保证高质量地完成任务，她组织大家挑灯夜战，夜晚天气寒冷，桐油灯也不多，李顺妹便拆来自家围菜园的竹块烧了一堆大火，给大家照明和取暖。第二天傍晚，从县苏维埃政府领来的布用完了，任务也算完成了。可李顺妹为表达对红军将士保卫苏维埃政权的感激之情，便将自己准备做新衣服的布料献出来，为红军缝军帽。在她的影响下，广大妇女便三三两两地提着袋子，挟着包儿，向乡苏维埃政府涌来。一下子，床上便堆起了一大堆布料。大家又忙碌了一夜，共为红军缝制了一千多件军帽和通袋，得到了县苏维埃政府的赞扬。

红军主力北上后的 1931 年 3 月 2 日（农历二月初二日），东兰反动民团勾结桂系军阀占领东兰县城。为了配合红军进行反"围剿"斗争，李顺妹奉命到隘洞区板老村执行任务，不幸被东兰民团头子陈子怀（儒谨）的团丁伏击而被捕。敌人押着她到隘洞乡的牙老屯关押。在狱中，团丁们费尽口舌，先对她进行劝降，她丝毫不动摇。敌人见软的不行，就对她严刑敲打、鞭抽吊打，她始终坚贞不屈。3 月 24 日，东兰县波王坡上，阴雨飕飕，黑云沉沉。一伙民团押着李顺妹向山顶走去。团丁们持着带血的刺刀在她前后左右摇晃着，不时触及她那遍体鳞伤的躯体，边走边吼叫：“你投降不投降?!”

“哼，要我投降，做梦！是软骨头的，就不干革命；干革命的，就不是软骨头!”

“你娘的，不投降，今天叫你在这里不得好死!”到了山顶，这些豺狼还在气喘吁吁地龇牙咧嘴。

“哈哈……”她蔑视着歇斯底里的豺狼，铿锵有声：“对于死，我早有准备，要砍要剁，随你的便，要想从我嘴里得到共产党的机密，那是万万不能的。”

敌人的梦想彻底破灭了，便用刺刀捅进了她的嘴巴。她模模糊糊地高喊着：“苏维埃……万岁!”慢慢地倒在血泊……最后，敌人又残忍地用刺刀插进她的阴部，割下了她的两个奶头。血泊中，李顺妹仍然怒目直视这群野蛮的畜牲，牺牲时年仅25岁。

李艳芳

（1902～1938）

李艳芳，曾用名李汉平，壮族。1902 年出生于广西东兰县武篆区巴学村一个农民家庭。1926 年投身于韦拔群领导的东兰农民革命运动。1930 年加入中国共产党，同年担任中共东兰县武篆区委书记。

1932 年，右江革命处于低潮后，李艳芳奉命转移到都安县的镇西一带进行地下活动。时任都安县革命委员会委员、中共镇西支部书记。此间，李艳芳在极其艰苦的斗争环境中，紧紧围绕着人民解放事业和总目标，尽管斗争形势纷繁复杂，反动派的白色恐怖笼罩着右江根据地，但他仍坚持地下活动，培养吸收新党员，不断壮大革命力量，使镇西一批进步青年充满革命必胜的信心，要求加入党组织的人越来越多。李艳芳所在的镇西党支部的党员数由原来的7名增加到17名，为党的力量增加了新鲜血液，为革命斗争创造了极为有利的条件。

1836年，抗日战争即将爆发，根据上级的指示精神，李艳芳积极带领镇西党支部做好抗日准备工作。尤其是认真做好乡、村开明人士和民族自然领袖人物的教育和争取工作。通过他们，以抗日和防匪的名义向都安县政府申报成立乡、村自卫队（内称赤卫队）。1937年10月，为了揭露敌人的“清乡”阴谋，李艳芳还领导了镇西人民的抗暴斗争，并取得了胜利。同年任中共东兰县委员会委员。1938年冬，李艳芳不幸被捕，在万冈（今巴马）县的那色村英勇就义，时年36岁。

陈庆锷

（1903～1931）

陈庆锷，壮族，1903年出生于广西东兰县武篆区东里村一个贫苦农民家庭。在韦拔群革命思想的影响下，1924年开始参加农会和农军，在韦拔群身边工作。1927年7月，进入广西东兰第三届农民运动讲习所学习，通过学习，使他思想和觉悟得到很大提高。1927年底，桂系军阀疯狂镇压农民运动，对韦拔群的家乡东里屯施行残酷的“三光”政策。无家可归的陈庆锷与其他农军战士一起上山打游击，英勇地打击敌军。在经历过血与火的严峻考验，1929年，陈庆锷光荣地加入了中国共产党，同年任农军连长，率队赴南宁领取枪支弹药，并参加短期军事训练。回东兰后，即参加农军解放东兰县城的战斗。1929年12月百色起义后，任红七军第三纵队独立营营长，率队参加隆安、亭泗等重大战斗，多次出生入死，浴血奋战，为右江革命根据地的建设作出了自己应有的贡献。1930 年 11 月，红七军主力北上后，陈庆锷服从组织安排，在右江积极协助韦拔群等重新筹建 21 师，时任师部参谋。在保卫根据地艰苦斗争中，陈庆锷始终在韦拔群身边，为 21 师出谋献计，参与制定作战方案，深受韦拔群的信任。1931 年 12 月，受右江独立师领导韦拔群、陈洪涛的委派与时任 61 团代理团长韦菁随中央特派员陈道生前往中国香港向中央汇报请示工作。在完成任务归途中，不幸被捕，在广西梧州光荣牺牲，时年 32 岁。

陈国团

（1910～1998）

陈国团，原名陈素杰，外号张飞、千里马。1910年出生于广西东兰县武篆区上圩村旧州屯一个壮族农民家庭。1925年夏参加韦拔群领导的东兰农民运动，任韦拔群的勤务员和交通员。1927年，大革命失败后，陈国团跟韦拔群等农运领导人，坚持武装斗争，历任东兰农军分队长、中队长。1929年10月，调任东兰县革命委员会宣传队队长，宣传县革命委员会的各项政策和主张。同年12月转县苏维埃政府工作，同月加入中国共产党。不久，调红七军第三纵队搞宣传工作。

1930年11月，红七军主力北上后，陈国团随韦拔群、陈洪涛留守右江革命根据地，坚持革命斗争，任红七军21师（后改为红军独立第三师也称右江独立师）师部军事特派员。自1931年2月至1932年春，参加东凤革命根据地两次艰苦卓绝的反“围剿”斗争。1932年春后，根据右江特委和独立师党委关于“跳出敌人的包围圈，到外围去开辟新区”的决定，陈国团随副师长黄松坚到右江下游，会同黄书祥、滕国栋组建中共右江下游临时委员会，领导右江下游各地的武装斗争。陈国团当选为临委委员。1932年冬，韦拔群、陈洪涛牺牲后，陈国团仍与黄松坚一起坚持地下斗争，先后任中共右江下游委员会、思果中心县委委员。

1935年初，陈国团受思果中心县委派遣，到东兰西山，协助黄举平整顿和恢复东兰县党组织，建立地下革命武装，在西山革命根据地外围开展杀奸肃特活动，积极建立地下交通联络网，打开了东兰革命斗争的新局面。1935年4月，中共东兰县委在西山重建，陈国团当选为常委。同年5月至1937年2月，东兰县委先后改建为中共东兰中心县委，中共右江上游中心县委、中共东兰（东凤）中心县委，陈国团均任委员。参加组织东兰以至右江上游的革命斗争。

抗日战争爆发后，陈国团遵照中共中央关于建立抗日民族统一战线政策，积极开展抗日救国运动。1937年，中共桂西区特委书记黄桂南两次到西山活动，妄图把右江上游的地下革命武装交由国民党“改编”，陈国团和其他委员一道，坚决抵制黄桂南放弃独立自主原则的错误行为，保存了右江上游的革命武装。1938年，陈国团受组织的委派，和黄世新、黄唤民等人先后到贵州省做地方实力派王海平的统战工作，使王海平由同情革命转变为容纳接济红军支持革命的统战对象。

1942年，陈国团脱离了革命队伍后，1998年病逝。

陈恩深

（1903～1930）

陈恩深，男，壮族。1903 年出生，1923 年参加革命，1929 年加入中国共产党。历任农军队长、中队长、红军营长，1930 年6 月牺牲，是年27 岁。

邻近武篆的西山弄年洞，住着务农谋生的陈氏家族，几代人目不识丁。陈恩深呱呱落地来到这个不平的人间，成为十几个兄弟姐妹的一员。是忧还是喜？谁也说不出究竟。然而，陈恩深却自幼聪颖，读完三年私塾，便转到武篆高等育才小学，毕业后回到西山当教书先生，千年深山破天荒出了个“秀才”。

1923 年春，韦拔群把“改造东兰同志会”改为“公民会”，广泛发动农友实行国民革命，并且多次到西山宣传演讲《警告同胞》书，组织革命同盟。20 岁出头的陈恩深血气方刚，生性好动，韦拔群的演讲使他越听越入迷。韦拔群通过访贫问苦，了解到陈恩深是个读书识字的青年小伙子，喜不自胜，多次到陈恩深家里，和他彻夜长谈。此后，陈恩深白天教书，晚上奔走，串联了一群穷哥们拉起长矛、大刀、明火枪组成的队伍。同年6月间，这支队伍参加了“三打东兰”的战斗。

1924年，韦拔群外出探求革命真理，临走前特意嘱咐陈恩深继续升学，多学一些本领才能搞好革命。陈恩深当年又考取了百色五中，与同乡的陈洪涛、黄松坚共进一所校园，视野更加开阔，受到进步思想熏陶。1925年冬寒假归来，又在家乡开展农民运动，建立农会，扩大农民武装，并且担任农军中队长。

1926年，陈恩深告别了家人，参加北伐战争，随同国民革命军第十六军转战湖南、湖北，到达武汉。次年蒋介石叛变革命，屠杀共产党人和革命群众。党组织采取应急措施，疏散服务队部分革命队伍。陈恩深脱离险境后，1928年夏又回到家乡，投身于右江农民运动。

1929年秋，东凤农军300余人到南宁接受训练，陈恩深被任命为训练营的第二连连长，并将广西省府援助的枪支弹药运回武篆，加强了东凤农军的装备。这时，陈恩深在武篆光荣加入了中国共产党。此后，陈恩深率领的西山农军常备队伍，活跃在右江河谷的北部山区，密切配合兄弟部队攻占东兰县城，摧毁太平武篆两个国民党团防局，南下羌桂攻打那栋村反动据点，北上河池、南丹，击溃罗炳、罗松的反动武装，为百色起义的准备工作做出了贡献。

百色起义后，陈恩深担任红七军第三纵队第一营营长，一直奔跑在硝烟弥漫的战场上，为建设和保卫右江苏区而战斗，并且先后增援隆安、亭泗战斗。1930年6月，红七军一、二纵队从黔桂边回师右江，收复百色，陈恩深奉命率部参加收复隆安县的战斗。在攻打平马镇时，中了敌人的“空城计”，他果断指挥部队立即突围，身先士卒向马鞍山冲击，千方百计要占领制高点，把被动转为主动，不幸胸部中弹，英勇牺牲。

陆干廷

（1900～1929）

陆干廷，原名陆树贞，壮族，1900年出生于广西东兰县三石区（今三石镇）纳合村，1926年4月参加革命，任玩石区农民协会会长，后奉派到东兰江平和凤山县凤凰区（今属巴马县凤凰乡）等地从事农民革命运动。1929年春，任东兰县农民自卫队大队长，同年夏天，陆干廷随陈伯民到河池县工作，9月，奉命率队前往吾隘执行任务，途中被敌人谋害，牺牲于河池县翁罗村（今属南丹县），时年29岁。

张祖益

（1906 ~ 1933）

张祖益，壮族。1906 年出生于广西东兰县东院区。中国共产党党员。1928 年参加东兰农民自卫军的游击斗争。1929 年 10 月随农军主力攻克东兰县城和围歼各圩镇的土豪团局据点。同年 12 月 11 日，参加邓小平、张云逸、韦拔群领导的百色起义，任红七军第三纵队的基层干部，曾奉命调入纵队和军部教导队学习。1930 年 11 月，红七军河池整编后随主力北上，转战桂黔粤湘赣边。1931 年春夏，他参加了湘赣苏区的第二次反“围剿”作战。同年 7 月，中央红军进入中央苏区后，他历任红七军连长、营长。1933 年 6 月担任红三军团第五师的营长，参加了中央苏区的第三、四次反“围剿”作战。1933 年 9 月在江西作战中光荣牺牲，时年 27 岁。

容德全

（1900～1930）

容德全，壮族，1900 年出生于广西东兰县武篆区那论村一个农民家庭。容德全青年时期就被国民党政府抓去当兵，在国民党桂系军阀派驻百色的刘日福师龚寿仪团当兵，深受苦难。1926 年 12 月，国民党龚寿仪团以讨伐已垮台原国民党广西省长蒙仁潜为名进兵东兰镇压革命，容德全随队到东兰一段时间后，韦拔群派人与他联系，并做他的思想工作，容德全思想转变后，愿意为农军刺探军情，并打算寻找机会脱离国民党部队，投奔革命。并于 1929 年 3 月，和本村在龚寿仪部队当兵的陈毓祖一起打死本连的反动连长，并带枪支一起到西山投奔农民自卫军，受到韦拔群的高度赞赏，并委任他为农军副连长。1929 年 10 月，容德全率队参加解放武篆和东兰县城的战斗。1929年11月，在韦拔群等农军领导的指挥下，率队参与农军主力攻克东兰县城，解放了县城，使农军在县城建立自己的大本营，为百色起义做好准备工作。

1929年12月11日，邓小平、张云逸、李明瑞、韦拔群等领导的百色起义胜利举行，宣布中国工农红军第七军正式成立。容德全被编入第三纵队任副连长。不久，奉韦拔群之命，从东兰率领数百名新参军青年到百色红七军军部，充实军部特务营及一、二纵队兵员，并任军部特务营副营长。

1930年11月，红七军主力奉命北上后，容德全随红21师留守右江革命根据地。同年12月，韦拔群为了加强62团和果德独立团的领导和武装力量，派黄大权、黄书祥、容德全率100多名武装下果德县组建独立团，不料队伍行至思林县那海乡龙滩屯时，遭黄承权、黄玉臣数倍于我的匪兵伏击包围，在敌我力量十分悬殊的情况下，与敌激战一天。为保存实力，容德全主动带领数10名红军掩护黄大权、黄书祥等20多人突出重围后，继续与敌决斗，最后壮烈牺牲，时年30岁。

黄大业

(1890～1929)

黄大业，壮族。1890 年出生于东兰县武篆区巴学村一个农民家庭。受韦拔群领导农民运动的影响，1926 年参加农民协会和农民自卫军，任农军第二大队第四中队队长，坚持与敌军和当地的反动武装作斗争。是年 7 月上旬，与黄大权一起率领农军攻打凌云县平乐区（今凤山县）民团总所所长班述登。1927 年秋，奉韦拔群之命，黄大业带领兰泗农军暴动队偷袭泗孟团董，打死局董黄仲山。1928 年 4 月黄大业又奉命带兰泗农军暴动队攻打当地反动局董，打死大土豪县知事韦仲璜及团丁 2 人。接着又暗杀民团队黄骏尤等。1929 年 10 月，又奉命负责保卫坡先军械库。其间，曾在韦拔群的直接领导和指挥下，参与打击了敌人偷袭军械库的战斗。在战斗中，他作战勇猛顽强，出色完成保卫任务。同年 12 月参加中国工农红军，任第三纵队连长，奉命到安篓一带驻防，保卫苏区。同月被敌人偷袭，光荣牺牲，时年 29 岁。

黄玉温

（1905～1932）

黄玉温，1905 年出生于广西东兰县武篆区东里村一个壮族贫苦农民家庭。中国共产党党员。1926 年，参加韦拔群组织和领导的农会组织和农民自卫军。1927 年 8 月参加东兰、凤山、凌云、百色四县的农军暴动。攻打凤山县城后，黄玉温随韦拔群在西山、中山、东山一带开展游击斗争，坚持与敌军和地方反动武装进行周旋斗争，1929 年，他担任农军连长。同年 10 月，在解放武篆的战斗中，他与副连长容德全一起率队负责西路进攻守敌，有力地配合了各连顺利地解放了武篆。11 月初，在解放东兰县城的战斗中，黄玉温率队担任正面主攻任务，他机智灵活，指挥有方，英勇杀敌，立下了汗马功劳。1929 年 12 月，他参加了邓小

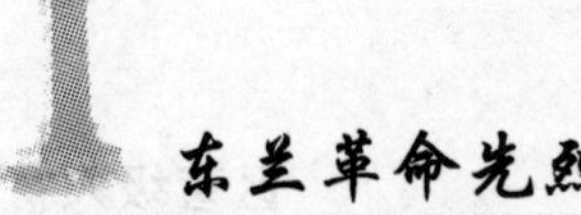

平、张云逸、韦拔群等领导的百色起义，在第三纵队第九连任连长，后任红七军二十一师（右江独立师）特务连连长，参加了右江苏区反“围剿”斗争。

1932 年 12 月，黄玉温奉命在恩隆县执行任务时，被叛徒王廷业出卖，不幸被捕入狱。不久，他与战友陈洪涛在百色城郊外的刑场上，手挽着手，吟诵着他们自己编的“为民为社稷流血，重值泰山”“人生自古谁无死，但受众彰”的豪迈诗句，高唱《国际歌》，呼喊“打倒国民党反动派!”“中国共产党万岁!”的口号英勇就义。牺牲时，年仅 27 岁。

黄正秀

（1909～1985）

黄正秀，女，壮族。1909 年 2 月出生于广西东兰县武篆区巴学村坡善屯一个贫苦农民家庭。

黄正秀幼年时读过私塾，开始接触新文化。青年时代受韦拔群组织领导的东兰农民运动的影响，追求妇女个性解放，积极参加反帝反封建斗争。1926 年 10 月进入东兰县第二届农讲所学习。毕业后派往三石做农协会筹建宣传工作。11 月，东兰县第二届农协会成立，黄正秀当选为委员；兼任妇女部长。同月召开东兰县第一届妇女代表大会，成立东兰县妇女解放协会，黄正秀当选主任。1927 年 3 月负责主持兰泗区农会宣传工作；4 月 12 日，蒋介石发动“四·一二”反革命政变后，新桂系军阀出兵镇压东兰农民运动，黄正秀组织群众转移西山、坚持斗争。

1930年春，东兰县妇女联合会成立，黄正秀当选为委员。接着她参加了县苏维埃在武篆育才小学举办的妇女培训班，训练班结束后，黄正秀和韦玉怀被派往那地（今南丹），巴暮（今天峨）一带组织开展妇女运动。1932年冬，右江根据地的革命遭受挫折，黄正秀长期遭受反动派迫害。

新中国成立后，黄正秀积极参加社会主义经济建设。1985年9月4日病故，享年86岁。

黄英群

（1908～1933）

黄英群，壮族，1908 年出生于广西东兰县武篆区那烈乡一个农民家庭。1925 年参加东兰县农民协会和农民自卫军。1926 年参加农军抗击国民党右派军队龚寿仪团对东兰农民运动的镇压。同年 9 月参加攻打东兰县城战斗。1927 年 8 月随韦拔群参加攻打凤山县城战斗。1929 年 12 月，参加百色起义，编入红七军第三纵队，后加入中国共产党，历任排长、连长、副营长。1930 年 11 月，红七军河池整编后，随红七军主力北上，时任营长。到达中央苏区与中央红军会合后，编入红三军团，参加中央苏区的反“围剿”斗争。1933 年在江西的一次对敌战斗中失踪。1951 年被追认为革命烈士。

黄春兰

（1903～1983）

黄春兰，女，壮族。1903年1月出生于广西东兰县武篆区那烈村一个贫苦农民家庭。

1928年1月参加韦拔群领导的东兰农民运动。1930年春，东兰县第二届妇女代表大会在县城召开，选举产生东兰妇女联合会，黄春兰任副主席。同年8月，由韦菁、陆浩仁介绍加入中国共产党。1932年冬，韦拔群、陈洪涛相继牺牲，右江根据地革命遭受挫折后，黄春兰坚定革命信念，不屈不挠坚持西山革命斗争。1938年3月，黄春兰被增选为中共东兰中心县委委员。1941年9月间由于叛徒出卖被捕入狱。在狱中，面对敌人的严刑拷打，她始终坚贞不屈。表现了一个共产党员视死如归的高尚精神。敌人狡尽脑汁、用尽手段，也未能从她口中得到半点革命的机密，只好把她放了。出狱后，她又回到西山寻找党组织，继续从事革命活动。1947 年，在党组织遭到破坏，失去联系的情况下，她仍自觉为党的事业奋斗直至新中国成立。

新中国成立初期，黄春兰先后任村妇女主任、乡农会主席、乡长，在土地改革、减租退押运动中两次荣立甲等功；人民公社后任副区长、公社革委会副主任；1983 年 1 月享受红军老干部待遇，同年 11 月 23 日逝世，享年 80 岁。

黄冠群

（1900～）

黄冠群，壮族，1900年出生于广西东兰县武篆区勉俄村一个壮族农民家庭。1924年参加革命。黄冠群从小就受到家庭的良好教育，养成勤学好问的好习惯，他思维敏捷，八岁开始上学，接受正统教育，先后在本村私塾及武篆区育才小学和东兰县立高小学堂读书。黄冠群在入学前由于受过良好的教育，入学后，在各小学校学习期间，其各科成绩均优秀，且善于绘画，是班级的优秀生。然而，黄冠群在校学习的机会不长，1919年12月，他的父亲因病与世长辞，其母亲无力继续送他上学，1921年东兰高小毕业后，即应聘在本乡板勉屯任小学教师。其间，正值韦拔群同志从广州回到家乡从事农民运动。韦拔群常与黄冠群畅谈革命事业，在韦拔群的思想影响下，经常阅读进步书刊，追求革命真理，黄冠群经常充分利用课余时间，根据韦拔群提供的宣传资料，发挥自己的特长，以漫画的形式宣传革命的道理，揭露当时社会的黑暗和贪官污吏、土豪劣绅的罪行，深受贫苦农民的欢迎和韦拔群的赞赏。

1924年，黄冠群毅然辞去教师工作，投身于轰轰烈烈的东兰农民运动。1925年5月，韦拔群从广州农民运动讲习所学习回来之后，通过宣传中国共产党的农民运动主张，黄冠群更积极地开展农民协会的组织工作。同年9月，他进入广西东兰第一届农民运动讲习所学习。结业后，仍在当地继续从事农民运动，担负领导武篆地区农民协会和农军组织工作。1929年秋，加入中国共产党。同年10月，被选为中共东兰县第一次代表大会的代表，出席在武篆区那论村召开的中共东兰县第一次党代会。会后，他与黄世新一起率领农军参加解放武篆和东兰县城的战斗。同年12月，参加了百色起义，任红军第三纵队第二营指导员，开始从事军队的政治工作。

1930年11月，红七军河池整编后，随主力部队北上江西中央革命根据地。在北上途中，红七军多次受到敌人的围攻，黄冠群在战斗中失踪，新中国成立后，经组织上多次查访，毫无音讯。1966年经上级有关部门批准，追认为革命烈士。

黄维汉

（1909～1985）

黄维汉，壮族。1909年9月出生于广西东兰县弄占乡弄辉村一个贫苦农民家庭。其父黄明谦，大革命时期参加农民运动。受其影响，黄维汉1929年投身韦拔群领导的农民运动。百色起义后，东兰农军编入红七军第三纵队，黄维汉任三纵队机枪连宣传员，后转到地方赤卫军任兰木区赤卫队副连长。1931年加入中国共产党。右江革命根据地受挫后，黄维汉回到西山弄辉，协助地下党建立联络站。第二次国共合作期间当选国民党弄辉村村长，利用合法身份，与地下党保持联系，掩护革命同志。解放战争时期任革命联络员、西山县人民政府组织干事，在西山、天峨等地搞地下活动，反对国民党“三征”。新中国成立后历任区长、区委副书记、县医院院长、外贸局副局长等职。1984年5月离休，1985年7月逝世，享年76岁。

黄榜呈

（1895～1931）

黄榜呈是东兰县农民运动早期领导人之一，坚强的无产阶级革命战士，中国共产党的优秀党员。他为东兰农民运动的兴起和建立、保卫革命根据地的斗争，为中国人民的解放事业，建立了不可磨灭的功勋，为谋求人民的解放事业献出了宝贵的生命，他的一生是革命的一生，战斗的一生。

（一）

黄榜呈，字祥卿，号愚夫，壮族。1895 年 5 月 22 日生于广西东兰县武篆区江平乡廷什村板先屯一个壮族农民家庭。黄榜呈的父亲黄光庆，勤劳俭朴，刻苦磨难，能治理家事，为人耿直，是个老实厚道的农民。母亲黄氏，纯朴善良，宽厚仁慈，长年种地纺纱，操持家务。黄榜呈自幼性情活泼，聪明伶俐，颇具天资，深得父母喜爱，认为是读书的苗子，立志省吃俭用送他上学。7 岁时，父母把他送到村私塾读书。入学后，他学习勤奋，读书写字，有一股倔劲，每次不把功课做完，决不放手，博得先生赞扬。不久，他考入东兰高等小学堂。在这里，他更加努力学习，尤其爱读历史书，崇拜民族英雄，并立志以后要像英雄那样，为国为民，干一番事业。1908 年，16 岁的黄榜呈又以优异的成绩考入庆远府中学堂（即六县联中）。这是一所官办学校，学生多数来自富有家庭，学校空气陈腐，校方对学生的思想控制很严，不准学生参加校外的政治活动，接触新的知识。黄榜呈对此十分不满，经常和一些要好的同学在一起议论。翌年，黄榜呈与韦拔群等带头公开反对学校禁锢学生思想，拒绝捐款为校长“祝寿”，因而使韦拔群被学校开除。这件事对黄榜呈震动很大，使他看清了黑暗势力的反动面目。于是，愤然离开了庆远府中学堂。

1912 年，他到南宁考入广西省立第三师范学校。在辛亥革命的影响下，他开始接受科学、民主、进步的思想，他经常与思想进步有志气的同学聚集在一起，交流思想，讨论国事，探索人生之路，开始接受了不少新思想。1917 年，他毕业于第三师范学校后，亦与同乡好友陈伯民等人前往广州、中国香港、上海、北京等地游历、考察国事民难，寻求救国救民之道。这期间，俄国十月革命和我国“五四”运动相继爆发，给他点燃了希望之火，促使他立志于工农的解放事业。几年的游历生活使他开阔了视野，懂得了一条真理：要救国救民，就要走俄国人的道路，实行孙中山的三民主义。1920 年初，他回到东兰，在东兰县立高等小学堂担任学监，以合法的身份，联络进步人士，积极开展学生运动。他经常深入民间，了解民情，调查社会现状，揭露社会制度的不平等。他常说道：“这个腐朽黑暗的社会非改不可，不然民众便无昂头之日。在他的启发和影响下，许多学生参加了革命。

（二）

1921 年，韦拔群回到东兰，即联络黄榜呈、黄榜巍、陈伯民等一批志同道合的旧友，向他们讲述了几年来在外地的见闻和回乡闹革命的想法，得到了大家的赞同和支持，一致表示，决心要干一番事业，拯救兰民于水深火热之中。是年秋，黄榜呈跟随韦拔群从事农民运动。并参与组织“改造东兰同志会”和农民自卫军，并以“广西不得了”为题，上街宣传、演讲，揭露社会黑暗，以唤醒民众。1922 年，黄榜呈以农民代表的身份，参加了韦拔群、陈伯民等组织的清算武篆大土豪杜瑶甫贪污建校款的斗争。之后，他又参与韦拔群在列宁岩和银海洲举行的革命同盟会。1923 年春，黄榜呈参与韦拔群组织领导的清算全县最大的土豪劣绅、六区团总韦龙甫的斗争，同年 7 月至 10 月，又参加韦拔群农军三次武装攻打东兰县城的战斗。农军攻城胜利后，打破黑牢，释放了被无辜关押的群众，没收韦龙甫的财产分给贫苦农民。接着韦拔群又在县城召开群众大会，追悼牺牲的战友，欢庆人民武装斗争的胜利，成立东兰县革命委员会，陈伯民任主席，黄榜呈任教育委员。

东兰农民运动的迅速发展，引起了反动派的不安。驻田南道的桂系军阀刘日福及东兰的贪官劣绅相互勾结，诬蔑韦拔群等领导的农民运动为“吾隘劳农社会党作乱”。为了伸张正义，回击敌人，韦拔群等一面发动群众联名上书，控诉贪官污吏土豪劣绅镇压东兰农民运动的罪行，一面派黄榜呈（时名祥卿）、黄唤廷（绍文）、陈守和（畅生）、陈伯民等为代表到南宁向省政府告状，要求处理作恶多端的杜瑶甫，并表示东兰人民誓与反动势力斗争到底的决心。广西省政府对黄榜呈等人的正义要求，不仅不同情，反而横加为难、迫害。

1924年春，省长张其锽下令刘日福部武装镇压东兰农民运动，通缉韦拔群等农运领导人。为了保存革命力量，农军分散到武篆、都邑、兰泗等地，由公开活动转入地下活动。是年秋，韦拔群、陈伯民赴广州农民运动讲习所学习后，黄榜呈根据韦拔群的指示，辗转于凤山、百色、都安、果德、恩隆、德保等地，继续从事农民运动，宣传发动群众，培养革命骨干，积蓄力量，并在乙圩成立了农民自卫军，开展武装斗争，打击该地区的反动势力，播下了革命火种，培养了革命骨干，为后来农民运动新高潮的到来打下了基础。

1925年4月，韦拔群、陈伯民从广州农讲所学习结业，被委任为中央农民部特派员，派回广西工作，因当时政局不稳，他们便回到东兰，继续开展农民运动。黄榜呈也从恩隆回到东兰，与韦拔群、陈伯民等领导人一道翻印从广州带回来的各种学习文件，起草和印刷传单，散发各地，教育人民，同时组织革命青年到各地去串联，传播革命思想，组织农民协会。8月13日，东兰县农民协会在武篆区成立，陈伯民任主任、韦拔群任军事部长、黄榜呈任委员。9月15日（农历11月1日），韦拔群、陈伯民在武篆区善学乡北帝岩（今列宁岩）开办广西东兰第一届农民运动讲习所，黄榜呈担任农讲所政治教员。在此以后的1926年、1927年在武篆育才小学开办的广西东兰第二、三届农民运动讲习所，黄榜呈都一直担任政治教员，为培养农民运动骨干作出了突出贡献。

1925年冬，为适应斗争需要，韦拔群组织了国民党东兰县党部，黄榜呈为县党部执行委员。1926年1月，国民党广西省党部召开全省代表会议，黄榜呈作为东兰党部代表参加了会议。会上，他汇报了东兰农民运动的情况，得到了与会同志的支持。

1926年2月，桂系军阀龚寿仪团配合东兰县知事黄守先镇压东兰农民运动，制造了震惊省内外的“东兰农运惨案”。黄榜呈和其他农运领导人随韦拔群退守西山，继续坚持斗争，他们在西山成立东兰县革命委员会，韦拔群为主任，黄榜呈等为委员。同年10月，东兰县党部重组，黄榜呈被选为县党部执行委员。此时，中共地下党员陈勉恕到东兰任县知事后，利用合法地位支持东兰农民运动。在陈勉恕的领导下，11月5日，东兰县革命委员会在县城召开全县农民代表大会，选举产生东兰县第二届农民协会，同时撤销东兰县革命委员会，第二届农民协会设军事、组织、宣传、粮食、民政、财政、文化、妇女等委员，黄榜呈任农协会委员、文化部长。1927年春，由陈洪涛、韦拔群介绍，黄榜呈加入中国共产党。

（三）

1927年4月12日，蒋介石公开叛变革命。桂系军阀紧步蒋介石后尘，向共产党人和革命人民挥舞屠刀，派兵进攻东兰，镇压农民运动，并通令出赏购置韦拔群、陈伯民、黄大权、黄书祥、黄榜呈等一批右江农运骨干，其中出赏500元购辑黄榜呈。在一片白色恐怖中，黄榜呈和其他领导人率领农军急速转入西山，据险游击。同年秋，反动军阀对右江革命根据地的进攻变本加厉，形势十分险恶，当时韦拔群、黄榜呈都活动在都安、巴马两县的边缘地带。这一带有个军阀叫谭文海，是刘日福部下的一个团长，因与刘日福不和，退居平马那冻村，他拥有一百多条枪，是当地民团堡垒之一。为了稳住他，使他不要妨碍农军的活动，韦拔群派黄榜呈去做谭的工作，黄榜呈明知是很危险的，但他毫不迟疑地接受了任务。

一天早上，黄榜呈仅带其妻张瑾从乙圩出发，中午时分就到那冻村，黄榜呈从容不迫地从衣袋里取出一张名片交给守卡士兵，士兵即跑进村去禀报谭文海。不一会儿，一个副官模样的人走上前来请他们进去。谭文海到门口迎接他们，没等谭开口，黄榜呈便对他说："久仰！久仰！兄弟特来拜访。"谭文海也假装客气一番，黄榜呈便向他们谈了当时国际国内形势，指出农民革命的必然性及其光明前途，最后提出，希望他不要干预当地农军的革命行动。谭文海十分狡猾，他不置可否，只说兄弟处境也很困难等话。黄榜呈看出他非常顽固，便对他说："为大多数人民谋利益的事业是正义的，是历史的潮流，谁逆历史潮流而动，必然要受到历史的惩罚，请你考虑考虑。"说罢便告辞了。夜半五更，黄榜呈才回到住处，韦拔群一夜未眠，在家等候，他们一见面，便热情地握手，韦拔群听取黄榜呈的汇报后，便说："祥卿！祝你成功，这是一次新尝试。"

1928 年 7 月，黄榜呈带着一支队伍从外线转回东兰中山一带活动。8 月，黄榜呈受韦拔群的派遣，要他到南宁去会见省长俞作柏，以争取其对农军的支持，他愉快地接受了任务。到南宁后，俞作柏已去梧州，黄榜呈又转到梧州，秘密带着韦拔群的信件去找俞作柏，向他介绍了右江农民运动的情况及韦拔群对他的崇敬，要求他给予支持。经过谈判，取得俞作柏对东兰农民运动的支持和资助。1929 年春夏之交，蒋桂战争，桂军失败，俞作柏、李明瑞回到广西主政，他表示愿与中共合作，委任一批共产党人担任部分县县长，黄榜呈受任农运特派员，并任南丹县县长（时用名黄愚夫）。在任职期间，他利用合法身份，在附近周围建立农民协会，宣传党的政策，揭露国民党反动派的罪恶。同时组织成立农民协会、农民自卫军和妇女会等群众组织。利用晚上时间，开办识字学校。他亲自到学校讲课，启发教育学习文化，宣传党的政策，揭露旧社会的罪恶，提倡男女平等，婚姻自由，还编了许多革命歌曲在夜校教唱。10 月，俞作柏反蒋失败，吕焕炎上台当省主席，推行反共政策，派一个姓陈的到南丹当县长。黄榜呈离开南丹到河池，担任南丹、河池农民运动特派员，以下坳为中心，负责上至长老、那地，下到大兴、高岭一带的农民运动。

（四）

1929年12月11日，百色起义胜利举行，成立了中国工农红军第七军，东凤农军编入第三纵队，黄榜呈被委任为第三纵队第一营教导员（营长陈恩深），率队到都安、河池、南丹等地游击，保卫革命根据地。期间消灭了南丹那地的民团罗炳、罗松的势力，建立了那地县苏维埃政府。

1930年春，黄榜呈以红七军第三纵队的代表身份去做“独立司令”潘天甫的工作，经过多次密谈，潘天甫权衡利弊，终于赞同与我合作，由于黄榜呈具有统战工作才能，使潘天甫与我保持长期合作，不但使这一带的农民武装很快得到发展，而且减轻了白军对东兰根据地进攻的压力。4月的一天，黄榜呈根据群众汇报，九圩的土豪罗某勾结白军，组织民团，残害人民，作恶多端，影响我农运的开展。于是，黄榜呈与当地农运领导人经过研究，决定拔掉这个“钉子”。会后，他指示下坳赤卫队队长潘保安与九圩赤卫队配合，消灭了这个土豪。同年11月，红七军在河池进行整编，红七军前委决定由21师留守右江革命根据地坚持斗争，黄榜呈服从安排，仍然留守东兰、河池、南丹、都安边界地区，领导革命武装斗争。

1930年冬，那地反动民团罗炳、罗松闻红七军主力北上了，便卷土重来，带着民团武装到处杀害革命群众。扬言共产党已被消灭了，强迫群众登记“自新”，勒索财物。一次，三旺乡的一个农民被他们抓走，在一个姓韦的团总家里，叫其家人拿钱赎人。农自卫队要求去消灭这伙强盗，黄榜呈经过周密思考，决定出击。当晚便带领自卫队从九圩出发，神不知鬼不觉地包围了伪团总的家，把团总从床上抓起来，立即处决，救出了被抓的农民。当反动民团闻讯赶来援救时，农民自卫队已经撤出战斗，化整为零，无影无踪了。黄榜呈带领自卫队在这一带活动，不但打击了反动民团的嚣张气焰，而且扩大了我党在群众中的影响，使群众知道，红七军虽然北上了，但党组织还在，右江人民群众仍在坚持斗争。

1931 年初，桂系军阀向右江革命根据地的中心东兰大举进攻，妄图一举消灭红二十一师和右江革命根据地。面对敌人的猖狂围剿，黄榜呈仍坚持不懈地开展斗争，他把少数民族聚居的瑶山作为活动中心，领导各地的赤卫军开展武装斗争，回击反动武装的进攻，同时利用中立的潘天浦部队，以牵制敌军，减轻敌人对东兰根据地的压力。同年 7 月，由于敌军对东凤革命根据地实行更为残酷的反革命“围剿”，东凤一带形势十分危急，韦拔群密令在右江各地的红军领导人到东兰召开紧急会议，商讨反“围剿”斗争策略。21 日，黄榜呈一接到密令，来不及安顿随居在下坳的妻子和儿子，就星夜启程，即率领一小分队取道长老、那地连夜启程返回东兰。22 日凌晨，当他们行到那地附近时，被当地民团头子罗炳、罗松匪部伏击，黄榜呈和随行的 8 名战士英勇抗击，终因寡不敌众，全部壮烈牺牲。黄榜呈牺牲时年仅 36 岁。黄榜呈无私无畏地实践了他的“立志为民不惧怕，历尽沧桑只等闲。忠骨何须归故土，天涯无处不青山”的豪言壮语。

黄榜巍

（1895～1923）

黄榜巍，壮族。1895 年出生于广西东兰县武篆区江平乡色故村板相屯一个贫苦农民家庭。他 9 岁入村私塾读书，由于家庭困难，仅一年便辍学回家，帮助父母养牛放羊、上山砍柴、下地干活，自幼尝尽了生活的艰辛，也养成了他吃苦耐劳的性格。后来，尽管家庭经济拮据，父母亲还是省吃俭用送他上学。1909 年，14 岁的黄榜巍以优异成绩考入武篆育才小学读书。从此，他更加刻苦学习，成绩优秀。

黄榜巍的父亲是个善良忠厚、富有正义爱国思想的农民，读过私熟。他经常给黄榜巍讲些仗义疏财、打抱不平的英雄人物的故事。特别是《水浒传》、太平天国洪秀全“替天行道”、“天下一家，共享太平”和“有田同耕，有饭同吃，有衣同穿，有钱同用”的理想社会故事，在黄榜巍幼小的心灵里留下深深的烙印，萌发了对新生活、新理想的热情向往和追求。

1911年10月，辛亥革命爆发。此时，黄榜巍正在高等小学读书，常常聆听校长宣传孙中山、章太炎等人的民主爱国思想，他听得热血沸腾，热泪盈眶，逐渐倾心于孙中山所领导的革命事业。1915年12月，窃国大盗袁世凯在帝国主义的怂恿和支持下称帝复辟，全国各地掀起反袁护国运动，满怀救国救民热情的黄榜巍跟随韦拔群在家乡招募百余名有志青年到贵州投奔黔军熊克诚（广西南丹人）部，投入讨袁护国战争。为了方便指挥，熊克诚把韦拔群从东兰招募来的进步青年单独编为一个连，任韦拔群为副连长，另派黔军陆永芬为连长。在部队驻防四川、重庆时，熊克诚部向綦江前沿阵地进攻时，虽然首战告捷，歼敌数百，接而再战，击溃敌军一个团，歼敌2000余人，军威大振。但韦拔群带来的这支队伍伤亡也很大，而连长却不以为然，对余下士兵视作牛马，非打即骂，以致伤残，激起士兵愤恨，但敢怒不敢言。韦拔群实在忍无可忍，多次向陆谏言争辩。陆不但不接受，反而把韦拔群降为排长，并以“煽动军心，图谋不轨”之罪，将韦拔群诬告到军法处。军法处偏听耸言，不经调查，将韦拔群打入重庆狱中。后经同乡那地青年张泽甫紧急向熊克诚反映实情，闻知韦拔群无端入狱，熊克诚下令无罪释放。不久即保送其进入贵州讲武堂深造，毕业后分配到重庆张毅部任参谋。在四川、重庆驻防期间，韦拔群送给黄榜巍数本《新青年》等革命进步书刊，他如获至宝，爱不释手，刻苦研读。从此，黄榜巍开始接触马列主义，政治思想有了较大的进步，爱国爱民的激情有了新的发展，反帝反封的决心更加坚定。几年的军旅生活，使他看清了旧军队的军阀作风和腐败生活，对此丧失了希望和信心。1921年初离开部队返回家乡。

1921年9月16日，韦拔群辗转回到故乡东兰，痛感国事日非，军阀混战，贪官污吏鱼肉乡里，农民多难，他感到万分痛心和愤慨，从此开始注意研究农民问题。韦拔群回来后，首先约黄榜巍等深入乡村，访贫问苦，黄榜巍不辞劳苦，日以继夜地走村串户从事农民运动。1922年春，加入武篆区农民自卫军，与当地土豪劣绅杜七、杜八等作针锋相对的斗争，后任区农民自卫军教练员。同年10月28日，参加韦拔群在武篆东里村银海洲举行的"九九"革命同盟会，他与与会同志一起对天发誓，痛饮鸡血酒，立誓革命到底。

1923年春，东兰农民自卫军成立，编为东、南、西、北四路，东路为大同、坡豪区的农军；南路为武篆、太平、东院区的农军，西路为兰木、泗孟区的农军；北路为长江、巴暮（今天峨县）的农军。黄榜巍为南路军指挥员。4月下旬，随韦拔群带领农民代表100多人到县城清算大恶霸、六哨团总韦龙甫（有伦）；6月30日韦拔群指挥全县农军第一次攻打东兰县城，黄榜巍担任第一路军指挥，率领武篆、太平两区农军从兰团一带进攻。第一路军居高临下，顽强进攻，进入城内。守城敌人拼命死守顽抗，双方相持不下。这时，天空不作美，突然下起了暴雨，因为农军武装多是粉枪，火炮、火药被雨水淋湿，失去了战斗作用，而敌人都是步枪，对敌军的反扑，农军只好用大刀、长矛、木棒与敌人搏斗，10多名战士伤亡。情况万分危急，韦拔群立即下令撤退。此时，他身边只带10多个战士。黄榜巍见到此刻处境危险，立即劝韦拔群先撤："拔哥，你快先撤，这里由我带领战士掩护！"韦拔群摆手说："由我掩护，你们先撤！""不，要死，我们一块死！""你不能死，你比我万分重要！"

增援敌军越逼越近了，容不得他们再争执下去了，黄榜巍立即用力将韦拔群拉到后边，自己正要带队向前冲。韦拔群望着这个与自己朝夕相处，情同手足的亲密战友，含着热泪激动地说：榜巍，你要多多保重！

黄榜巍坚定地回答："拔群，请你放心吧，只要我还有一口气，绝不让敌人从这条巷口越过去!"韦拔群把身上仅剩下的一枚手榴弹交给黄榜巍后，就带着队伍撤走了。

黄榜巍带领10多名农军战士靠在巷口墙边，阻击逼近之敌，接连打死几名敌军。突然一颗子弹飞过来，击中了他的胸膛，鲜血染红了他的上衣。但他仍用左手捂住喷血的伤口，右手持枪还击扑来之敌。渐渐地，他的两脚发软，支持不住。一名战士迅速将他背起，往兰团方向撤退，刚到城西两棵木棉树下，这位英勇的农军将士的心脏就停止了跳动，时年仅28岁。

同年7月底，韦拔群再次指挥农军攻打东兰县城。但因攻城行动不协调，火力不够集中，敌人的碉堡难以攻破，只好撤退，第二次攻城仍未成功。10月底，韦拔群第三次指挥农军攻打东兰城，激战一夜，攻占县城，赶跑县知事蒙元良和六哨团总韦龙甫。农军攻占东兰县城后，韦拔群召开几千人参加的祝捷大会，宣布成立"东兰县革命委员会"。当天，在县城举行追悼大会，韦拔群为死难烈士写了一副挽联："致公心，致忠心，死心不灭；为国死，为民死，虽死犹生"。追悼会后，黄榜巍的遗体由东兰县革命委员会军事部派人扶柩送回家乡，葬在故居背下山脚。1923年12月11日立碑。碑联：金鲤上滩不难一跃；神龙应运永发千秋。碑额：烈过黄花。

黄榜巍膝下无嗣，只有一女名叫秋妹，其牺牲后，由亲属抚养成人。

黄鸿腾

（1900～1971）

黄鸿腾，壮族。1900年出生于广西东兰县武篆区江平乡巴爱村一个农民家庭。

1926年黄鸿腾参加了韦拔群领导的东兰农民运动。同年11月，进入广西东兰县第二届农民运动讲习所学习。结业后，奉派在东兰、凤山一带搞农民运动。1929年春，受韦拔群的派遣，黄鸿腾作为东兰县农民运动特派员前往百色三都区，宣传、发动当地群众，组织农民协会和农民自卫军。同年，经韦菁介绍加入中国共产党。

1929年12月11日，黄鸿腾参加著名的百色起义，任红七军第三纵队第四连政治指导员。1930年11月，红七军主力北上后，韦拔群回右江重建红七军二十一师（后改为右江独立师），因病留下的黄鸿腾，积极协助韦拔群做重组二十一师的工作，并任六十三团第一营指导员，参加了反击桂系军阀对右江革命根据地“围剿”的斗争。1932年，中共右江特委和红二十一师党委决定派一批干部到外地开辟革命新区，为以后实现战略大转移创造条件。4 月，黄鸿腾等人在黄举平的带领下进入黔桂两省边界开展工作，经过一段时间的筹备，1932 年 6 月，黔桂边革命委员会宣告成立，黄举平任主席，黄鸿腾为委员。1934 年春，黄举平返回东兰西山、重新恢复和发展革命组织，领导人民坚持斗争。黄鸿腾随后也回到西山，根据黄举平的指示，他在江平乡巴爱村自己的家中设立秘密交通站，负责接待、护送革命同志及通信联络。

新中国成立后，黄鸿腾历任江平乡人民政府主席、第五区（即武篆区）区长等职。在 1952 年清队中，被错误清洗回家。“文化大革命”中，遭受极左路线严重摧残，于 1971 年含冤去世。1979 年，东兰县人民政府追认他为革命老人。1985 年，中共东兰县委为他平反昭雪，恢复他的国家干部资格和区长名誉。

覃士珍

（1899～1931）

覃士珍，壮族，1899 年出生于广西东兰县坡豪区（今长乐镇纳标村）那串屯一个贫苦农民家庭。1924 年，他在牙苏民、覃孔贤的启发下，开始投身农民革命活动。次年秋，韦拔群从广州农民运动讲习所回来后，发动各区、乡组织农民协会，覃士珍参加了农会。

为了寻求革命真理，更好地领导农民与贪官污吏、土豪劣绅作斗争，1925 年 9 月，覃士珍进入广西东兰第一届农民运动讲习所学习，在讲习所里，他认真学习了农民运动的理论，思想认识和理论水平都得到了很大的提高。结业后，和同届学员韦华松等人回到坡豪区一带开展农运工作，发动群众组织农民协会和农民自卫军。覃士珍还将“什么是农民协会"，"什么是土豪"，怎样打"土豪"分田地、"共产主义青年团的性质"、"怎样组织农军"等材料和进步书刊带回家，引导弟弟（覃士冕）以及本村进步青年学习革命理论，了解社会情况，丰富斗争经验，使群众受到很大启发和教育，涌跃参加农民协会组织和加入农军队伍。是年，他担任吾雅乡农会主席。

当时，盘踞坡豪区一带的大土豪覃启佑、覃彩五横行乡里，鱼肉百姓，无恶不作，覃士珍即组织带领农军若干人枪，攻打板槐村，活捉了土豪覃启佑，缴了敌人的枪，把土豪的东西分给了贫苦农民。敌人对此恨之入骨，于是，土豪劣绅和民团互相勾结起来，想了许多办法出示布告悬赏缉拿覃士珍。由于敌人抓不到覃士珍，就今天扑这个村，明天抄那个村，见人就抓见房就烧。12 月的一天清晨，他的父亲从山上往家走，在离村半里路的地方，突然一排子枪向他扫来，还没喊一声，就倒在血泊里。敌人枪杀他的父亲后，仍不甘心，又把覃士珍的爱人和年仅 13 岁的弟弟覃士冕抓走关进了黑牢。

1927 年，"四·一二"反革命政变后，覃士珍率领农军在东兰红水河东岸地区与敌人开展游击战，抗击桂系军阀。经过艰苦斗争的考验，1929 年，覃士珍光荣地加入了中国共产党。1930 年 11 月，红七军主力北上后，韦拔群等回右江组建红七军二十一师，覃士珍所率领的农军被编入二十一师六十三团第二营，覃士珍任营长，转战于东兰、凤山、河池边界，为保卫右江革命根据地作出了贡献。

1931 年，覃士珍在率领红军在长乐乡纳标村拉提屯与当地民团武装进行的一场激战中，因寡不敌众，不幸被俘，英勇就义。牺牲时，年仅 32 岁。

覃孟林

（1897～1930）

覃孟林，壮族，1897 年出生于广西东兰县大同乡板坡村板一屯。1925 年，参加了韦拔群在列宁岩举办的广西东兰第一届农民运动讲习所学习，毕业后回大同的板坡、板升（今属大化县）一带从事农民运动，并担任板升乡农民协会会长。1927 年 8 月参加东兰、凤山、凌云、百色四县农军围攻凤山县城的暴动，后坚持农村游击斗争。1929 年 12 月参加百色起义后，担任都邑区赤卫队大队长。1930 年 10 月在都安县板升乡牺牲，时年 33 岁。

覃家相

（1906～1931）

覃家相，壮族，1906年出生于广西东兰县都邑区（今坡豪乡）坡索屯一个贫苦农民家庭。中国共产党党员。1926年参加东兰农民运动。同年9月，东兰农军攻占东兰县城后，覃家相随农军围攻各区、乡土劣团局据点。1927年8月，又参加东、凤、凌、色四县农军暴动，并坚持农村游击斗争。1929年12月，百色起义和红七军成立后，覃家相担任第三纵队的基层干部。1930年12月任红二十一师六十一团副官，参加了右江苏区第一、二次反“围剿”作战。1931年冬在东兰县都邑区巴新（地名）的一次战斗中光荣牺牲，时年27岁。

廖 昆

（1905～1933）

廖昆，壮族，1905年出生于广西东兰县东院区一个贫苦农民家庭。1926年先后参加农民协会和农民自卫军。同年参加韦拔群领导的反抗国民党桂系军阀龚寿仪镇压农民运动的斗争。1927年大革命失败后，廖昆随韦拔群指挥的东凤农军和第三届农讲所学员赴凤山县与国民党桂系军阀黄明远营作战，坚持武装斗争。1929年12月11日，参加邓小平、张云逸、李明瑞、韦拔群领导的百色起义，编入红七军第三纵队，先后任班长、排长等职，后奉命调入纵队和军部教导队学习，其间，加入中国共产党。1930年11月红七军在河池整编时，编入红七军二十师任连长，随红七军主力北上，转战桂湘粤赣边。1931年春，因作战受伤留湘赣苏区疗养，伤愈后留湘赣军区工作，时任红六军团炮兵营长。1933年10月，在湘赣苏区第四次反“围剿”作战中，身先士卒，身负重伤后仍继续指挥战斗，最后英勇牺牲，时年26岁。